Couvertures supérieure et inférieure
manquantes

RÉPERTOIRE
ET
APPENDICE
DES
HISTOIRES LOCALES DE LA PICARDIE.

PAR

F.-I. DARSY

MEMBRE RÉSIDANT DE LA SOCIÉTÉ DES ANTIQUAIRES DE PICARDIE

AMIENS,
IMPRIMERIE DE DELATTRE-LENOEL,
RUE DES RABUISSONS, 30.

1877.

PREMIÈRE SÉRIE

AVANT-PROPOS.

Ce travail a pour but de faire connaître aux amateurs d'histoires locales les ouvrages publiés, qui ont traité des divers lieux de l'ancienne Picardie, et de leur fournir des notes complémentaires, ou d'indiquer à qui voudrait faire de nouvelles études sur cet intéressant sujet les documents imprimés et manuscrits qui sont venus ou pourront venir à notre connaissance. Il importe d'ailleurs d'aider au développement que prend depuis quelques années l'étude des origines de nos communes. Il faut que chacun de nous connaisse l'histoire de son village ou de sa ville natale, les bons exemples que nous ont tracés nos ancêtres, leurs erreurs, les malheurs qui les ont frappés, le courage qu'ils ont déployé soit en face de l'ennemi, soit en face de l'adversité; en un mot, toutes leurs joies, leurs douleurs et leurs vertus. Ce sera, on l'a dit avec raison, un moyen de réveiller le patriotisme dans les âmes énervées.

Nous ne suivrons aucun ordre rigoureux, et chaque localité se trouvera casée selon notre caprice, ou plutôt selon que nous rencontrerons des documents qui méritent d'être cités. Parfois le même nom sera répété. Ce pêle-mêle pourra paraître bizarre, mais il aura son agrément, puisqu'il conduira le lecteur, d'un moment à l'autre, à tous les points de l'horizon picard. Mais, pour remédier au défaut d'ordre, nous terminerons par une table alphabétique des noms de lieux, laquelle indiquera, pour chacun d'eux, le diocèse ancien et le département de la nouvelle division administrative.

Afin que notre travail soit aussi intéressant que possible, nous faisons appel à tous les hommes amis de leur pays et de ses souvenirs. Dans ce tronc que nous ouvrons, tous sont appelés à verser leur offrande, pour former le fonds le plus riche possible, et chacun aussi pourra y puiser au besoin (1).

Aucun esprit de méchante critique ne nous guide : si nous relevons des erreurs, ce sera dans l'intérêt de la vérité historique ; si nous signalons des omissions, ce sera dans le but de satisfaire le lecteur et de provoquer de nouvelles recherches. Nous savons trop bien, et nous l'avons dit ailleurs, qu'il n'est pas possible d'être complet dans les ouvrages dont nous voulons nous occuper ici, ou du moins que chaque travail ne peut l'être qu'à raison du point de vue où s'est placé l'auteur. Chaque jour on découvre des documents, des titres qu'on croyait perdus, qu'on ignorait, dont on n'aurait pas soupçonné l'existence. Les réunir, les compiler, les publier à mesure qu'ils se présentent, c'est rendre un service immense à l'histoire, c'est piquer tous les jours de nouveau la curiosité publique.

Nous serons juste pour tous, car nous citerons fidèlement les noms de ceux qui voudront bien concourir à notre œuvre, et nous indiquerons avec soin les sources.

Il est des sources générales auxquelles il serait oiseux de renvoyer pour chaque article; nous les indiquerons en tête, sous la rubrique DOCUMENTS GÉNÉRAUX. D'autres études importantes s'appliquent parfois à un nombre considérable de

---

(1) Espérons que, dans ce cas, on voudra bien nous citer, ce que n'ont pas toujours fait ceux qui nous ont emprunté ailleurs.

localités ; nous aurions pu les placer sous la même rubrique et éviter, ainsi de les rappeler souvent. Mais nous avons cru qu'il serait mieux de répéter la citation, afin de ne pas laisser le lecteur incertain et de lui éviter la peine de feuilleter de forts volumes et de chercher longtemps.

Nous avons à déterminer à quelle étendue de pays s'appliquera notre travail.

Les historiens et les géographes ont bien varié et ne se sont guère entendu, quand ils ont voulu déterminer les limites de la Picardie (1). Les uns ont cru qu'il fallait désigner sous ce nom tout le pays de la Gaule celtique, d'autres celui de la seconde Belgique de l'administration romaine, ceux-ci la circonscription administrative d'une certaine époque, ceux-là d'une autre. Nous n'entrerons pas dans les détails de ces divergences, et nous nous bornerons à deux observations. D'après Piganiol de la Force, la Picardie était bornée, au septentrion, par le Hainaut, l'Artois, le Pas-de-Calais ; au levant, par la Champagne ; au midi, par l'Ile de France, et au couchant, par la Normandie et la Manche. Elle comprenait dix petits pays : l'Amiénois, le Boulenois, le Ponthieu, le Santerre, le Vermandois, la Thiérache, le pays reconquis (c'est-à-dire les comtés de Guines et d'Oye), le Beauvoisis, le Noyonois et le Laonois. Ce sont les limites administratives déterminées par un travail de Bignon, intendant de Picardie (2).

---

(1) Voy. les diverses opinions rappelées et les documents cités par M. Labourt, dans son *Essai sur l'origine des villes de Picardie*. Mém. de la Société des Antiquaires de Picardie, tome IV, p. 33 à 55.

(2) Labourt, loc. cit. p. 50. — Piganiol de la Force, *Nouvelle description de la France*, tome II, Picardie, p. 2.

Selon Duboulay (1), la nation Picarde à l'Université de Paris se composait des cinq tribus de Beauvais, d'Amiens, de Noyon, de Laon et de Thérouanne, c'est-à-dire des étudiants de ces cinq diocèses. C'est aux limites de ceux-ci que nous entendons borner nos études, bien que Dom Grenier et Du Cange s'accordent à reconnaître qu'à la nation ou langue de Picardie se rattachaient les étudiants des autres évêchés suffragants de l'archevêché de Reims : Soissons, Senlis, Cambray et Tournay.

Puissions-nous intéresser toujours, ne blesser jamais, et mériter ainsi les sympathies du lecteur, malgré tout ce que notre travail et notre style peuvent avoir de défectueux.

DARSY.

Amiens, le 3 Mai 1872.

---

(1) *Histoire de l'Université*, tom. III et IV. — Voy. *Statuts de la nation de France*, 1757. — *Registre de la nation Picarde*, Ms. in-4°, Bibl. Sainte-Geneviève, E. 29, n° 909. — Deux autres *Registres Mss.* in-f°. Archives du Ministère de l'Instruction publique, n°˙ 11 et 40°. — M. Cocheris, *Catalogue des manuscrits concernant l'histoire de Picardie*, n°˙ 51, 52 et 53. — Dom Grenier, *Introduction à l'histoire de Picardie*, p. 1 à 15.

RÉPERTOIRE ET APPENDICE
DES
HISTOIRES LOCALES DE LA PICARDIE.

DOCUMENTS GÉNÉRAUX.

Nous comprendrons dans la nomenclature suivante des ouvrages qui seront cités de nouveau sous d'autres rubriques, parce qu'ils traitent à la fois de certaines parties de l'histoire générale de la contrée et de faits spéciaux à diverses localités.

Voyez :

1° *Introduction à l'histoire générale de la province de Picardie*, par D. Grenier ; dans les Mémoires de la Société des Antiquaires de Picardie, documents inédits, tome III.

2° *Etat général de la France*, extrait des Mémoires dressés par les Intendants du royaume, par le comte de Boulainvilliers, tomes I et III.

3° *Nouvelle description de la France*, par Piganiol de la Force, tome II, contenant la Picardie et l'Artois.

4° *Essai sur l'histoire générale de Picardie*, et *Supplément*, par Dévérité.

5° *Résumé de l'histoire de Picardie*, par Lami.

6° *Annales historiques de la France*, par Ph. Le Bas, tome Ier; dans l'Univers, histoire et description de tous les peuples.

7° *Coutumes locales du bailliage d'Amiens*, par Bouthors; notamment tome I, p. 3 à 59; 229 à 278; 317 à 365, et 451; tome II, p. 3 à 54. (Mém. de la Soc. des Antiq. de Picardie, docum. inédits).

8° *Recueil de documents inédits concernant la Picardie*, par M. Cauvel de Beauvillé.

9° *Nobiliaire de Picardie, généralité d'Amiens*, contenant l'extrait des titres produits devant Bignon, intendant de cette généralité.

10° *Nobiliaire de Picardie*, contenant les généralitez d'Amiens, de Soissons, pays reconquis et partie de l'élection de Beauvais, par Haudicquer de Blancourt.

11° *Recueil de plusieurs nobles et illustres maisons vivantes et esteintes*, en l'étendue du diocèse d'Amiens, par Adrian de la Morlière.

12° *Procès-verbal de l'assemblée provinciale de Picardie*, tenue à Amiens au mois d'août 1787.

13° *Procès-verbal des séances de l'assemblée provinciale de Picardie*, tenue à Amiens en novembre et décembre 1787.

14° *Introduction au procès-verbal de l'Assemblée nationale*, 1789, p. 5, 59 et 62.

15° *Procès-verbal des séances de la chambre de l'ordre de la noblesse aux Etats-généraux*, 1789.

16° *Topographie ecclésiastique de la France*, par M. Desnoyers, dans l'Annuaire de l'histoire de France pour l'année 1862.

17° *Actes de l'Eglise d'Amiens*, publiés par Mgr Mioland.

18° *Bénéfices de l'Eglise d'Amiens*, ou Etat général des biens, revenus et charges du clergé du diocèse d'Amiens, en 1730, par F. I. Darsy; dans les Mémoires de la Société des Antiquaires de Picardie, documents inédits, tomes VII et VIII.

Il est inutile de rappeler les divers historiens de la France et des Gaules, chronologies, histoires générales, chroniques, annales et mémoires, recueils de diplômes, chartes et lettres, histoires de la noblesse, etc., non plus que la magnifique collection de documents inédits sur l'histoire de France, publiée par les soins du Ministre de l'Instruction publique.

Nous ne pouvons pas ne pas mentionner ici les véritables sources de l'histoire, dans lesquelles il faut avoir le courage de puiser, quand on a le désir d'étudier sérieusement. Ce sont les titres et les documents de tout âge et de toute nature, qui sont entassés dans les vastes dépôts d'archives de Paris et des départements, et principalement les fonds relatifs à l'administration civile (juridictions diverses, divisions administratives et financières, municipalités, corporations, instruction publique) et à l'administration religieuse (clergé séculier et régulier), etc., etc. Les bibliothèques des grandes villes elles-mêmes, notamment celles d'Amiens, de Beauvais, et de Lille, contiennent aussi un certain nombre de manuscrits d'une grande valeur historique pour la Picardie.

Voyez, entre autres manuscrits, ceux indiqués par M. Cocheris, dans son *Catalogue analytique et raisonné des manuscrits concernant l'histoire de la Picardie*, sous les n°° 1 à 57; dans les Mémoires de la Société des Antiquaires de Picardie, tome XII, p. 97 et suiv.

Et aussi ceux de la collection de Dom Grenier sur la Picardie, déposés dans la bibliothèque Richelieu, dont M. Dufour a donné un *pouillé* dans les mêmes Mémoires, tome II, p. 385

et suiv. — Un *dépouillement* de ces manuscrits, plus en rapport avec l'ordre nouveau qui leur a été donné, se trouve dans le *Cabinet historique* des années 1857 et suivantes.

Les études spéciales aux grandes localités sont très-nombreuses. Il serait difficile d'en faire la nomenclature, sans en omettre aucune; il serait trop long de les citer toutes. La plupart portent sur certains détails et ont été utilisées dans les travaux d'ensemble que nous indiquerons. Nous nous bornerons donc à noter les histoires locales proprement dites, les monographies ou les études qui comprennent un ensemble de faits historiques sur une même localité, et quelques autres qui traitent de questions exceptionnellement intéressantes. Nous renvoyons pour le surplus : 1° à la *Bibliothèque historique* du P. Lelong ; 2° à l'*Essai bibliographique sur la Picardie*, par M. Dufour, dans les Mémoires de la Société des Antiquaires de Picardie, X, 475 et suiv., XIV, 533 et suiv. ; 3° aux *Recherches historiques et bibliographiques sur l'Imprimerie et la Librairie à Amiens et dans le département de la Somme*, par M. Pouy ; 4° aux *Catalogues de la Bibliothèque communale d'Amiens* et à ceux des Bibliothèques des autres villes de Picardie.

AMIENS.

Beaucoup de travaux historiques ont été publiés sur la ville d'Amiens et ses monuments. Il en est d'un incontestable mérite. Lecteurs et historiens futurs peuvent y puiser largement et suivant leur goût.

Voyez:

1° *Dissertation sur Samarobriva, ancienne ville de la Gaule*, par M. Mangon de la Lande.

2° *Mémoire sur l'ancienne ville des Gaules qui a porté le nom de Samarobriva*, par M. Rigollot.

3° *Second mémoire sur Samarobriva*, par le même.

4° *Mémoire en réponse à celui de M. Rigollot sur Samarobriva*, par M. Mangon de la Lande.

5° *Samarobriva ou examen d'une question de géographie ancienne*, par M. de Cayrol.

6° *Essai sur l'origine des villes de Picardie*, par Labourt; dans les Mém. de la Soc. des Antiq. de Picardie, IV, 60.

7° *Les enceintes successives d'Amiens*, par M. Goze.

8° *Histoire des Rues d'Amiens*, par le même.

9° *Histoire de l'état de la ville d'Amiens et de ses comtes*, par Du Fresne sieur Du Cange, éditée par M. Hardouin.

10° *Les antiquités, histoires et choses plus remarquables de la ville d'Amiens*, par A. de la Morlière.

11° *Histoire de la ville d'Amiens*, par le P. Daire.

12° *Manuscrits de Pagès*, publiés par M. Douchet.

13° *Histoire de la ville d'Amiens*, par M. H. Dusevel.

14° *Histoire de la surprise d'Amiens par les Espagnols et de Rép.*

la reprise de cette ville par Henri IV, en 1597, par Damiens de Gomicourt.

15° *Précis historique de la surprise d'Amiens et de sa reprise, etc.,* par Rivoire.

16° *Monuments anciens et modernes de la ville d'Amiens,* dessinés par MM. Duthoit frères, et décrits par M. Dusevel.

17° *Beffroi d'Amiens,* par M. Dusevel, dans les Eglises, Châteaux, etc., de la Picardie et de l'Artois, tome II.

18° *Hôtel-de-Ville d'Amiens,* par le même. Ibidem.

19° *Recherches historiques sur les ouvrages exécutés dans la ville d'Amiens par des maîtres de l'œuvre,* par M. H. Dusevel.

20° *Les œuvres d'art de la Confrérie de Notre-Dame du Puy d'Amiens,* par MM. Rigollot et Breuil; dans les Mém. de la Soc. des Antiq. de Picardie, XV, 391.

21° *Situation financière des villes de Picardie sous saint Louis,* par M. Dufour, dans les Mém. de la Soc. des Antiq. de Picardie, XV, 605.

22° *Notice sur les anciennes corporations d'Archers, d'Arbalétriers, etc., des villes de Picardie,* par M. Janvier; dans les Mém. de la Soc. des Antiq. de Picardie, XIV, 63.

23° *Notice et documents sur la fête du prince des sots à Amiens,* par M. Dusevel.

24° *Notice historique sur la foire de la Saint-Jean à Amiens,* par M. l'abbé J. Corblet.

25° *Coutumes locales du bailliage d'Amiens,* par M. Boulhors, I, 63 à 158.

26° *Description de l'église Cathédrale d'Amiens,* par Rivoire.

27° *Description historique de l'église Cathédrale de Notre-Dame d'Amiens,* par Gilbert.

28° *Notice historique et descriptive de l'église Cathédrale de Notre-Dame d'Amiens,* par M. Dusevel.

29° *Cathédrale d'Amiens*, par M. Goze; dans les Eglises, Châteaux, etc., tom. II.

30° *Le portail de saint Honoré, dit de la Vierge dorée de la Cathédrale*, par MM. Jourdain et Duval; et dans les Mém. de la Soc. des Antiq. de Picardie, VI, 59, et VII, 489.

31° *Histoire et description des Stalles de la Cathédrale*, par les mêmes; dans les Mém. de la Soc. des Antiq. de Picardie, VII, 81.

32° *Les Clôtures du chœur de la Cathédrale d'Amiens*, par les mêmes; dans les Mém. de la Soc. des Antiq. de Picardie, IX, 161.

33° *Deux Verrières de la Cathédrale*, par les mêmes; dans les Mém. de la Soc. des Antiq. de Picardie, XXII, 561.

34° *Notice sur Notre-Dame de Saint-Acheul, ancienne Cathédrale d'Amiens*, par le P. Mallet.

35° *L'église Saint-Germain d'Amiens*, par M. l'abbé J. Corblet.

36° *Histoire de l'église de Saint-Germain d'Amiens*, par M. Guerard; dans les Mém. de la Soc. des Antiq. de Picardie, XVII, 429.

37° *Notice sur l'ancienne église Saint-Remi d'Amiens*, par M. Pouy.

38° *Notice sur l'ancienne chapelle de Saint-Sépulcre, en Saint-Firmin-le-Confesseur d'Amiens*, par le même; dans les Mém. de la Soc. des Antiq. de Picardie, XX, 605.

39° *Histoire des Evêques d'Amiens*, par de Sachy.

40° *Bénéfices de l'Eglise d'Amiens*, I, 1 à 142; II, 315.

41° *Recueil des monuments inédits de l'histoire du Tiers-Etat*, par Augustin Thierry, tomes I, II et III.

Citons quelques manuscrits :

1° Les n⁰⁸ 72 à 131 des manuscrits concernant l'histoire de Picardie, du *Catalogue* de M. Cocheris.

2° Les n⁰⁸ 505 à 523, 532, 562 à 572 des manuscrits de la bibliothèque communale d'Amiens.

3° *L'histoire civile et ecclésiastique d'Amiens*, par Decourt. Manuscrit de la même bibliothèque.

4° Dans la bibliothèque royale de Stockolm (manuscrits français) : AMIENS, *ordonnances et usages*. M. Ch. Desmaze en a donné des extraits dans le bulletin de la Société des Antiquaires de Picardie, tome XI, p. 74 et suiv.

5° Dans les Archives du département de la Somme : les fonds de l'évêché, du chapitre et des chapelains de l'Eglise d'Amiens (Notre-Dame), des abbayes et autres communautés d'hommes ou de femmes de la ville d'Amiens ; les fonds du bailliage, de l'intendance, du Bureau des finances, etc., etc.

Ajoutons quelques notes :

1. INCENDIES DE LA VILLE D'AMIENS. — D'après certaines notes conservées dans le fonds du chapitre d'Amiens, la ville fut brûlée en 882 par les Normands, et en 925 pendant une autre invasion normande, mais par le fait des villageois qui s'y étaient réfugiés.

Pagès place cet évènement en 921 et dit que la ville fut encore brûlée sous l'épiscopat de Foulques II (1032-1058), et enfin environ l'an 1100, sous l'épiscopat de saint Geoffroy ou Godefroy, premier du nom (1). Mais il est à remarquer

---

(1) Manuscrits, publiés par M. Douchet, III, 273.

qu'en 1100 saint Geoffroy n'occupait pas encore le siège épiscopal. Il ne fut élu qu'en l'année 1104 (1).

Une note parmi les pièces du chapitre d'Amiens, aux Archives départementales, précise ainsi la date de ce dernier incendie : « En l'année 1107 la ville d'Amiens fut presque « entièrement consommée par le feu ; mais la Cathédrale n'en « fut pas endommagée. Elle resta seule d'entre toutes les « églises de la ville, au rapport de Nicolas, moine de « Soissons... »

Cet auteur de la vie de saint Geoffroy nous apprend (2), en effet, que ce malheur arriva la veille de la fête de l'apôtre saint Barthélemy, c'est-à-dire le 23 août. Il ne dit pas l'année. Un terrible orage avait allumé l'incendie, et la violence du feu était telle qu'il fut impossible de l'arrêter. Toutes les églises, moins la Cathédrale, alors dédiée à saint Firmin, et toutes les habitations périrent, à l'exception de celle de l'évêque et de quelques chaumières de pauvres gens. A ce moment saint Geoffroy visitait les paroisses du Ponthieu. Il se hâta de revenir consoler et encourager ses ouailles.

Le P. Daire place cet incendie au 3 août 1107, jour de l'invention du corps de saint Etienne (3). C'est aussi la date que donne la *Rhétorique* que nous allons citer. Mais cette assertion paraît avoir une source commune. Dans le doute, il nous semble qu'il faut préférer le témoignage d'un historien contemporain.

M. l'abbé Corblet, dans sa vie de saint Geoffroy (4),

---

(1) *Actes de l'église d'Amiens*, I, xxxvj.
(2) Lib. 3, cap. 19, apud Surium, tom. VI, p. 222.
(3) *Histoire d'Amiens*, II, 29.
(4) *Hagiographie du Diocèse d'Amiens*, II, 428.

rapproche cet évènement jusqu'à l'année 1115. Mais nous ferons remarquer qu'à cette époque même les bourgeois d'Amiens, aidés du roi Louis-le-Gros, tenaient assiégé le château du comte d'Amiens, et que ce siége se prolongea deux années au delà. Peut-on supposer que cette circonstance n'aurait point été relevée par le moine Nicolas, et d'ailleurs que le siége aurait pu se continuer ainsi après la destruction totale de la ville et la ruine de ses habitants? Ces considérations nous font préférer la date de 1107, donnée par la note que nous venons de transcrire. Elle est confirmée d'ailleurs par le récit rimé de l'incendie du clocher de la Cathédrale, dont nous allons parler.

Les faubourgs de la ville furent entièrement détruits et brûlés par les ennemis du royaume, en l'année 1358. C'est ce que nous apprend une charte de 1361, aux titres des chapelains de la Cathédrale.

II. INCENDIES DE LA CATHÉDRALE. — L'église Cathédrale d'Amiens fut plus d'une fois atteinte par le feu. Nous allons donner quelques renseignements à cet égard, que nous avons puisés dans le fonds du chapitre d'Amiens (1). Quoique les faits soient connus, nous jugeons devoir les reproduire, soit à cause de la divergence sur leurs dates, qui existe entre les narrateurs, soit pour certaines particularités que les notes du Chapitre contiennent.

D'après un martyrologe manuscrit de l'année 1100, nous dit une note qu'a copiée le P. Daire, l'église bâtie au VIIe siècle par saint Salve, évêque d'Amiens, pour remplacer celle de

---

(1) Carton de pièces diverses. Arch. départem.

Saint-Acheul, fut brûlée en l'année 1019, le mardi de la troisième semaine après Pâques, c'est-à-dire le 14 avril. La cause n'est pas indiquée. Pagès, nous venons de le voir, parle de la destruction de la ville d'Amiens, par un incendie arrivé sous l'épiscopat de Foulques II (1032-1058). Ne faudrait-il pas lire Foulques Ier (992-1030), et penser qu'en l'année 1019 la ville et la Cathédrale furent enveloppées dans le même malheur ? La note nous apprend que l'église fut bientôt rétablie.

Deux siècles après, à la suite d'un nouvel incendie arrivé en 1218, selon le P. Daire (1), les évêques Evrard de Fouilloy et Geoffroy d'Eu élevaient l'admirable monument que nous avons le bonheur de contempler encore.

Nous allons montrer à quels dangers de destruction il échappa, surtout au XVIe siècle. Nous copions textuellement : « Le 15 juillet 1528, à dix heures du soir, le clocher
» de la flèche au-dessus de la croisée fut brûlé par le ton-
» nerre, les cloches fondues..... Les charpentiers et cou-
» vreurs, avec les manants du Hocquet, de la paroisse Saint-
» Leu, du quay, et les bouchers, travaillèrent courageuse-
» ment et avec adresse à éteindre le feu. Plusieurs furent
» blessés et guéris aux dépens du Chapitre, qui donna récom-
» pense à tous ceux qui avaient si bien travaillé.

» Simon Taneau, très-habile charpentier, amena avec lui
» trois autres charpentiers de Beauvais, pour travailler à la
» construction du nouveau clocher. Au mois de février 1530
» Jean Cornaille, de Gisors, fit la croix de fer au-dessus
» dudit clocher. Au mois d'avril 1531, Jean Pingart, de
» Beauvais, couvrit le clocher de plomb acheté à Dieppe. En

---

(1) *Hist. d'Amiens*, II, 92.

» 1532 Jean Rabache, peintre, a doré le plomb dudit clocher,
» qui fut entièrement terminé en 1534 (1). »

Une autre note ajoute que le dommage avait été estimé à plus de dix mille livres tournois.

Cet évènement est raconté par Pagès, qui dit que les cloches étaient au nombre de six (2).

M. Dufour a publié dans les *Mémoires de la Société des Antiquaires de Picardie* (3), une pièce de vers découverte par lui dans un lot de parchemins picards, intitulée : *Rhétorique pour le feu de meschef advenu au clocher de l'église Notre-Dame d'Amyens et pour les guerres regnans en ce temps, qui estoit l'an mil V^c vingt-sept et vingt-huict* (4). Le contexte de cette pièce a mis l'éditeur à la torture, parce qu'il lui a semblé, d'une part, que la venue à Amiens du roi François Ier, pour traiter avec l'Angleterre, s'y trouvait placée à l'année 1528, tandis qu'il est constant qu'elle eut lieu le 27 juillet 1527 ; et, d'autre part, que le poète ou le rhétoricien, si on l'aime mieux, avait interverti l'ordre des faits, en plaçant ce voyage avant l'incendie du clocher, car il ne doute pas que cet évènement ne soit arrivé en 1527.

Citons les passages qui mettent ainsi tout en question, et

---

(1) Les dates données par le P. Daire (p. 101 et 102) diffèrent un peu de celles ci-dessus.

(2) Tome II, page 83.

(3) Manuscrits, tome XIX, p. 365 et suiv.

(4) M. Dufour a cru (p. 377) que l'imprimerie n'existait point alors à Amiens, pour reproduire cette pièce. Il s'est trompé puisque, dès l'année 1507, on y imprimait les *Coutumes générales du bailliage*. Voyez *Recherches sur l'imprimerie et la librairie à Amiens*, par M. Pouy, p. 66.

voyons s'ils ne doivent pas être compris autrement que ne l'a fait M. Dufour.

> Au temps de dœul que guerre entre les princes
> Se nourrissoit par merveilleux desroy,
> Troublant pays, royaulmes et provinces
> Dont le peuple souffroit moult grand effroy,
> . . . .
> A Amyens advint fortune adverse.
>
> Ce fut en l'an *mil cinq cent vingt huict*,
> Juste en juillet, quasi l'an révolut
> Que nostre roy François, à paix induict,
> Dedans Amyens aux Anglois la conclut... ...

Suit le détail des évènements : les courses de l'empereur d'Allemagne en Artois, les espérances et les inquiétudes qui se succédèrent pendant une année, selon que la paix paraissait assurée ou non, enfin la joie du peuple quand elle fut certaine. L'auteur alors revient à son principal sujet :

> Le jour sainct Vaast, quinzème de juillet
> Ung mercredy après dix heures soir,
> Le temps fort beau se vint tourner en laid,
> Tant que cestoit horrible chose à veoir.
> . . . .
> Vint feu du ciel qui troubla notre feste,
> Car nostre joye en dœul fut convertie.......

On voit notre interprétation : le poète dit que « quasi l'an révolut » après l'accord fait avec l'Angleterre (1), c'est-à-dire

---

(1) Cet accord eut lieu à la fin de juillet 1527 et fut publié le 18 août suivant. Il s'agissait d'un projet de mariage du duc d'Orléans avec Marie, fille du roi d'Angleterre, de l'intervention éventuelle de ce roi dans des propositions de paix, et de secours à donner au Pape, en envoyant une armée en Italie. (Voy. Du Tillet, *Rec. des guerres et traictés d'entre les Roys de France, et d'Angleterre*, f° 160. — *Les Mémoires* de du Bellay, p. 113.)

le 15 juillet 1528, le feu prit au clocher et changea la joie en deuil.

La strophe 34e est la justification même de la date de 1528, assignée à l'incendie : l'auteur évoque un autre souvenir douloureux et dit :

> Quatre cens ans juste avec vingt et ung,
> Troisième d'aoust, jour de l'invention
> Sainct Estienne, comme congnoist chascun,
> Auparavant, fut la combustion
> Plus terrible sans comparation ;
> Car ceste église et pluspart de la ville
> Fut quasi mise en désolation,
> Sathan causant ce malheur inutile.

Il s'agit ici d'un incendie advenu quatre cent vingt un ans auparavant, c'est-à-dire en 1107, et non pas en l'année 421, comme l'a cru M. Dufour. Et c'est précisément en l'année 1107 que la ville fut brûlée, ainsi que nous l'avons vu précédemment.

Enfin, les extraits du registre aux comptes de la ville pour l'année 1528, rapportés par M. Dufour (1), sont eux-mêmes très-explicites sur la date, et forment le complément de la preuve. Nous y lisons qu'il a été payé : « A Guillaume Artus, dit Guillot, patichier, la somme de 8 liv. 15 sols..... par mandement et quittance du 18e de juillet 1528..... aux compaignons du mestier de couvreur en icelle ville, la somme de L sols tourn. et..., en considération des grandes peines, labeurs et dilligences par eulx faittes pour saulver et garantir le feu de meschef advenu le xvje jour de juillet Ve XXVIII en ladite église Notre-Dame..... » C'est ici, selon nous, la

---

(1) Loc. cit., p. 380 et 381.

pleine confirmation de la date. Les copistes se trompent, un poëte peut se tromper, il se trompe même volontairement, au besoin, pour la rime, mais un livre de comptabilité municipale porte en lui-même un caractère d'authenticité. Aurait-on d'ailleurs attendu une année pour payer les petites dépenses occasionnées par l'événement ?

Dans la date de 1527 il ne faut donc voir qu'une première erreur, répétée et copiée par tout le monde. Pour nous, cela ne fait plus de doute, c'est le 15 juillet 1528 qu'a eu lieu l'incendie du clocher de la Cathédrale, qui fut appelé *clocher doré* depuis sa reconstruction.

« Le 15 mai 1615 le feu prit dans Notre-Dame, à minuit,
» dans le lit où couchait le cloqueman, près la petite horloge,
» et y fut fait dommage. » Tel est le texte d'une note tirée du fonds du chapitre et reproduite, dans les mêmes termes, en un manuscrit (1) formant un recueil de pièces diverses concernant le chapitre d'Amiens. MM. Jourdain et Duval ont expliqué, dans l'*Histoire et description des Stalles de la Cathédrale* (2), comment cet incendie, dont aujourd'hui encore on voit les traces, compromit un moment l'existence de ces magnifiques stalles.

Une autre note décrit un commencement d'incendie, allumé le 26 juin 1712, par le feu du ciel à la flèche de Notre-Dame, laquelle fut sauvée, grâce à l'activité d'intrépides ouvriers. On en trouve aussi les détails dans les *Actes de l'Église d'Amiens* (3) et dans Pagès (4).

---

(1) Bibliothèque communale d'Amiens. N° 517 du catalogue, page 216.
(2) *Mém. de la Société des Antiq. de Picardie*, VII, 129.
(3) Tome II, p. 123.
(4) Manuscrits, II, 56 et 58.

III. Poudre a canon sur la Cathédrale. — Au chapitre tenu le 14 juin 1568, Jean Fouquesolle, serviteur surveillant de la fabrique de l'église, fit connaître aux chanoines qu'en visitant les parties hautes de l'église, il y avait trouvé plusieurs sacs remplis de poudre à canon (*pulvere artificioso*), et il en déposa un sur le bureau. A cette nouvelle, les chanoines commirent trois dignitaires de leur compagnie, qu'ils chargèrent de se mettre en rapport avec le maire, le prévôt et les échevins de la ville, à l'effet d'aviser aux moyens de parer à un péril imminent (1).

Nous n'avons rien trouvé de relatif à cette affaire dans les Registres aux délibérations de l'échevinage d'Amiens.

IV. Chasse d'or de saint Firmin. — Pagès a décrit l'ancienne chasse d'or de la Cathédrale, dans laquelle étaient renfermées les reliques de saint Firmin le martyr. La note suivante y ajoute quelque chose et reproduit les trois derniers vers de l'inscription latine, qui se lisait sur la chasse et qu'a donnée Pagès (2). On verra qu'ils rectifient, avec raison, un mot mal lu par lui.

« La translation des reliques de saint Firmin, dont on fait
» la fête dans l'église d'Amiens le 16 octobre, et qui se nomme
» *Repositio sancti Firmini in theca aurea*, est celle qui fut faite
» la troisième, après celles de saint Salve et de saint
» Geoffroy, dans une chasse de pur or, toute émaillée de
» pierres précieuses et de diamants, qu'on peut dire être un

---

(1) Carton de pièces div., Arch. départem. — Manusc. 517, Bibliothèque communale.

(2) Tome V, p. 483 et suiv., édit. M. Douchet. — Manuscrits de Pagès, dans la Biblioth. comm. d'Amiens ; supplém. premier, p. 12 et 13.

» chef-d'œuvre de l'art, aussi bien que le plus affectueux
» témoignage que les diocésains ont pu rendre à leur saint
» patron. Ces trois vers qui sont gravés sur la chasse font
» foi de cette translation :

> « Suscipiat martyr opus hoc utinam *sibi* gratum,
> » Quod proprii sit amore gregis studioque paratum
> » Hujus agente loci Theobaldo pontificatum. »

V. Tombes des évêques Thibault et Richard. — L'évêque Thibault d'Heilly, qui mourut en 1204, avait été inhumé dans l'église de l'abbaye de Saint-Martin-aux-Jumeaux. Sa tombe en airain était placée dans le chœur, à main droite. Au mois de février 1658, les religieux Célestins, qui avaient succédé aux chanoines réguliers de Saint-Martin (1), vendirent cette tombe « à M. Blasset, fameux sculpteur à Amiens, au prix de
» sept solz la livre de métal, le tout pesant 1350 livres. Jean
» Billet l'acheta du sieur Blasset et la revendit à Rouen. »
Elle fut enlevée en cachette. Les ossements de l'évêque furent trouvés « enveloppés dans un taffetas rouge pâle. » On les
» remit en terre, mais bien plus bas. Le 2 mars 1658 le
» P. Houillier, célestin, fit dire par tous les religieux chacun
» une messe » à l'intention de l'évêque.

L'évêque Richard de Gerberoy, mort vers la fin de l'année 1210, avait aussi été inhumé dans l'église de Saint-Martin-aux-Jumeaux. On y lisait « son épitaphe, qui était enclavée
» dans la muraille de la croisée vers septentrion, en ces
» termes : »

---

(1) Voy. *Bénéfices de l'Eglise d'Amiens*, 1, 100.

HIC SITUS EST PROESUL RICARDUS, PROESULE DIGNUS,
CUJUS LEX VITOE LECTIO VITA FUIT.
JUSTITIOE SPECULUM, CONTEMPTOR MUNERIS, ORE
PARENS, MENTE PIUS, LARGUS, HONORIS APEX (1).

Les pères Célestins démolirent, vers 1726, l'ancienne église et en bâtirent une nouvelle (2). Les cendres de l'évêque Richard furent alors déplacées, et son souvenir fut éteint dans ce sanctuaire, comme celui de son prédécesseur.

VI. LE RECLUSAGE DE L'ÉGLISE SAINT-JACQUES. — Une grande ferveur religieuse, un profond mépris du monde ont poussé certaines âmes, surtout dans les temps troublés, à fuir la société des hommes, à s'isoler entièrement, pour vivre dans l'unique pensée de Dieu. Tels étaient les ermites, telles les recluses. L'homme pouvait s'enfermer seul dans les déserts, dans les forêts ; mais la femme ne le pouvait guère sans s'exposer à mille dangers, contre lesquels elle eut été impuissante. Que faisait-elle alors ? Elle se réfugiait auprès d'une église, s'y construisait une cellule et s'y enfermait pour toujours (3), vivant de l'aumône des fidèles, protégée par la religion et le respect qu'inspirait sa vertu. Telle fut sainte Colette, recluse auprès de l'église de Saint-Etienne de Corbie.

Il existait autrefois dans le cimetière que nous avons vu jusqu'en 1836 entourer l'église de Saint-Jacques à Amiens,

---

(1) Ci-gît l'évêque Richard, bien digne de l'épiscopat. Il eut pour règle de vie, une vie toute de lecture. Il aimait la justice, dédaignait les honneurs, parlait en père, était doux, libéral, et faisait l'ornement de sa dignité.

(2) Voy. *Bénéfices de l'Eglise d'Amiens*, I, 110, note 1.

(3) Le moine de Soissons, dans la *Vie de saint Geoffroy*, parle d'une recluse de Domart-en-Ponthieu, enfermée depuis plus de 50 ans (lib. II, cap. 23, *apud Surium*, p. 209).

une de ces cellules qu'on nommait *reclusage*. Pour l'occuper, il fallait l'autorisation du Chapitre de Notre-Dame, duquel dépendaient l'église et le cimetière. On verra, dans la pétition suivante, les noms de deux pieuses femmes qui occupèrent successivement cette cellule, à la fin du XV° siècle.

« A très-honorés seigneurs messieurs les doyen et cha-
» noines de Notre-Dame, supplie très-humblement votre petite
» servante Jehenne La Moenerie, fille de la glorieuse Marie-
» Magdeleine et jadis maîtresse des filles de ladite congréga-
» tion (1) en la bonne ville d'Amiens, qu'il vous plaise, pour
» l'honneur de Dieu, lui concéder et octroyer le Reuclusage
» où est sœur Eve, pour y vivre solitairement jusqu'à la
» mort, en priant Dieu pour la rémission de ses péchés, pour
» vous et pour toute la communauté de la bonne ville et cité
» d'Amiens, saulve la liberté de sa sépulture et de tenir estat
» de vie plus parfaite, quand le benoist Saint-Esprit lui en
» donnera dévotion et volonté. »

Cette pétition fut présentée au Chapitre dans sa séance du 30 juillet 1490. Il l'agréa, sous toute réserve de ses droits et de ceux du curé de Saint-Jacques.

Avait-on tenté de construire une seconde cellule dans ce cimetière, ou fut-ce par prévoyance que le Chapitre avait décidé le 13 septembre 1486 qu'il n'existerait qu'une seule maison *in qua recludatur mulier?*

VII. Saint Honoré, patron des boulangers. — D'après la légende, que M. l'abbé Corblet a su reproduire dans un style imagé (2), voici quelle aurait été l'origine de ce patronage.

---

(1) Il s'agit vraisemblablement de religieuses préposées à la maladrerie de la Madeleine.

(2) *L'Art chrétien* 1860.

Lorsqu'on apprit à Port la promotion de saint Honoré à l'épiscopat, sa vieille nourrice était occupée à la cuisson du pain, au château paternel. Elle en fut ébahie, et fichant en terre le fourgon qu'elle tenait à la main, elle s'écria qu'elle croirait plutôt que ce fourgon se changerait en arbre ; ce qui advint presque aussitôt. Mais ce miracle, qui ne tient aux boulangers que par le fourgon, a-t-il pu raisonnablement les déterminer à choisir saint Honoré pour leur patron ? Beaucoup d'autres explications ont été données : son propre père ou son père nourricier aurait été boulanger ; par son intercession, la famine aurait été évitée en Picardie ; des distributions de farine que le saint évêque faisait aux pauvres, n'auraient en rien diminué la quantité qu'il avait en réserve ; enfin, une main divine lui aurait un jour présenté le pain d'autel au moment de la consécration.

Mais « ce qui déterminait les choix populaires des patronages, dit avec raison M. Corblet, ce n'était point des rapprochements forcés, des comparaisons subtiles, mais les faits extraordinaires qui frappaient vivement l'imagination. » Ces caractères se trouvent, à notre sens, dans l'hypothèse produite par la note que nous allons donner. Cette note, extraite du fonds du chapitre d'Amiens, est écrite de la main du chanoine François Villeman, si nous ne nous trompons. Elle confirme l'opinion la plus accréditée de la haute naissance du saint. La voici :

« Un ancien manuscrit gardé dans la bibliothèque des
» pères Célestins d'Amiens, nous apprend que saint Honoré,
» évêque d'Amiens, était fils d'un comte de Ponthieu et
» que son père lui donna à prendre et percevoir annuellement
» sur les boulangers dudit comté un certain tribut, dont notre
» saint évêque, par compassion, fit remise pour toujours à

» ces artisans... Ce qui peut-être, par la suite, aurait donné
» lieu aux gens de ce métier de le prendre pour patron ; car
» ici, comme à Paris et dans nombre d'endroits, il est leur
» saint. »

On voit qu'il s'agit d'une chose bien naturelle, d'un acte de gratitude. La note porte en elle un cachet de vérité. L'auteur était un homme sérieux et fort instruit ; il n'a point écrit cela au hasard, et sans doute il avait lu le manuscrit qu'il cite, fondé lui même sur la tradition, sinon sur quelque titre perdu depuis.

Toutefois, cette nouvelle hypothèse fait naître la question suivante :

Existait-il, au temps de saint Honoré (VIe siècle), des artisans faisant du pain pour le public, une corporation de boulangers ? On sait que, pendant la féodalité, les seigneurs avaient établi des fours bannaux ou communs, dans lesquels tous les habitants de leur domaine étaient tenus, à moins d'exemption, de faire cuire leur pain, moyennant une certaine rétribution. En cela le seigneur venait au secours de ses sujets trop pauvres pour faire la dépense d'un four (1). Cet usage a-t-il remplacé un état de choses analogue à celui qui a été établi depuis? Nous laissons à de plus capables la question à résoudre.

VIII. Processions publiques ; leurs causes, etc. — On sait que les processions publiques dans la ville d'Amiens et même à l'extérieur étaient jadis d'un fréquent usage. Outre

---

(1) La coutume locale de Port reconnaissait précisément au seigneur du fief, entre autres droits, celui de four (Bouthors, Cout. loc. du bailliage d'Amiens, 1, 567).

celles consacrées par les rites de l'église, on en faisait dans toutes les occasions solennelles ou extraordinaires : pour obtenir du ciel la cessation d'une calamité publique, comme les tremblements de terre, la peste, la sécheresse ou la pluie trop prolongées ; pour remercier Dieu d'une victoire sur les ennemis du pays, de la reprise d'une ville, de la paix, etc. On promenait parfois au loin les reliques des saints, dans le but de recueillir des offrandes pour la construction d'une nouvelle église. Cela se fit pour la confection des tours de notre Cathédrale, vers la fin du XIVe siècle. On connaît la procession qui se fait le 15 août, jour de l'Assomption de la sainte Vierge, pour le vœu de Louis XIII. Nous allons citer quelques autres des processions les plus remarquables faites à Amiens.

IX. PROCESSIONS BLANCHES. — Les plus célèbres et les plus extraordinaires de ces processions sont celles connues sous le nom de *processions blanches*. C'étaient moins des actes de véritable et sage dévotion, que des démonstrations politico-religieuses, excitées par les vives querelles et par la guerre entre les catholiques et les huguenots. Nos historiens locaux en ont parlé (1) ; cependant, nous croyons pouvoir en produire ici le récit détaillé suivant, tiré des papiers du chapitre d'Amiens :

« L'an 1583, au mois de mars, le roi Henri III institua la
» confrérie des *pénitents blancs*, sous le titre de l'Annonciation
» de la sainte Vierge (2).

---

(1) Daire, *Hist. d'Amiens*, I, 289. — Pagès, IV, 27 et 30. — M. Duserel, *Hist. d'Amiens*, p. 265.
(2) Il s'agit de l'institution faite à Paris, car elle existait déjà à Lyon. Voy. Mézeray, à l'année 1583. Édition de 1651, tome III, p. 297.

» Cette institution fut tellement du goût du peuple qu'en
» moins de deux mois on vit aller à Saint-Denis, en France,
» de six à sept mille de ces pénitents. Ils marchoient en
» procession deux à deux, couverts d'un linge blanc de la
» tête aux pieds. Les uns portoient à la main de petites croix,
» les autres des chandeliers avec des cierges allumés et
» chantoient... La ferveur de ces dévotions continua dans les
» provinces pendant les mois de juillet, août, septembre et
» octobre 1583. A Reims furent reçus et nourris plus de
» soixante-dix mille de ces pèlerins.

» Nous savons, par deux actes capitulaires, qu'on a aussi
» vu à Amiens de ces processions blanches. Le premier acte
» est du 7 novembre 1583, et le second du 9 du même mois.
» Le lendemain 10 novembre, arriva à Amiens une de ces
» processions, du bourg de Breteuil et de quinze ou seize
» villages d'alentour, au nombre de trois mille six vingt
» (3120) personnes, hommes, femmes et enfants (1). Les
» hommes chantoient *Kyrie eleison, qui pretioso sanguine tuo*
» *mundum eripuisti de maledicto dracone*, etc. Et les femmes,
» avec les enfants, chantoient *Ave Maria domini mei mater*
» *alma cœlica, plena gratia*. Le prieur de l'abbaye de
» Breteuil portoit le Saint-Sacrement. Ils arrivèrent en ville
» à trois heures après-midi et furent reçus très-honorablement
» par rapport au très-Saint-Sacrement. On avoit fait un
» reposoir à la porte de Beauvais, sur lequel ledit prieur
» déposa le Saint-Sacrement. Les rues étoient tapissées, tout
» le clergé de la Cathédrale et des paroisses de la ville, en

---

(1) Pagès dit environ 3,000 personnes; le P. Daire, plus de 3,000; M. Dusevel porte ce nombre à plus de 5,000. Il se trompe en fixant cette procession à l'année 1582.

» chappes, et M. Geoffroy de la Martonie, évêque, revêtu de
» ses habits pontificaux, suivis de toute la noblesse, du corps
» de ville, et de tous les habitants, allèrent processionnelle-
» ment de la Cathédrale à la porte Beauvais, où l'Evêque prit
» le Saint-Sacrement, pour revenir à la Cathédrale. Là on
» chanta *Domine, non secundum*, ensuite le psaume, *Miserere*
» *mei, Deus*, en faux bourdon. Toute l'église étoit illuminée.
» Le service fini, on logea les pèlerins dans la ville, chez les
» bourgeois, qui les reçurent fort honorablement. Le lendemain
» dès le matin, ils retournèrent à la Cathédrale, pour y
» entendre la grande messe, qui fut célébrée au milieu de la
» nef par le prieur de Breteuil, et à laquelle assistèrent les
» chanoines. Les pèlerins, après avoir ensuite déjeûné, furent
» reconduits processionnellement jusqu'à la porte Beauvais,
» Mgr l'Evêque portant le Saint-Sacrement qu'il remit sur le
» reposoir. Le prieur le reprit et partit avec toute sa troupe,
» sur les neuf heures du matin, le 11 novembre, fête de
» saint Martin. »

Une autre note ajoute aux détails qui précèdent que tous les pèlerins étaient « habillés avec des suaires dessus leurs » corps » et portoient des croix en leurs mains ; que plusieurs des assistants pleuroient, « car le chant estoit si mélodieux » que nul dur cœur ne fût amolly à voir tel triomphe. » Ceci est « extrait d'un vieux registre écrit en ce temps-là. »

Les processions blanches paraissent avoir une origine bien antérieure au XVIe siècle. « En 1399, lisons-nous dans la
» note première citée, les processions blanches commencèrent
» en Italie, dit M. Mourier, en ses sermons. Des milliers de
» peuple revêtus de linges blancs traînant jusqu'à terre, avec
» des chaperons dont ils se couvroient la tête, les hommes et
» les femmes, grands et petits, jeunes et vieux, alloient ainsi

» vêtus aux villes voisines, deux à deux, par forme de
» processions, criant miséricorde et demandant la paix,
» chantant des psaumes et des hymnes tant en latin qu'en
» langue vulgaire. Ils recevoient partout une hospitalité
» merveilleuse. Les premiers de tous furent les habitants de
» Luques lesquels, au nombre d'environ trois mille, vinrent
» à Florence. »

« En 1504 il se fit pareilles processions blanches aux pays
» de Lyonnois, Dauphiné, Savoie, Auvergne, Bourgogne et
» autres circonvoisins, à cause de la disette et des grandes
» maladies causées par l'intempérie de l'air. On nomma
» cette année l'*année des processions*. »

On peut considérer comme procession blanche celle à laquelle assista et qu'avait provoquée le duc d'Aumale, Charles de Lorraine, gouverneur de Picardie, peu de temps après son arrivée à Amiens. En voici le récit puisé aussi dans les notes du Chapitre : « Le 25 mars 1589 M. d'Aumale,
» gouverneur de Picardie, fit faire une procession à laquelle
» il assista, avec tous ses gentilshommes et plusieurs chantres
» qu'il avoit avec lui; et étoient tous habilez en forme de
» capucins, vêtus de toile de *quennevast*, avec un cierge blanc
» en main, et chantoient comme font les feuillans. Ils furent
» au couvent des Célestins, qui étoit alors situé à la porte
» Saint-Pierre. Puis on fit des processions dans toutes les
» paroisses de la ville, pour implorer le secours de Dieu (1). »

X. PROCESSIONS ET VŒUX A L'OCCASION DE LA PESTE. — La peste et d'autres maladies épidémiques désolèrent fréquemment la ville d'Amiens du XVe au XVIIe siècle. La population

---

(1) Voy. Pagès, IV, 32.

effrayée se jetait au pied des autels et sollicitait l'intervention des saints de la cité, en suivant leurs reliques à travers les rues désolées. Aux détails donnés par les historiens locaux (1) sur ces cérémonies religieuses, joignons ceux que nous a fournis la même source que nous venons de dire. Peut-être ne sera-t-on pas fâché de les trouver ici groupés.

« En l'année 1462 la ville d'Amiens fut extraordinairement
» affligée de la peste. Les trois états firent vœu à saint
» Sébastien : 1° de faire bâtir une chapelle dans la Cathédrale,
» en l'honneur de ce grand saint; 2° de faire tous les ans
» deux processions générales, l'une au mois de janvier, l'autre
» au mois d'août, où chacun porteroit un cierge à la main,
» qui ensuite seroit converti en bougies pour brûler tous les
» jours de l'année devant l'image du crucifix, dans la lanterne
» de cuivre qui est au premier pilier de la croisée du costé
» du cloistre; 3° d'établir une confrérie en l'honneur du
» saint; 4° de faire les mardi, jeudi et samedi de chaque
» semaine une procession particulière en l'honneur du saint,
» avant la grande messe du chœur, et de faire une station
» devant ladite chapelle. — Incontinent après le vœu, la
» peste cessa. Les Souverains Pontifes ont accordé des indul-
» gences à cette confrérie dès l'année 1473 (2). »

Ces processions se firent en 1462 et dans les siècles suivants. Un acte capitulaire du 9 janvier 1664 ordonna que la procession de saint Sébastien se ferait le jour même de la fête du saint, quoique celle-ci tombât un dimanche.

---

(1) Daire, *Hist. d'Amiens*, I, 257, 290, 432, etc. — M. Dusevel, *Hist. de la ville d'Amiens*, page 263.

(2) Cette circonstance a fait placer par de La Morlière (*Antiq. de la ville d'Amiens*, p. 263) en cette même année l'érection de la confrérie.

La chapelle fut établie au pilier vert, dans la croisée de la Cathédrale, à droite, en entrant par la nef (1).

La peste reparut un siècle plus tard. « Au chapitre tenu le lundi 13 mars 1581, messieurs informés que la maison claustrale de M. Carette, chanoine subdiaconal, est attaquée de la peste, ont ordonné des prières publiques et des processions, pour apaiser la colère de Dieu, le mardi à l'église des Jacobins, le jeudi à l'église Saint-Denis, au cimetière commun de la ville, et le samedi aux Augustins, afin de prier Dieu de préserver la ville et ses habitants. » — Un acte capitulaire du 15 mars fit défense aux domestiques de la maison de jeter des ordures ou immondices dans la rue. — Un autre acte capitulaire du 9 octobre suivant, fait voir que, malgré ces précautions, la peste s'était communiquée dans toute la ville. Elle sévissait encore plus de deux ans après, comme on l'apprend par un acte capitulaire du 26 octobre 1583.

En 1592 la peste fit de nouveaux ravages, et encore en 1596, année pendant laquelle il mourait cent-vingt personnes par jour. On compta vingt mille victimes en une année. Parmi elles fut un chanoine d'Amiens, sur la mort duquel nous lisons le renseignement suivant (2) : « M. Sagnier, chancelier et chanoine, est mort de la peste en 1596 et a esté inhumé et porté par son valet et sa servante dans le cimetière de *la danse Macabée*, devant le grand cerisier derrière le chœur de la paroisse. »

Le Chapitre, par un acte du 26 septembre 1596, décida de

---

(1) Voy. Daire, II, 112, 180. — *Bénéfices de l'Église d'Amiens*, I, 83, note 2.
(2) Petit cahier de notes, au carton de pièces diverses. Fonds du Chapitre.

faire le dimanche suivant une procession au couvent des frères prêcheurs, où était vénérée la statue de Notre-Dame de Foye.

En 1615 nouvelle invasion de la peste, nouvelles processions, et le 24 février 1616 procession en actions de grâces de la cessation du fléau. Elle est suivie de la messe et des prières de quarante heures.

» En 1632 il y eut à Amiens une peste que l'on appelait » *la peste ardente*. La contagion ayant duré trois années » consécutives, cessa l'hiver de l'année 1634. » Au mois d'août précédent, messieurs les échevins, au nom de toute la ville, avaient fait vœu d'offrir « à Dieu, en l'église des Augustins, » à l'autel de Notre-Dame de Foye, une image d'argent de » la vierge, » du poids de 25 marcs. Le Chapitre averti de l'exécution de ce vœu, tint une assemblée extraordinaire le 14 août 1634 (1) et décida « qu'il y avoit lieu pour exciter » le peuple à plus grande dévotion, de faire une procession » générale de la Cathédrale à l'église des Augustins le jour de » la fête de saint Roch, mercredi prochain, jour où doit » s'acquitter le vœu, afin qu'il plût à Dieu, par l'intercession » de la sainte Vierge et de saint Roch, préserver la ville de » la maladie contagieuse, que cette procession sera faite à » huit heures du matin... les communautés averties de se » trouver à la procession, qui se fait pour le bien et soulage- » ment de toute la ville. » — La statue fut portée par deux échevins, « depuis la Cathédrale jusqu'à l'église des Augustins, » où Mgr l'Evêque officia pontificalement à la messe, le » Chapitre présent en chappes. »

---

(1) Pagès (IV, 330) place l'exécution de ce vœu en 1637. Il fait confusion avec une procession générale qui eut lieu le 24 mai de ladite année, pour détourner le fléau (Carton de pièces diverses. Fonds du chapitre).

La peste reprit bientôt, ou plutôt elle ne cessait que par intermittences, car nous voyons qu'en 1636, « à cause de la » peste qui étoit dans le quartier de Saint-Firmin-à-la-Porte, » la procession, qui se faisait le 25 septembre de chaque année, fut obligée de passer dans un autre quartier, et que déjà au Chapitre tenu le 20 février de cette même année, il avait été ordonné que, pour remercier Dieu de la cessation de la maladie contagieuse, il serait fait le dimanche suivant une procession générale, suivie de la messe et des prières de quarante heures.

Une autre note ajoute ceci : « De 1632 jusqu'à la fin de » 1636, la peste fit de si grands ravages dans Amiens qu'il » y mourut plus de vingt-cinq mille personnes. Les autres » s'étant retirées en campagne, la ville devint déserte et » l'herbe y croissoit dans toutes les rues. »

En 1639 MM. Cornet et Delattre, échevins, se présentèrent au Chapitre tenu le 9 septembre et exposèrent à la compagnie que dès l'année 1633 la ville avait fait vœu, « pour apaiser » l'ire de Dieu qui paraissoit par la contagion dont la ville » étoit affligée, » d'offrir deux images d'argent de la très-sainte Vierge, l'une à l'autel de Notre-Dame de Foye (1) au

---

(1) Il est étrange que le P. Daire, religieux Célestin, ait écrit (I, 415) : Notre-Dame de Bonne foi, lui qui savait (voy. II, 206) dans quelles circonstances l'église des Augustins avait été placée sous le vocable de Notre-Dame de Foye. S'il n'a pas écrit ainsi ce dernier mot, c'est qu'il a oublié son origine.

Foye est le nom d'une métairie voisine de Dinant, au pays de Liége, où l'on trouva, en 1609, dans le cœur d'un très vieux chêne, qui venait d'être abattu, une statuette de la vierge, laquelle devint bientôt l'objet d'une grande vénération. Du bois de cet arbre on fit des images semblables, dont l'une fut donnée aux Augustins par madame de Hurt née de Louvencourt, et

couvent des Augustins, et l'autre à Notre-Dame de Liesse ; que la première avait été portée avec cérémonie audit couvent en 1636, que la seconde avait été conservée en l'hôtel commun de la ville, à cause des dangers que faisaient courir par les chemins les gens de guerre ; mais qu'à présent les troupes n'étant plus en ces quartiers, messieurs les premier et échevins avaient résolu d'accomplir le vœu et de porter l'image dédiée à Notre-Dame de Liesse. En conséquence, les délégués « ont prié messieurs d'ordonner telle cérémonie » qu'ils trouveront à propos pour rendre l'action plus » solennelle... Sur quoi, ordonné qu'on fera procession à » sept heures, pour conduire l'image jusqu'à Saint-Acheul, et » que on avertira les corps et religieux. »

La cérémonie eut lieu le lendemain 10 septembre, et la messe fut chantée dans l'église de Saint-Acheul.

La peste reparut dans les premiers mois de l'année 1668. On prit de nouvelles mesures et des précautions qui marquent la gravité du mal. Au chapitre tenu le 27 août, le doyen représenta à la compagnie que les assemblées fréquentes en ce temps contagieux pouvaient causer de mauvais effets. Elle décida qu'à l'avenir on ne ferait plus de processions, que les prières seraient dites dans le chœur, et qu'il ne se tiendrait plus qu'un chapitre par semaine, le lundi. — Au chapitre tenu le 31 du même mois, il fut ordonné de conférer avec l'Évêque pour savoir s'il ne serait pas à propos de cesser les

---

une autre fut placée par un jésuite d'Hesdin dans le creux d'un arbre du bois du Rondel, touchant à la forêt de Cressy, où elle est encore vénérée aujourd'hui. Voy. pour d'autres détails, la *Notice sur l'ancienne communauté des Augustins d'Amiens*, par M. Guerard, dans les Mém. de la Soc. des Antiq. de Picardie, I, 167.

prières et processions qui se faisaient chaque semaine dans l'église, » à cause des accidents qui en peuvent arriver par la » trop grande fréquentation et multitude du peuple qui s'y » rencontre mélangé. » — Au chapitre tenu le 17 septembre, on décida la fermeture des portes collatérales du chœur, ou du moins de l'une d'elles, « à cause du temps présent. » — Au chapitre tenu le 22 octobre, il fut ordonné que les chanoines absents qui étaient sortis de la ville à cause de la peste, perdraient les distributions manuelles et le tiers de la quotidiane et des quartiers (1). — Le 29 du même mois le Chapitre prit part au vœu fait, au nom de toute la ville, de bâtir dans la Cathédrale une chapelle en l'honneur de saint Jean-Baptiste, pour y déposer son chef, et il y consacra une somme de trois mille livres.

Au chapitre tenu le 2 novembre 1668, le prévôt du Chapitre, qui présidait en l'absence du doyen, rendit compte des mesures qui avaient été adoptées entre les députés du Chapitre et Mgr l'Evêque, pour l'exécution dudit vœu. « Messieurs
» avoient tout agréé, et ajouté qu'il seroit de meilleure grâce
» que ce vœu fut absolu et la promesse faite à tout évènement,
» soit de délivrance, soit de continuation du mal ; ce qu'ils
» avoient chargé leurs députés de remontrer de leur part à
» l'assemblée qui alloit se tenir à l'évêché au même sujet. A
» ladite assemblée étoient MM. le premier et eschevins.....
» L'avis fut loué et résolu ainsi que le vœu seroit absolu.
» Monseigneur remontra que, pour que chacun conçut bien
» ce qu'il alloit promettre à Dieu, il étoit à propos de rédiger

---

(1) C'étaient des fruits des prébendes, qui se gagnaient : la *quotidiane* par l'assistance à l'office tous les jours de l'année, et *les quartiers* par l'assistance aux obits.

» ce vœu par écrit. Le lendemain il en donna lecture et
» chacun le signa. Ensuite l'Evêque célébra la messe ponti-
» ficalement, en présence des premier et échevins, à leur
» place accoutumée dans le chœur. L'écrit fut porté solen-
» nellement à l'offrande par ledit premier et reçu de ses
» mains par l'Evêque, qui l'offrit à Dieu en faisant l'oblation
» du pain et du vin... Les premier et échevins commu-
» nièrent de la main de l'Evêque. Ajoute le prévôt que le
» même jour, après les vêpres, lesdits députés se seroient
» rendus à l'évêché, pour aviser avec Monseigneur sur la
» cérémonie du dimanche et des jours suivants... On orga-
» nisa l'ordre de la procession à huit heures du matin, celui
» des messes pendant quinze jours, etc. »

Ce vœu ne fut exécuté que plus de quarante ans après, c'est-à-dire en 1710. La copie du vœu et le récit des principales cérémonies qui eurent lieu pour son accomplissement, ont été publiés, avec les mandements y relatifs des évêques François Faure et Pierre de Sabatier, dans les *Actes de l'Eglise d'Amiens.* (1).

Des processions générales furent faites le 1er et le 4 novembre 1668. Dès le lendemain 5, le Chapitre parut se rassurer, puisqu'il reprit l'ordre de ses séances bi-hebdomadaires, des lundi et vendredi, mais tout en décidant qu'on mettrait dans la salle un bassin plein de feu.

La peste s'apaisa peu après, et l'on voit qu'un arrêt du conseil du roi daté du 6 février 1669 et un autre arrêt du Parlement du 19 du même mois rétablirent le commerce des autres villes avec celle d'Amiens (2).

---

(1) Tome II, p. 100 à 115.
(2) Pagès, IV, 346.

Un état sanitaire de la ville fut dressé par le lieutenant-général de Beauvais, à ce député, par le roi.

« Au chapitre tenu le 23 juin 1669 le doyen dit que
» M. l'Evêque lui témoigna que, comme il sembloit que Dieu
» exauçoit les prières et retiroit le fléau de la peste, il seroit
» à propos d'en rendre actions de grâces par une procession
» solennelle et le *Te Deum*. Ce fut arrêté pour le lendemain. »
— La procession eut lieu en effet le 24 juin à la pierre Saint-Firmin. Au retour, le *Te Deum* fut chanté par tout le clergé de la ville, puis la messe fut célébrée pontificalement. Les échevins allèrent à l'offrande, et à l'offertoire ils renouvelèrent le vœu de bâtir la chapelle de saint Jean-Baptiste.

Le P. Daire dit que cette peste emporta encore vingt mille victimes dans la ville.

XI. PROCESSIONS DIVERSES. — Voici quelques autres processions, auxquelles des événements extraordinaires ont encore donné lieu.

Nous ne devrions que rappeler l'antique procession que faisaient, entre les fêtes de l'Ascension et de la Pentecôte, les habitants d'Amiens et ceux de Corbie à la *croix de l'Indict*, vulgairement nommée du Lendit, parce que l'on trouve des renseignements à ce sujet dans les historiens locaux (1). Mais sur les causes et l'époque de l'origine et sur celles de l'abolition de cette procession, les opinions semblent différer. C'est pourquoi il est bon de les rappeler ici.

Une note, au fonds du Chapitre d'Amiens, s'exprime ainsi :
« Les citoyens d'Amiens et ceux de Corbie eurent longtemps

---

(1) Pagès, II, 275 et suiv. — Daire, *Hist. d'Amiens*, I, 200. — Du Cange, *Glossarium*, V° Reliquiæ. — *Hist. abrégée du Trésor de Corbie*, p. 37 de l'édition donnée par M. Dusevel.

» des démêlés entr'eux. Ils se réconcilièrent enfin. Pour
» cimenter cette amitié, ils convinrent que le clergé, suivi du
» peuple des deux villes, iroit processionnellement avec les
» reliques de leurs principaux patrons à la moitié du chemin
» des deux villes, dans un endroit où l'on feroit une station
» et des prières en commun, afin d'obtenir les faveurs du
» ciel... Cette procession se faisoit entre les fêtes de l'Ascension
» et de la Pentecôte. On fit dresser à l'endroit de la station
» une croix qu'on appela *la croix de l'Indict*, et la procession
» prit le même nom. — Plus tard, les pratiques de dévotion
» dégénérèrent en parties de plaisir ; on s'accoutuma à porter
» des vivres, sous prétexte de prendre quelques rafraîchisse-
» ments, on dressa des tentes, on fit des repas intempérés.
» Les abus et les guerres contribuèrent également à l'abro-
» gation de cette pieuse cérémonie. On voit encore la base de
» cette croix sur une petite élévation de terre, où se reposent
» souvent les voyageurs (*Hist. ms. de Corbie*. Richard
» 29ᵉ abbé). »

Du Cange donne une origine à peu près semblable, et cite des passages de la vie de saint Adélard et de celle de saint Précord, qui parlent des mêmes abus et désordres (1).

Pagès cite Du Cange et ajoute : « On ne sçait pas certainement en quel temps cette coutume fut abolie ; les guerres qui ont si souvent désolé cette province en ont été sans doute la cause. On peut conjecturer qu'elle ne fut pas observée en l'année 1475... »

Le P. Daire dit que la peste s'étant fait sentir à Amiens en 1021 avec une grande vigueur, pour apaiser le ciel, on

---

(1) Voy. *Miracula sancti Adelardi*, cap. VIII. Bolland, *Acta sanctor.* Januar. tom. I.

institua une procession, de concert avec les habitants de Corbie, où régnait le même fléau ; que l'on convint de se rendre, au temps des Rogations, à moitié chemin des deux villes, et que la première procession se fit l'an 1022, après la cessation de la peste.

L'*Histoire abrégée du Trésor de Corbie* attribue ladite procession aux deux motifs susdits, les maladies contagieuses et le désir de mettre fin à une inimitié ancienne, et en fixe l'origine vers l'an 1024, et l'abrogation vers l'an 1248.

Nous ajouterons à ces renseignements la copie d'une charte extraite de l'un des cartulaires de Corbie, que nous croyons n'avoir pas été signalée jusqu'à présent. Dans cette charte non datée, l'évêque Guarin, qui siégea de 1127 à 1144, relate l'antiquité de la procession de l'Indict par les habitants de Corbie, accorde quarante jours d'indulgence aux fidèles qui y assisteront dévotement et frappe d'anathème quiconque osera les troubler et insulter. Mais l'Evêque ne dit mot de la rencontre avec une procession venant d'Amiens ; celle-ci n'aurait-elle pas encore été instituée alors ? Il y a de nouvelles études à faire sur cette procession de l'Indict.

Nous donnons la traduction de la charte, en reportant le texte en note. La voici :

Charte de l'Indict. Guarin, par la grâce de Dieu, ministre et serviteur de la sainte Eglise d'Amiens, à tous les fidèles de notre diocèse, salut en Notre-Seigneur Jésus. Nous avons appris que, dans l'église de Corbie, d'après une ancienne et louable institution de nos pères, à un jour fixé, les corps des Saints reposant dans l'église étaient portés au dehors des murs, en un lieu choisi à cet effet, avec un très-grand respect, comme il convient, et avec un grand concours de peuple y affluant de tous côtés. Par ces présentes lettres nous faisons savoir à tous les fidèles de notre diocèse qu'à tous ceux qui, observant la bonne coutume annuelle, conservée dans ladite église, approuvée par l'autorité apostolique et de notre assentiment, se rendront ledit jour au lieu indiqué pour révérer les saints, et qui, selon leurs facultés, honoreront Dieu admirable dans ses saints, nous faisons, par la grâce de Dieu, remise de quarante jours de pénitence. Et si quelqu'un se permet de troubler les fidèles allant audit lieu ou en revenant, nous le retiendrons dans les liens de l'anathème, selon le droit apostolique, jusqu'à ce qu'il revienne à récipiscence et qu'il donne satisfaction convenable à l'Eglise de Dieu et au fidèle qu'il aura injurié. Adieu (1).

---

(1) *Carta de Indicto*. « Ego Guarinus Dei gratia sancte Ambianensis ecclesie minister et servus, omnibus fidelibus per Episcopatum nostrum constitutis, salutem in Domino Jesu. Antiqua ac laudabili patrum institutione diem in Corbeiensi ecclesia condictum esse audivimus, quo corpora sanctorum inibi quiescentium extrà muros ad locum huic officio deputatum cum maxima, ut dignum est, reverentia ac frequentia populorum illuc ex diversis partibus confluentium deferertur. Ad hanc igitur tam honestam consuetudinem hactenus in prefata ecclesia annuatim conservatam, atque auctoritate apostolica et assensu nostro confirmatam, omnibus per episcopatum fidelibus nostrum constitutis per presentia scripta mandamus ut quicumque ob sanctorum reverentiam die et loco interesse curaverit, et de facultatibus propriis Dominum in sanctis suis mirabilem honoraverit, quadragesimam unam injuncte poenitentie à nobis per Dei gratiam sibi relaxatam esse noverit. Si quis autem illuc euntes sive redeuntes in aliquo perturbare presumpserit, apostolicam auctoritatem secuti, eum anathematis vinculo innodamus, quo ad usque resipiscat, et ecclesie Dei et ei cui injuriam intulerit digna emendatione satisfaciat. Valete. » (Arch. départem. carton de pièces diverses.— *Cartulaire noir de Corbie*, Biblioth. Richelieu, Fonds de Corbie. n° 19, f° 56. Voy. Catalogue des mss. sur la Picardie, par M. Cocheris, n° 344.)

Dans le même cartulaire, au folio 55, on lit une autre charte donnée par l'Evêque d'Arras, lequel accorda aussi 40 jours d'indulgence aux fidèles de son diocèse qui se rendraient à l'Indict (*ad Indictum*), pour vénérer les reliques des Saints de Corbie.

Dans ces temps de foi il y avait aussi des impies pour insulter les pèlerins, mais les menaces d'un évêque suffisaient pour les retenir; de nos jours la force morale est impuissante, la force armée suffit à peine.

Au chapitre tenu le samedi 27 novembre 1567, il fut décidé qu'une procession générale serait faite, pour remercier Dieu d'avoir délivré la ville de la domination Espagnole.

Après la reprise par Henri IV de la ville d'Amiens qu'avaient surprise les Espagnols, au moyen de sacs de noix, comme l'on sait, le Chapitre ordonna, le 14 septembre 1598, qu'il serait fait tous les ans une procession générale, en actions de grâces, le jour de la fête de la décollation de saint Firmin le martyr. Cette procession ne put avoir lieu en 1634, à cause de la peste. En 1636 elle ne put se faire, selon l'usage, à la pierre Saint-Firmin, parce que la peste régnait dans le quartier, comme nous l'avons dit.

« Au chapitre tenu le 2 avril 1580 il fut ordonné des
» prières publiques et des processions les mardi et jeudi de
» chaque semaine, et une le 12 avril à sainte Claire, pour
» détourner la colère de Dieu de dessus cette ville menacée
» par des *tremblements de terre* arrivés depuis huit jours (1). »

« Au chapitre du 6 mars 1591, il fut conclu de faire une
» procession générale, à cause des *signes de croix* qui ont
» apparu en l'air. On ne sait si c'est signe de secours ou de
» punition de Dieu. » Cette même note est reproduite dans le manuscrit n° 517 de la Bibliothèque d'Amiens, en ces termes:
« Quoniam temporibus istis et diversis in locis multiplices

---

(1) Voy. Daire, I, 436. Cet historien parle (I, 250) de pareil événement déjà arrivé en 1528.

Rép.

cruces apparuerint, ex quibus admodùm hæsitatur et ambigitur utrum in auxilium vel mulctam id eveniat, ipsi domini divinum auxilium implorare concluserunt ut die dominica proxima processionem generalem facerint, in qua deferatur vera crux, si ita D. Episcopo cui communicandum erit, bonum videatur. »

Il est parlé de ces apparitions par le P. Daire (1) et aussi dans une petite notice publiée en 1591 à Paris chez Guillaume Bichon, rue Saint-Jacques, et intitulée : *Des croix miraculeuses apparues en la ville de Bourges, le jour et le lendemain de la feste de l'Ascension* 1591. L'auteur, qui n'est autre que l'imprimeur lui-même, raconte, sur la foi de lettres qu'il a reçues et qu'il « fera veoir, à ceux qui désireront d'avoir ce contente-
» ment, » que les dits jours, des croix « quasi couleur bois, » sont apparues sur des ornements et des linges d'église à Bourges, d'abord en l'église de Saint-Ambroise, « où lors
« estoit le Paradis, c'est à-dire les prières publiques pour les
» nécessitez de ce royaume, » et ensuite dans plusieurs autres églises, comme aussi sur des linges appartenant à des particuliers ; enfin que ces croix ont été vues par un grand nombre de personnes, car le peuple se portait en foule dans ces églises. A cette occasion, l'auteur rappelle qu'il en est apparu de semblables à Paris la veille de Pâques, à Amiens, à Montdidier et à Corbie. On a remarqué que, dans cette dernière ville, elles avaient coïncidé avec « le décez de feu M. de Rambure,
» gentilhomme de noble et ancienne maison, très-bon
» catholique, tombé entre les mains de l'ennemy, après avoir
» esté fort blécé en quelque rencontre à la teste. »

---

(1) Loc. cit. I, 307.

La présente note offre un véritable intérêt d'actualité, à raison des récits qui sont faits depuis quelques mois de fréquentes apparitions de croix sur les vitres des maisons de nos infortunés frères de l'Alsace et de la Lorraine. Puissent ces signes fortifier leur espérance et torturer l'âme de leurs oppresseurs !

XII. CONFRÉRIES PORTANT DES TORCHES AUX PROCESSIONS. — Les corporations de métiers et les confréries érigées dans les paroisses assistaient aux processions générales. Elles y portaient des torches ou des cierges allumés. Pagès dit (1) qu'à la procession du Saint-Sacrement on portait plus de deux cents torches. Voici une note qui donne à cet égard un renseignement assez curieux. Dans la paroisse de Saint-Firmin-le-Confesseur : la confrérie de Saint-Roch portait quatre torches ; celle de Saint-Antoine, trois torches, et celle de Notre-Dame-de-Bonne-Conduite, deux torches. — Dans la paroisse de Saint-Leu : la confrérie des ouvriers saieteurs, sous le nom de Notre-Dame-de-Bonne-Conduite, portait six torches, et celle des ouvriers bourachers, sous le nom de la Transfiguration, six torches; ils en avaient la permission de l'évêque datée de l'an 1674. — Dans la paroisse de Saint-Sulpice, la confrérie de Saint-Roch portait deux torches. — Dans la Cathédrale, la confrérie des joueurs de violon portait anciennement deux torches ; ce qui avait cessé d'être en usage à l'époque où a été écrite cette note, au milieu du XVIIIe siècle. — Dans l'église Saint-Jacques au cimetière de Saint-Denis, était instituée une confrérie du Saint-Sacrement et de Notre-

---

(1) Mss. V, 119, édit. Douchet.

Dame-de-Liesse, qui portait autrefois deux torches ; ce qui avait aussi cessé d'être en usage à ladite époque.

XIII. Mais et papoires portés aux processions. — On donnait autrefois et on donne encore aujourd'hui en Picardie le nom de *Mais* aux branches d'arbres que l'on plante le premier jour du mois de mai, à certaines portes et notamment à celles des demoiselles recherchées en mariage. On a étendu ce nom aux branches dont on tapissait les murs dans les cérémonies religieuses, à toute autre époque de l'année, comme cela se faisait le jour de la Fête-Dieu, dans la rue Basse-Notre-Dame et dans celle des Orfèvres à Amiens (1), et encore aux représentations dont nous allons parler. Dans les processions les corps de métiers faisaient porter par leurs *esgards* (2) des sortes de clochetons enjolivés de verdure, qui figuraient ordinairement les instruments des divers métiers. Les couvreurs, par exemple, avaient un toit, sur lequel un homme paraissait grimpé à l'échelle ; les poissonniers portaient des poissons suspendus, et ainsi des autres (3). L'abus vint : des figures plus ou moins bizarres et ridicules portées parfois par des hommes ivres, prêtaient à rire, causaient du scandale et souvent du désordre.

On en trouve un exemple dans la note suivante :

---

(1) D. Grenier, *Introduction à l'histoire de Picardie*, p. 348.

(2) On nommait ainsi les notables des corps de métiers, qui étaient chargés par élection d'*esgarder*, c'est-à-dire d'examiner et de juger l'œuvre et la marchandise. L'article 13 du règlement imposé par l'édit du 20 mars 1601 les nomme *contrôleurs* et *maîtres* des ouvrages.

(3) Dans la bibliothèque des religieux de Prémontré (saint Jean) d'Amiens, se trouvait un livre manuscrit où ces scènes avaient été figurées par deux religieux sourds-muets, les frères De Fay, gentilshommes de naissance.

« Au chapitre tenu le 16 juin 1702, sur la plainte que quelques particuliers, porteurs de mays à la procession du Saint-Sacrement, ont maltraité Jovelet, garde du Chapitre, faisant les fonctions de sa charge, Messieurs ont résolu d'en porter plainte au sieur Maire de cette ville, afin de l'engager d'en poursuivre la satisfaction. »

Les désordres continuèrent et on dut aviser aux moyens d'y remédier. Nous lisons que, « au chapitre du 18 may 1725, sur la remontrance qu'il se commet plusieurs indécences par rapport aux mays qu'on a coutume de porter à la procession du Saint-Sacrement, Messieurs ont prié *N. N.* de voir l'Evêque d'Amiens et de prendre avec lui les mesures convenables pour empêcher ces indécences. »

Temporisa-t-on, ou prit-on des mesures impuissantes ? Quoiqu'il en soit, l'évêque Pierre de Sabatier, appuyé du concours de l'échevinage, défendit, par un mandement du 14 mai 1727 (1), « de porter à l'avenir les *mais* ou d'autres machines semblables à la procession du Saint-Sacrement (2). »

Un autre usage non moins singulier et non moins indécent, mais qui paraît plus ancien, était celui de porter des *papoires* dans les processions générales et principalement dans celles du Saint-Sacrement. On nommait ainsi des figures de serpents ou des têtes de dragons, qui étaient placées au bout d'une perche. Dans la gueule du monstre on mettait ordinairement des lumières. Cet usage n'était point particulier à l'église

---

(1) Et non 1724, comme on l'a imprimé, par erreur, dans l'*Histoire d'Amiens* de M. Dusevel, p. 400.
(2) *Actes de l'Eglise d'Amiens*, II, 230.

d'Amiens ; on le trouvait à Abbeville, à Beauvais, à Noyon, à Laon, comme l'a constaté D. Grenier (1).

Dans l'origine il n'y eut rien d'inconvenant : on voulait peindre le serpent tentateur ou, selon l'opinion de quelques-uns, le dragon de l'hérésie. Mais à la longue cela dégénéra et l'on s'ingénia à faire produire des grimaces et des mouvements ridicules par ces figures. Aussi semble-t-il résulter de la note suivante qu'il ait été question un instant de les supprimer à la fin du XVII⁰ siècle : « Au chapitre tenu le 18 mai 1697,
» résolu de continuer l'usage ci-devant observé de porter les
» dragons ou papoires aux processions générales, et prié
» M. le maître de la fabrique de les faire raccommoder. »

Une note des manuscrits de Pagès (2) nous fait connaître que définitivement cet usage fut aboli en l'année 1720.

Finissons par la mention d'un usage fort curieux, mais observé en dehors de notre diocèse, dont nous avons encore trouvé la mention dans les Mss. du Chapitre d'Amiens (3).
« Le jeudi saint, à Reims, se faisoit une procession dans
» l'église de Notre-Dame, où chacun traînoit un haranc lié
» par la queue ; ce qui fut aboli en 1438 et ordonné qu'on
» donneroit les dits harancs aux pauvres. » On sait que le poisson était l'emblème du Christ. Voulait-on rappeler par cette bizarre cérémonie la douloureuse marche du Sauveur dans la nuit de sa Passion ?

XIV. Jeux dans l'église. — Nos historiens locaux ont parlé des jeux et des représentations qui se faisaient autrefois

---

(1) *Introduction à l'histoire de Picardie*, p. 357. D. Grenier y cite *Divin. offic. expl.*, cap. 123, f° 549 v°, de Beleth, chanoine d'Amiens.
(2) Edition Douchet, V, 120.
(3) Carton de pièces diverses.

dans la Cathédrale (1). D. Grenier cite un statut du Chapitre d'Amiens de l'année 1392, qui décida qu'on n'accorderait plus à l'avenir « la permission de faire des *farces* dans le chœur de la Cathédrale, mais seulement d'y faire des jeux, suivant l'ancienne coutume, comme il est marqué dans les livres. » Ce que D. Grenier a traduit par « faire des farces est exprimé par les mots : *faciendi rimas vulgares in ludis* (2), dans cette décision capitulaire, dont une copie nous a été conservée parmi les papiers du Chapitre. Nous y avons trouvé joint une note expliquant que « le statut des rimes... doit s'entendre de
» certains vers ou périodes rimées qui étoient fort en vogue
» au XIIe siècle. » Une seconde note nous dit qu'on ne devait
» chanter autre chose que ce qui seroit tiré de l'Ecriture sainte. » Mais est-ce bien ainsi qu'il faut traduire : *secundùm quod erat et secundùm quod libri habent ?* Nous croyons qu'il s'agit plutôt des jeux qui étaient d'usage ancien et tels qu'ils étaient contenus dans les livres ou recueils. En effet, D. Grenier (3) et M. Dusevel (4) citent de ces recueils que l'on conservait dans la trésorerie de l'Hôtel-de-Ville d'Amiens. Mais, nous dit le P. Daire (5), « ces pièces de théâtre ont été
» soustraites de l'Hôtel-de-Ville, ainsi que plusieurs autres
» ouvrages précieux. » D. Grenier nous montre aussi (6) les échevins de Corbie prêtant en 1506 aux religieux de Fou-

---

(1) D. Grenier, *Introduct. à l'hist. génér. de Picardie*, p. 421. — M. Dusevel, *Hist. d'Amiens*, p. 272.

(2) Les délibérations du Chapitre étaient jadis rédigées en latin ; ce ne fut qu'en 1611 qu'il les fit rédiger en français.

(3) *Introduct. à l'hist. de Picardie*, p. 403.

(4) *Hist. d'Amiens*, p. 294, note 2.

(5) *Supplément à l'Histoire d'Amiens*, dans l'*Histoire littéraire*, p. 448.

(6) Loc. cit. p. 409.

carmont leurs cahiers qui contenaient le Mystère de la Passion, pour le jouer audit lieu.

XV. Baladins dans le cloître. — A la fin du XVIe siècle, les baladins et histrions italiens allaient de ville en ville représenter des jeux et des scènes plus ou moins morales. Ils logeaient ordinairement à Amiens dans l'hôtel du Haubergeon, situé dans le cloître, et y donnaient leurs représentations, sans respect pour le service divin, et au grand déplaisir des chanoines. Le Chapitre, dans sa séance du 3 août 1598, ordonna qu'il serait fait une enquête à ce sujet et qu'il serait pris des mesures, d'accord avec Mgr l'Evêque et avec les édiles, pour faire cesser ce scandale.

XVI. Le roi a Amiens: hommages du Chapitre. — Il paraîtrait, d'après la note ci-dessous copiée, que certains de Messieurs les chanoines se faisaient tirer l'oreille pour aller saluer le roi, lorsqu'il venait à Amiens. Etait-ce simplement de l'indifférence, ou bien du mauvais vouloir, et quelle pouvait en être la cause? Quoiqu'il en soit, voici la décision que l'on dût prendre : « Au Chapitre tenu le 20 juin 1640, » Messieurs ayant reconnu que le jour d'hyer s'est trouvé » fort petit nombre de chanoines pour aller saluer et faire la » révérence au roy, aucuns s'excusant de n'avoir robbes et » n'avoir esté advertis, ont ordonné qu'à l'avenir, lorsque le » roy sera logé à l'Evêché ou proche de l'église, Messieurs » se transporteront avec le surplis et l'aumusse, pour lui » faire la révérence; et étant éloigné, iront avec la robbe, » le bonnet quarré, la cornette ou le chaperon. Et pour en » estre advertis, sera sonné la cloche du Chapitre sitôt » l'arrivée du roy en ceste ville. »

Le roi vint encore à Amiens le 28 septembre 1641, et le

Chapitre décida qu'il irait « le saluer en corps, lui offrir les
» prières de l'Eglise et lui porter un *gâteau*, ainsi qu'on a
» accoutumé lorsqu'il vient en cette ville. » — La fourniture de ce gâteau, qui devait être d'un setier de farine,
faisait partie des charges imposées au Chapitre par le roi
Charles VI et Isabeau de Bavière, son épouse, lors de la
donation qu'ils lui firent du moulin Baudry ou moulin du roi,
par lettre du 4 février 1412 (1).

XVII. Baisement des doigts du prêtre officiant. — Voici
un ancien usage de l'Eglise d'Amiens, dont l'origine ne nous
est pas connue, mais qu'il est bon de noter.

Les fidèles baisaient les doigts des prêtres qui célébraient
des messes basses aux autels des chapelles de la Cathédrale.
Cette cérémonie se pratiquait en déposant des offrandes en
monnaie. On trouve cet usage constaté dans un titre du 4
mai 1429, contenant transaction entre l'évêque Jean de
Harcourt, le prévôt et l'université des chapelains, au sujet du
droit de chacun à ces offrandes (2).

XVIII. Inscription dans le labyrinthe de la Cathédrale.
— M. Dusevel (3) et MM. Duval et Jourdain (4) ont publié
une inscription qui se lisait jadis sur une lame de cuivre
incrustée dans une pierre, où étaient les figures de l'évêque
Evrard et des trois architectes, au centre du labyrinthe de

---

(1) Titres de l'Evêché, 20-2º. Arch. départ. — Voy. *Bénéfices de l'Eglise
d'Amiens*, I, 20, note 3.

(2) Titres des chapelains, arm. 1ʳᵉ, liasse 2ᵉ, nº 4. Arch. départ. — Voy.
Du Cange *Glossar*. vº offerenda.

(3) *Hist. d'Amiens*, p. 98.

(4) *Le portail de Saint-Honoré dit de la Vierge dorée de la Cathédrale*,
dans les Mémoires de la Société des Antiquaires de Picardie, VI, 129.

Notre-Dame d'Amiens (1). M. Dusevel dit l'avoir copiée dans un cartulaire du XIV° siècle existant aux archives du département, portant le numéro 34. Il veut parler d'un manuscrit divisé en quatre parties : des canons, un martyrologe, un nécrologe d'août à décembre, et un livre des distributions. C'est dans cette dernière partie que se trouve l'inscription. Mais elle diffère quelque peu de celle donnée par notre savant historien, non point par le sens, mais par certains mots et par leur orthographe. Est-ce faute de copiste ou faute d'impression ? Chose remarquable ! nous avons trouvé nous-même dans les papiers du Chapitre deux copies de l'inscription, dont l'une est tirée de l'ancien martyrologe de l'Église d'Amiens (probablement le manuscrit déjà cité), et elles ne sont pas non plus conformes à celles qu'on y lit, ni entre elles. Il devait être pourtant bien facile de les donner exactes, en consultant l'original qui existait alors. Peut-être était-il en partie effacé ?

MM. Duval et Jourdain ont essayé de rectifier l'une par l'autre les copies du chanoine de La Morlière (2) et du manuscrit cité par M. Dusevel. On peut dire qu'ils ont assez bien réussi. Cependant nous faisons ces légères réserves : Au cinquième vers, ils ont modifié l'orthographe du nom Evrart, en écrivant *Everart*, et au sixième ils ont, comme de La Morlière, ajouté l'article *le* devant le mot roy, afin de rétablir le nombre de huit syllabes que contiennent les autres vers.

---

(1) On sait que ce labyrinthe était tracé en pierres noires et blanches, et faisait l'un de ces compartiments si variés et si beaux de l'ancien pavé de la nef. Il est bien regrettable qu'il n'ait pas été conservé dans le nouveau pavage.

(2) *Les Antiquités de la ville d'Amiens*, édit. in-f°, p. 197 et 198.

Mais toutes les copies s'accordent à ne donner que sept syllabes à chacun de ces deux vers. Suivant encore le chanoine de La Morlière, MM. Duval et Jourdain ont mis, pour la rime, à la fin du huitième vers : *l'ouvrage*. Mais dans toutes les copies aussi il y a *l'œuvre*. — A la fin du treizième vers nous lisons dans l'ancien manuscrit du Chapitre : *mettre* ; s'il y avait *meitre*, comme l'ont écrit ces Messieurs, il faudrait lire *leitre* au quatorzième vers, car les deux lettres médianes sont écrites absolument de la même manière et il est évident qu'elles ne sont pas des *i*. Cette forme d'ailleurs serait insolite.

En définitive, nous nous demandons si l'auteur de l'inscription, qui a fait rimer ses lignes distribuées deux à deux, ce semble, dans les huit pans de la pierre centrale du labyrinthe, a bien voulu faire des vers. Quoiqu'il en soit, nous croyons qu'il convient d'admettre, plutôt que toute autre, la copie qui se lit dans le plus ancien des registres du Chapitre. L'écriture en est évidemment de la fin du XIII° siècle, ou du commencement du XIV°, et par conséquent contemporaine de la confection du labyrinthe. Cette copie a dû être faite avec exactitude ; qui sait, peut-être par l'auteur lui-même, probablement l'un des chanoines de l'église, car il n'est guère présumable que cet auteur fut l'un des architectes, comme semble l'insinuer M. Dusevel.

Aussi reproduisons-nous le texte de l'inscription tel qu'il se lit dans le livre aux *distributions* du Chapitre, au folio ccxlvij recto. Nous nous permettrons seulement de ne pas tenir compte des abréviations. Le lecteur nous en saura gré. Et afin que la comparaison de ce texte avec celui des copies déjà publiées soit plus facile, nous admettons les coupures qui ne sont point dans le manuscrit du Chapitre.

« Memore quant leuvre de leglise de cheens fu commenchie.
Et si comme il est escript el moilon de le maison Dedalus.

> En lan de grace mil. ij^e.
> Et xx. fu leuvre de cheens
> Premierement encommenchie.
> Adont yert de cheste evesquie
> Evrart evesques benis.
> Et roy de France Loys
> Qui fu filz Phelippe le Sage.
> Chil qui maistre yert de luuvre (1)
> Maistre Robert estoit nommes
> Et de Luzarches surnommes.
> Maistre Thomas fu apres luy
> De Cormont. et apres ses filz
> Maistre Regnault qui mettre
> Fist a chest point chy ceste lettre
> Que lincarnacion valoit.
> xiij^e. ans. xij. en faloit. »

De La Morlière a omis le « dernier vers, qu'on ne sauroit plus lire, » dit-il.

XIX. LES PÈRES DES PAUVRES. — Plusieurs chanoines d'Amiens ont, par leurs œuvres de charité, mérité ce beau titre. Nommons-les et copions les notes qui en font mention :

« Odon, le premier de nos préchantres, en 1220, ayant
» distribué pendant sa vie aux pauvres tout ce qu'il pos-
» sédoit, à peine eût-il besoin d'un exécuteur testamentaire
» à sa mort. » — Son obit était fixé au 4 des ides d'oc-

---

(1) On remarquera qu'ici l'orthographe de ce mot diffère de celle ci-dessus.

tobre. Le nécrologe de 1256 s'exprime ainsi : « *Omnia que habebat manu sua distribuit...* »

« Gérard de Noielette, chanoine et écolâtre en 1300, fut » nommé le *père des pauvres*, parce qu'il leur distribua, de » son vivant, tous ses biens, qui étoient considérables. *Qui* » *dictus fuit*, dit le nécrologe, *pater pauperum, quia bona in* » *juventute acquisita senescens omnia pauperibus erogavit.* »

De légères différences dans les termes de cette mention feraient croire qu'il s'agit d'un autre nécrologe que celui qui, au fonds du Chapitre, est daté au commencement du mois d'octobre de l'année 1256. L'obit de Gérard de Noielette y est porté, par addition, au mois de mai (1). Ce chanoine y est aussi nommé le père des pauvres, et on a pris soin d'expliquer que les biens qu'il donna avaient été acquis avec une entière équité, *fideliter*. C'est pour faire entendre, sans doute, que le bienfait n'était motivé par aucune charge de conscience. Ce chanoine vivait encore au mois de janvier 1312, comme on le voit en un statut capitulaire de cette date, relatif aux chapelles du chœur de la Cathédrale (2).

« Pierre de Selve, chanoine, neveu du pape Innocent VI, » ayant été élevé au cardinalat, mérita en 1385 ce bel éloge, » dans son épitaphe : *Qui fuit amator ac defensor pau-* » *perum.* » Mais fut-il bien chanoine d'Amiens ?

On peut donner le même titre honorable et affectueux à Guilain Lucas, chanoine, aumônier du roi, qui fonda en 1627 l'école des orphelins, dite des *enfants bleus*, dans la rue Neuve ; et à Antoine Louvel, chanoine, curé de Saint-Remi,

---

(1) Folio vij^{xx} xij, r°.
(2) Titres du Chapitre, arm. 1ro, liasse 34, n° 2.

qui fonda en 1640 l'hôpital de Saint-Charles, dans la rue de Beauvais.

XX. Temporel de l'Evêché dans la ville d'Amiens. — L'étendue de cette partie du temporel n'a été indiquée que d'une manière générale dans la déclaration produite à l'Assemblée du clergé en 1730, que nous avons publiée dans les *Bénéfices de l'Eglise d'Amiens* (1). On y voit bien que la partie principale du domaine épiscopal était la seigneurie du Hocquet avec quelques dîmes, cens et surcens en différents quartiers et faubourgs, mais point de détails.

L'extrait d'un cartulaire de l'Evêché, écrit au XVIII° siècle, que nous avons compulsé (2), nous fournit à cet égard des indications d'autant plus précieuses qu'elles renseignent sur l'ancienne topographie de la ville. Nous les transcrivons ici.

1° « Le temporel de l'évêché s'étendoit en une grande rue » nommée la rue de Noyon... » M. Garnier en a donné la même désignation (3) que le manuscrit, d'après un compte de l'Evêché de 1539, dans les intéressantes notes qu'il a jointes à la publication d'un dénombrement de 1301. Nous ne la reproduirons donc pas. Mais ce manuscrit ajoute : « La » justice et seigneurie de la porte de Noyon et du pont » appartiennent à l'évêque. »

2° « Le temporel consiste encore en une rue que l'on dit la » rue de la porte de Paris, laquelle se commence depuis le » cimetière de Saint-Denis, jusqu'au dedans de la porte de » Paris, et sont les manoirs tenans et joignans ladite porte,

---

(1) Tome I, p. 1 et suiv.
(2) Arch. départ. Fonds du Chapitre. Manuscrit intitulé : *Carte épiscopale*.
(3) Voy. *Mém. de la Soc. des Antiq. de Picardie*, tome XVII, p. 177 et 188.

» ensemble un pourpris étant de lez et côté des Jacobins,
» tenus du temporel. »

3° « Au dehors de la ville et banlieue d'Amiens, le tem-
» porel consiste en maisons, jardins, prés et voiries, à
» commencer depuis la grosse tour et arche par laquelle flue
» la rivière du Hocquet, au moulin banal, du long tant de la
» rivière de Somme que de ladite rivière du Hocquet, jusqu'à
» la borne de Camon. — Au delà de la rivière de Somme,
» plusieurs maisons, jardins, aires et pourpris tenus et
» mouvant dudit temporel, à commencer depuis le pont au
» change jusqu'au bout du pré répondant sur la rivière et
» appartenant à M. Antoine Lequien, à présent bailli dudit
» temporel. — Depuis la porte de Noyon, il y a une grande
» rue étant du temporel et menant jusqu'au lieu que l'on dit
» *la fosse freneuse*; à l'endroit de laquelle rue, du côté de la
» rivière du Hocquet, il y a plusieurs maisons, jardins, prés
» terres et vignes ; et pareillement de l'autre côté d'icelle rue,
» du côté de la porte de Paris, y a aussi d'autres maisons,
» jardins, prés, terres et vignes, tenus du temporel. »

« Au dessus de la fosse freneuse estant en la juridiction
» commune avec les maire et eschevins de la ville, est assise
» la justice particulière, à trois piliers, du temporel de
» l'évêché. » (1).

L'évêque possédait encore la terre et seigneurie du Hocquet
et le fief nommé *le clos Conty*. Le manuscrit en donne la
désignation, dans les mêmes termes que l'a fait M. Garnier (2).
Nous n'avons donc pas à les reproduire. Mais, en ce qui
concerne le *fief de Conty*, nous allons en donner une autre

---

(1) Manuscrit cité, p. 6, 14, 15, 17, 31.
(2) Voy. loc. cit. p. 201.

désignation, tirée du dénombrement de 1384 qu'a cité M. Garnier et que nous rappellerons tout à l'heure. Elle montre exactement la situation de ce fief, qui fut coupé en deux parties par les fortifications faites quelque temps auparavant, et non beaucoup plus tard, comme on l'a cru. La voici : « Un fief en le ville et banlieue d'Amiens, qui
» s'estent en un manoir que on dist le clos de Conty séant
» près de le porte de Beauvais, et en deux pièches de terre
» appendans audit manoir, dont l'une pièce (1) qui est dedens
» le forteresche tient audit manoir, et l'autre pièce en dehors
» le forteresche à cel endroit, et soloient ces deux pièches
» estre en une seulle pièce anchois que en fist les nouviaux
» fossés pour le forteresche ; lesquelz fossés et les voies et
» alées de pardedens et par dehors furent fais et prins en
» et de ledite terre de mendit fief. Et aussi s'estent en cens et
» héritages qui chy aprez s'ensuivent, etc. » Le sceau, en partie brisé, pend encore au titre, et on y lit : GUILL. DE CONTI.

XXI. TEMPOREL DU CHAPITRE D'AMIENS. — 1° *Le fief de Conty* dont nous venons de parler, ou plutôt le domaine utile de ce fief passa des mains de la famille de ce nom en celles du Chapitre de Notre-Dame d'Amiens. Nous allons dire comment. Il était tenu de l'évêché d'Amiens en foi et hommage de bouche et de main (2). Les 3 décembre 1384 et 26 juillet 1390, Guillaume de Conty, bourgeois d'Amiens, lui en servit aveu

---

(1) On remarquera que, dans ce titre original, le rédacteur a toujours écrit pièce au singulier et pièches au pluriel.

(2) Cet hommage était rendu au Seigneur dominant, dans le lieu seigneurial du fief, par le vassal en personne, tête nue et un genou en terre, sans épée ni éperons. (Voy. les Coutumes.)

et dénombrement. En 1428 il était tenu par Guillaume de Conty, peut-être le même, ou son fils. Plus tard, Ferry de Conty, fils de Jehan, le donna à Messire Adrien de Hénencourt sieur de Chipilly et de Bresle, prévôt et chanoine de ladite église, qui le vendit à M° Pierre du Mas, aussi chanoine, ainsi qu'il appert de lettres données par Rohault, lieutenant du bailli du temporel, le 3 janvier 1487. Ce chanoine déclara command le 15 du même mois au profit du Chapitre d'Amiens, qui en reçut la saisine, sous la réserve des droits de justice, de seigneurie et autres appartenant à l'évêque. Pierre Versé ne fit que confirmer cette transmission par le legs de ce fief au Chapitre, « pour fondation de la fête double de Saint-Claude et pour son obit, » et en s'en réservant la seigneurie. C'est pourquoi l'on voit encore le Chapitre présenter au bailli de l'évêché en 1514 et en 1592 un homme vivant, mourant et confisquant (1), et le 23 mars 1653 le Chapitre relever de l'évêque ce même fief de Conty et autres (2). Le susdit fief ne figure plus, du moins nominativement dans la déclaration faite par le Chapitre en 1730, pour être produite à l'Assemblée chargée de fixer la base de répartition des décimes, non plus qu'en celle de l'Évêché. Avait-il été aliéné ou accensé ? Mais on

---

(1) Dans le système féodal, à chaque mutation de vassal s'ouvrait un droit au profit du Seigneur. Mais les établissements religieux étaient, par leur nature, immuables. On pourvut à cet inconvénient fiscal par une fiction. Les gens de main-morte, comme on les appelait, devaient, lorsqu'ils possédaient un fief, choisir une personne sur la tête de laquelle en résidât fictivement la propriété et qui acquittât les devoirs de vassal, notamment à chaque mutation d'homme. C'est ce qu'on nommait *homme vivant, mourant et confisquant*. (Voy. les Coutumes).

(2) Titres de l'évêché, 12°, A, ?, D, G, H.

le trouve indiqué dans la déclaration du Chapitre de Saint-Nicolas-aux-Cloîtres (1).

2° Le Chapitre d'Amiens avait aussi possédé autrefois la terre de *Bellacourt-en-Artois*. Elle ne figure pas non plus dans la déclaration de 1730. Il semble qu'elle avait été aliénée. Quand est-elle entrée dans le domaine du Chapitre ; quand en est-elle sortie ? Ce sont deux questions restées sans solution jusqu'à présent. Une déclaration générale du temporel fournie au Roi en 1383 n'en parle point. Une autre déclaration du temporel non amorti faite le 21 février 1621, désigne ledit fief en ces termes : « La terre de Bellacourt-en-Artois, acquise
» de M. le bâtard de Vendosme, pour fondation (2). » Voici sur ce fief une curieuse note tirée autrefois d'un titre du 21 juillet 1519, qui ne se retrouve plus dans le fonds du Chapitre : « La terre de Bellacourt-en-Artois est en franc alleu.
» Et quand le cas s'offre qu'il y a relief de ladite terre, y a
» seulement pour tout relief ung coulon (pigeon) blanc, que
» icelluy qui veult relever ladite terre, par luy en personne
» ou son procureur, jette et le fait voloir (voler) en l'air, en
» déclarant qu'il tient ladite terre seulement de Dieu ; et en
» approbation dudit relief jette certaine quantité de petits
» deniers au peuple, sans autre relief (3). »

3° La seigneurie de Dury appartenait très-anciennement au Chapitre d'Amiens. Elle entrait dans le partage des prévôtés ou adéquations (4). Son domaine était accensé en grande partie.

---

(1) *Bénéfices de l'Eglise d'Amiens*, I, lix, 18 et 68. — *Invent. du Chapitre d'Amiens*, VI, 294.
(2) *Invent. du Chapitre*, VI, 292 et 294. — La date suivante semble le contredire.
(3) Carton de pièces détachées. Arch. départem.
(4) *Bénéfices de l'Eglise d'Amiens*, I, xlvij ; II, 328.

Le Chapitre, pour constater qu'il y avait la haute, moyenne et basse justice, fit dresser à l'extrémité de la place principale du lieu « répondant au grand chemin de Paris, » un poteau en bois, au haut duquel étaient empreintes les armes du Chapitre, avec un carcan « pour y pouvoir punir les délinquans. » Le procès-verbal de plantation de ce poteau fut dressé le 12 août 1726 et signé des principaux habitants (1). Il énumère les délits, entre autres, ceux de « fûmer du tabac
» dans les granges et dans les rues · chasser sans permission ;
» aller dans les bâtiments, la nuit, avecq des lampes et sans
» lanternes ;... jurer et blasphêmer le saint nom de Dieu... »
Nous les retrouverons bientôt dans un règlement général de police qui avait son application à Dury.

En cette même année le village de Dury fut affligé d'un incendie, dont nous avons trouvé le récit parmi les notes relatives au Chapitre (2), dans les termes suivants : « Le
» 7 juin 1726, sur les onze heures de la nuit, le feu prit à
» une maison dans le village de Dury, quarante six autres
» maisons furent brûlées, même l'église entièrement. Les
» cloches fondirent. On eut seulement le temps de prendre
» les vases sacrés et quelques ornements ; le reste fut totale-
» ment consumé. Le presbytère eut le même sort et le sieur
» Ravin, alors curé, n'a sauvé de cet affreux incendie qu'une
» robe de chambre pour se couvrir... Un enfant âgé d'environ
» six à sept ans, fut réduit presque en cendre. Il y a eu
» nombre de chevaux, vaches, genisses, moutons et cochons
» brûlés. — Messieurs du Chapitre ont perdu considérable-
» ment en cette occasion, savoir : deux granges champar-

---

(1) Titres du Chapitre, armoire 4º, liasse 35, nº 13.
(2) Carton de pièces détachées. Arch. département.

» tresses, dont une venoit d'être bâtie à neuf ; le chœur de
» l'église, qu'ils ont dû réédifier comme seuls gros décimateurs;
» la nef et le presbytère, à la réédification desquels il a fallu
» contribuer au prorata des biens qu'ils possèdent sur le
» terroir. Il fallut faire quelque remise à certains fermiers et
» remise entière aux autres sur leur redevance, bien des
» aumônes et des charités, pour le soulagement des pauvres
» malheureux qui ont également tout perdu, aucun n'ayant
» pu rien sauver de la fureur des flammes. — Le feu n'a duré
» qu'une heure et demie. Il est à remarquer que les mares
» étoient alors sèches, ainsi il n'y avoit point d'eau pour
» éteindre le feu. — L'ouvrage du chœur a commencé le
» 10 juillet 1727 par la maçonnerie, qu'on a été obligé de
» démonter jusqu'aux fondements. Elle a coûté deux mille
» francs, la charpente dix huit cents francs, la couverture
» seize cents francs. Le chœur fut bénit le 21 décembre de la
» même année par M. Defay, chanoine, qui y chanta la grande-
» messe ; et M. Dargnies, pénitencier, y prêcha. »

XXII. Règlement de police. — Nous voyons souvent citer dans les études historiques locales des règles de police, qui nous montrent que nos pères étaient aussi sages que nous. Ils avaient prévu, organisé, pris des mesures pour la sûreté matérielle et aussi pour l'ordre moral. Nos règlements de police d'aujourd'hui sont ceux d'hier et en bien des points ceux des temps anciens. Sans doute ils ont été modifiés en raison des mœurs du temps, mais au fond ils changent peu, parce que les besoins des sociétés, les garanties qu'elles réclament, sont toujours les mêmes. Nos historiens Picards ont glané, çà et là, certains règlements utiles, jamais un ensemble complet. C'est ce qui nous engage à publier ici une longue ordonnance de police rédigée par le Chapitre d'Amiens, à l'usage des lieux nombreux dont il avait la seigneurie. On y a prévu tout, pour ainsi dire. Elle ne porte point de date, mais elle a été imprimée à Amiens, par Louis-Charles Caron, père. Or nous savons, par les très-curieuses *Recherches historiques* de M. Pouy *sur l'Imprimerie et la Librairie à Amiens* (1), que cet imprimeur exerça de 1764 à 1789.

Voici ce règlement, qui est précédé des armes du Chapitre :

« ORDONNANCE DE POLICE pour le bailli du temporel de
» l'église Cathédrale de Notre-Dame d'Amiens, seigneurie
» de... (2), rendue sur la requête de..., leur procureur fiscal.

» A tous ceux qui ces présentes lettres verront...... Bailly
» du temporel du Chapitre de l'église Cathédrale de Notre-
» Dame d'Amiens et de ses dépendances, seigneur de.....

» ARTICLE PREMIER. Ordonnons à toutes personnes d'être
» circonspectes dans leurs discours et paroles ; leur faisons
» défenses de jurer, blasphémer le saint nom de Dieu, celui
» de la très-sainte Vierge ou des saints, aux peines portées
» par les ordonnances, arrêts et règlements contre les jureurs,
» blasphémateurs, médisans et calomniateurs; enjoignons à
» toutes personnes de dénoncer aux officiers de justice ceux
» qu'ils trouveront jurant et blasphémant le saint nom de
» Dieu, pour en être fait prompte et exemplaire justice.

» II. Enjoignons à toutes personnes de se comporter dans
» les églises avec la modestie et révérence qui est due aux

---

(1) page 81.

(2) Ce blanc, comme les suivants, était destiné à être rempli selon le lieu où la publication serait faite.

» lieux saints, sans qu'il soit permis d'y entrer avec panniers,
» hottes et marchandises, d'y mener aucun chien, d'y faire
» du bruit, ni dans les lieux voisins, qui puisse troubler le
» service divin, à peine de dix livres d'amende ; enjoignons
» aux mères de tenir leurs enfans auprès d'elles dans les
» églises, sans les laisser courir, ni faire du bruit, sous peine
» de trois livres dix sols d'amende.

» III. Ordonnons à chacun des vassaux de mesdits sieurs
» du Chapitre d'observer et garder les saints jours de
» dimanches et fêtes commandés par Notre Mère la Sainte
» Eglise ; leur faisons défenses de faire aucun travail manuel
» et servile lesdits jours, labourer, moissonner et charrier,
» rester au cabaret, jouer à aucun jeu pendant l'office divin,
» considérer les joueurs ou autrement, se divertir pendant
» ledit office soit du matin, soit de l'après-dîner, à peine de
» dix sols d'amende contre chacun des contrevenans, et de
» plus grande peine en cas de récidive, notamment contre les
» cabaretiers qui auront souffert chez eux des buveurs,
» joueurs ou spectateurs oisifs, sans en donner avis à quelqu'un
» des officiers du lieu, à l'effet de venir les reconnaître, sans
» préjudice néanmoins aux officiers de justice des lieux, en
» cas de nécessité et intempérie de l'air ou autrement, de
» permettre, de l'avis du sieur curé, pour le bien public, de
» travailler lesdits jours de dimanches et fêtes, du moins
» après l'office divin qui à cet effet sera anticipé ou retardé,
» ainsi qu'il sera trouvé convenable avec ledit sieur curé.

» IV. Défendons de vendre ou faire vendre aucune espèce
» de viande pendant le Carême, sans la permission expresse
» des officiers de justice des lieux, à peine de dix livres
» d'amende ; leur enjoignons de visiter la viande qui sera
» mise en vente, pour s'assurer de sa qualité.

» v. Défendons de rester au cabaret après neuf heures et
» demie du soir de chaque jour, depuis Pâques jusqu'à la
» Saint-Remy, et après huit heures et demi depuis la Saint-
» Remy jusqu'à Pâques, et aux cabaretiers de fournir ou
» laisser aucune boisson, feu ni lumière à ceux qui seront
» chez eux après lesdites heures, à peine de vingt sols
» d'amende contre chacun des contrevenants pour les
» contraventions qui seront faites les jours ordinaires, et à
» peine de quarante sols pour les contraventions arrivées
» lesdits jours de fêtes et dimanches. Faisons pareilles
» défenses de jouer à aucuns jeux de hasard, de cartes,
» prohibés et défendus, et aux cabaretiers de le souffrir, sous
» pareilles peines, desquelles peines seront exempts lesdits
» cabaretiers qui auront averti un officier de justice pour
» reconnaître les délinquants; défendons aussi à tous habitans
» et domiciliés d'aller boire et manger au cabaret, ni d'y
» faire aucun marché, et aux cabaretiers de les recevoir
» pendant le service divin, à peine de cinq livres d'amende
» contre chaque buveur, et de trente livres contre les
» cabaretiers.

» vi. Défendons de vendre vin, bierre ou autre liqueur et
» de mettre enseigne, sans permission desdits sieurs du
» Chapitre ou de leurs officiers, même de vendre aucunes
» liqueurs et denrées, avant que ladite liqueur soit afforée et
» que le prix y soit mis; défendons d'excéder la taxe qui en
» aura été faite, d'user et de se servir de mesures et poids
» non marqués ou jaugés, le tout à peine de soixante sols
» parisis d'amende et de confiscation des poids et mesures
» qui seront trouvés défectueux.

» vii. Enjoignons aux officiers de justice des lieux de faire
» visite chez les marchands aussi souvent qu'ils le jugeront

» nécessaire, surtout chez les boulangers, à l'effet d'y peser
» leurs pains, et chez les bouchers pour examiner la qualité
» de la viande, de faire jetter et enterrer celle qui sera gâtée,
» et de condamner à dix livres d'amende les dits boulangers
» et bouchers qui seront trouvés en contravention.

» VIII. Défendons à tous particuliers de jouer aux jeux de
» hasard, ni même de donner à jouer aux dits jeux, en tel
» temps et en tels lieux que ce soit, dans l'étendue desdites
» seigneuries, à peine de saisie, prise et confiscation desdits
» jeux, de l'argent qui se trouvera sur iceux et de soixante
» sols parisis d'amende personnelle contre ceux qui auroient
» joué et fourni lesdits jeux, même de prison contre ceux
» qui les auroient fournis.

» IX. Ordonnons à tous et chacun d'être très-exacts et
» attentifs par rapport au feu ; défendons d'aller soit de jour,
» soit de nuit avec chandelle, lampe ou autre feu sans lanterne
» bien conditionnée, dans les granges, écuries, étables et
» autres endroits susceptibles de feu, d'avoir la pipe allumée
» quoique couverte, et de fumer dans lesdits endroits, non
» plus que dans les cours en temps de sécheresse et dans les
» rues au temps de la moisson, à peine de trente sols d'amende
» à chaque contravention et des dommages et intérêts qui
» pourroient en résulter ; de tout quoi les pères et mères,
» maîtres et maîtresses seront civilement responsables pour
» leurs enfans et domestiques. Ordonnons, sous pareilles
» peines, de mettre et placer leurs cendres et flacons à
» l'extrémité de leurs jardins, dans des taudis plaqués et
» construits à cet effet, de manière que le feu ne puisse se
» communiquer ; d'entretenir les fours et cheminées en bon
» et suffisant état, sans crevasses, fentes ou autres fractures,
» conformément aux réglemens et aux peines y portées, et

» qu'à cet effet visite sera faite annuellement desdits endroits,
» pour en reconnaître l'état bon ou mauvais et les dangers et
» périls qui pourroient en résulter ; de tout quoi sera tenu
» procès-verbal, afin d'y être statué et ordonné ce qu'en
» justice sera trouvé appartenir, aux dépens des contrevenants.

» x. Enjoignons expressément à chacun desdits vassaux
» d'avoir en leur maison une lanterne en bon état, à peine de
» soixante sols parisis d'amende, et où aucun d'eux seroit
» convaincu d'en avoir emprunté pour représenter lors des
» visites, dans ce cas celui qui l'auroit fait et celui qui
» l'auroit prêtée seroient, chacun séparément, condamnés en
» l'amende de soixante quinze sols.

» xi. Enjoignons aux dits vassaux propriétaires de maisons
» de tenir les tuyaux de cheminées de leurs maisons élevés
» par dessus les couvertures au moins de deux pieds et demi.
» Ordonnons à ceux dont les cheminées ou leurs tuyaux sont
» plus bas, de les faire relever, sous peine de soixante quinze
» sols d'amende et d'y être pourvu à leurs dépens.

» xii. Ordonnons à chacun desdits vassaux de construire
» des planchers dans les chambres où ils couchent, à peine
» de soixante sols parisis d'amende.

» xiii. Leur ordonnons pareillement d'avoir leurs étables à
» bestiaux suffisamment planchées, plaquées et garnies de
» terre, pour qu'il n'y ait point de risque d'incendie, à peine
» de soixante quinze sols parisis d'amende et d'y être pourvu
» à leurs dépens.

» xiv. Défendons auxdits vassaux de construire à l'avenir
» aucune cheminée en bois, et enjoignons expressément aux
» propriétaires des maisons dont les cheminées et tuyaux de
» cheminée se trouvent encore en bois, d'en faire construire

» d'autres, sous peine de soixante quinze sols d'amende et
» d'y être pourvu à leurs dépens.

» xv. Enjoignons aux habitans, corps et communautés
» desdites seigneuries de se munir, dans le mois qui suivra
» l'affiche de notre présente ordonnance, de crochets garnis
» de leurs perches de longueur et force suffisantes, ainsi que
» de paniers goudronnés, à l'effet de servir en cas d'incendies
» et en arrêter le cours, sous peine de soixante sols d'amende
» en cas d'inexécution de notre présente ordonnance;
» autorisons audit cas le remontrant d'en avancer le coût,
» sauf à le répéter par lui vis-à-vis des habitans.

» xvi. Défendons à tous et chacun desdits vassaux de porter
» pistolets de poches ou armes à feu, bâtons férés ou autres
» instruments offensifs; à tous marchands étrangers ou autres
» d'en exposer en vente dans l'étendue desdites seigneuries,
» et à tous ouvriers d'y en faire ou fabriquer, à peine de
» 60 sols parisis d'amende par chaque contravention, outre
» la confiscation des choses susdites, de laquelle amende les
» pères et mères demeureront civilement responsables pour
» leurs enfans.

» xvii. Défendons à toutes personnes de loger ou retenir
» chez soi aucuns étrangers ou vagabonds, femmes ou filles
» débauchées, gens de mauvaise vie et sans aveu, à peine de
» dix livres d'amende et de répondre de tous les torts et
» dommages causés par de tels gens; défendons à tous pro-
» priétaires ou locataires de louer ou sous-louer aucune
» maison, place ou autre endroit à tous étrangers pour y
» faire leur résidence, et auxdits étrangers d'y venir s'établir
» et demeurer, sans en avoir auparavant la permission par
» écrit desdits sieurs du chapitre ou de leurs officiers, sur le
» certificat ou attestation de bonne vie et mœurs, du curé ou

» des gens de loi du lieu dont ils seront sortis, le tout à peine
» de 60 sols parisis d'amende contre chacun des contre-
» venants, dont les propriétaires ou locataires demeureront
» solidairement responsables pour l'amende encourue par
» lesdits étrangers. Enjoignons aux filles et veuves qui
» auront eu le malheur de se laisser suborner, de déclarer
» incessamment leurs grossesses (1) aux officiers de justice
» et de conserver leur fruit, sous peine d'être punies suivant
» l'édit de Henri II. Défendons aux jeunes hommes et garçons
» d'aller trouver les femmes et les filles à la veillée dans les
» endroits où elles travaillent, à peine d'amende arbitraire
» suivant l'exigence du cas.

» XVIII. Faisons défenses à toutes personnes d'acheter des
» passans et gens inconnus, habits, linges et autres effets
» quelconques, à peine d'amende et punition arbitraire.

» XIX. Ordonnons que les puits et abreuvoirs communs
» seront entretenus en bon et suffisant état, nétoyés, garnis
» de cordes, seaux et ustensiles nécessaires pour la sûreté et
» utilité publique, couverts et fermés de portes ou latis, de
» sorte que les bestiaux et surtout les enfans n'y puissent
» tomber ou s'y jetter, à peine de dix sols d'amende contre
» chaque ménage qui se servira desdits puits communs ; que
» les puits particuliers seront pareillement fermés de portes
» ou de latis, pour prévenir tous inconvéniens, sous peine de
» 60 sols parisis d'amende. Défendons de laisser vaguer,
» aller par les rues aux abreuvoirs et lieux publics, ou y
» conduire aucun cheval ou autres bêtes entachées d'es-

---

(1) L'usage de ces déclarations avait, en certains lieux, résisté à l'action du temps et aux bouleversements. Nous l'avons vu nous-même se produire mainte fois à Gamaches en Vimeu, jusqu'en 1835 ou 1840.

» tiput (1), rosgne, morve ou farcin, à peine de 60 sols
» parisis d'amende envers lesdits seigneurs et des dommages
» et intérêts envers les particuliers qui en auront souffert.
» Défendons pareillement de faire la lessive, laver du linge,
» faire rouir le chanvre, jetter des pierres et autres immon-
» dices dans les abreuvoirs, fontaines, puits, étangs, à peine
» de trois livres quinze sols d'amende.

» xx. Ordonnons à tous les vassaux desdites seigneuries
» de tenir leurs chiens liés à la chaine et de les empêcher de
» courir et roder sans un billon long de 18 pouces, ayant
» 5 pouces de grosseur ou circonférence et attaché par un
» des bouts au col desdits chiens. Défendons à toutes per-
» sonnes de mener ou se laisser suivre par aucun chien,
» quoiqu'avec billon, dans les champs et avéties (2), le tout
» à peine de 60 sols d'amende, dont les pères et mères,
» maîtres et maîtresses seront responsables pour leurs enfans
» et domestiques, avec ordre aux sergents d'arrêter les
» chiens qu'ils trouveront en contravention, et faute de
» pouvoir le faire, permis de les tirer, soit pour les blesser,
» soit pour les tuer ; de tout quoi ils feront leur rapport
» pour que ladite amende soit prononcée contre les coupables.

» xxi. Défendons à toutes personnes non ayant droit, de
» chasser en quelque lieu et sur quelque gibier que ce puisse
» être, avec armes, chiens, filets ou autrement, tant de jour
» que de nuit, aux peines portées par les placards et ordon-
» nances concernant la chasse. Faisons défenses à tous et
» chacun des habitans de tirer sur les pigeons, sous pareilles

---

(1) Sorte de maladie : probablement le typhus.
(2) Récoltes sur pied ; *vestitus ager*.

» peines ; d'avoir, nourrir et garder aucun chien de chasse
» de quelque espèce que ce soit, furets ou femelles de perdrix,
» d'avoir et conserver chez soi aucuns filets, halliers, ti-
» rasses, fusils ou autres instruments de chasse, sans avoir
» la permission expresse desdits sieurs du chapitre, à peine
» de 60 sols d'amende, outre la confiscation de ce qui sera
» trouvé en contravention. Défendons pareillement de faire
» tort et nuire au gibier, ni de prendre ou emporter aucuns
» jeunes, soit lièvres, lapins, perdrix, cailles ou autres, ni
» même de casser aucuns œufs de perdrix ou cailles, sous
» semblables peines, dont les pères et mères demeureront
» responsables pour leurs enfans et les maîtres et maîtresses
» pour leurs domestiques.

» XXII. Faisons expresses défenses à ceux qui auront
» pouvoir de chasser, de le faire à pied ou à cheval avec
» chiens, armes ou filets sur les terres ensemencées dès que
» le blé est en tuyau, depuis le 25 mars jusqu'après la récolte,
» à peine de 10 livres d'amende et de dépens, dommages
» et intérêts. Défendons aussi de passer dans les terres à
» cette époque et à peine de trois livres d'amende, enjoi-
» gnons de suivre les routes ordinaires, sans en pouvoir
» faire aucune dans les héritages appartenant à d'autres
» propriétaires.

» XXIII. Faisons également défenses à qui que ce soit de
» pêcher dans les ruisseaux et rivières desdites seigneuries,
» d'avoir chez eux aucuns instruments propres à la pêche,
» tels que filets, engins, cordées ou autres défendues par les
» ordonnances, sous peines de confiscation et des amendes
» portées par lesdites ordonnances.

» XXIV. Défendons à toutes personnes d'aller dans les bois
» qui ne sont point en coupe, pour y passer ou repasser, en

» y pratiquant de faux chemins, soit pour chercher ou
» cueillir des fraises, noisettes, tendre aux oiseaux, ou pour
» autre chose ; ni d'y couper, éclater, casser ni ramasser
» aucun bois, ni d'aller à l'herbe dans lesdits bois, sous
» peine de trois livres 15 sols d'amende, et même d'être
» traité dans toute la rigueur des ordonnances, si le cas y
» échet. Défendons de mettre aucuns bestiaux en pâture dans
» les bois, sous les peines portées par lesdites ordonnances.

» XXV. Défendons à tous marchands ou autres soit habitans
» desdites seigneuries, soit étrangers, d'exposer en vente
» aucune marchandise ou denrée sur la place ou autre lieu
» public, et à tous autres d'y tenir aucun jeu ou table ; d'y
» jouer à la paume ou autre jeu, d'y danser soit avec violons
» ou autres instruments, sans la permission desdits sieurs du
» chapitre ou de leurs officiers. Défendons pareillement à
» tous joueurs de violons ou autres instruments de jouer
» sans ladite permission dans lesdits endroits publics, ni
» dans les maisons et terrains des cabaretiers, le tout à peine
» de 60 sols d'amende, outre la confiscation desdits violons,
» instruments et tables de jeu ; enjoignons, sous semblable
» peine, aux cabaretiers de faire avertir quelqu'un des offi-
» ciers de justice des contraventions qui se commettront chez
» eux tant pour les danseurs que pour les joueurs d'instru-
» mens, afin que cet officier en tienne procès-verbal.

» XXVI. Ordonnons que les chemins, rues et voiries ou
» autres passages publics, seront unis et entretenus en bon
» et suffisant état ; défendons d'y faire aucun trou ou fossé,
» d'y prendre aucune terre ou terrasses, et à tous laboureurs
» fermiers, charetiers ou autres d'y laisser pendant la nuit
» leurs charues, chariots, herses et ploutoirs, à peine de
» confiscation d'iceux et de 60 sols parisis d'amende.

» XXVII. Défendons pareillement d'occasionner sur lesdites
» rues et flégards aucuns obstacles ou embarras, soit par
» fumier ou immondices, sables, chaux, argilles, pierres,
» bois ou autres matériaux, à peine de 60 sols parisis
» d'amende. Défendons surtout et sous pareille peine de
» laisser dans l'enceinte des villages aucune charogne, ni
» auprès des chemins et passages publics, à distance moindre
» de 300 pieds.

» Ordonnons de rétablir et entretenir les chemins dans
» leur ancienne largeur et de faire des fossés avec talus suf-
» fisant dans les endroits nécessaires pour l'écoulement des
» eaux, sans entreprendre sur lesdits chemins ou flégards,
» auquel effet visite desdits chemins, rues, flégards
» et autres passages publics en sera faite à la réquisition du
» requérant, afin de régler aux dépens de qui lesdites répa-
» rations et entretiens seront faits, soit de propriétaires ou
» possesseurs des héritages contigus et adjacents, soit de la
» communauté.

» XXVIII. Ordonnons aux habitans desdites seigneuries qui
» ont dans leurs masures, cours, plants, jardins ou autrement,
» des arbres de telle nature que ce soit donnant sur les rues
» ou flégards, dont les branches soient dans le cas d'incom-
» moder et nuire en façon quelconque aux dites rues et
» flégards, de les émonder, à peine de 75 sols d'amende, et
» d'y être pourvu à leurs frais et dépens.

» XXIX. Enjoignons à toutes personnes ayant jardins ou
» héritages d'émonder et nétoyer leurs arbres et ôter les
» chenilles et autres vermines des arbres et hayes de leurs
» jardins et héritages dans les temps convenables, sous peine
» de 3 livres 15 sols d'amende.

» XXX. Défendons aux dits habitans de faire aucune

» destruction ou reconstruction sur les rues ou flégards
» qu'après y avoir appellé le requérant, pour prendre et
» donner les alignements et empêcher les entreprises, à
» peines de 60 sols parisis d'amende et démolition de ce
» qui seroit establi, dommages et intérêts.

» xxxi. Défendons pareillement de pratiquer des portes
» ou sorties secrètes soit sur le derrière, soit dans les côtés
» de leurs masures et héritages donnant sur les bois, domaine
» et terrein d'autrui, tendant à faciliter les vols et la rapine ;
» enjoignons expressément à ceux qui en ont de faites de les
» clore et fermer, sous peine contre les contrevenants de
» 75 sols d'amende et d'y être incessamment pourvu à leurs
» frais.

» xxxii. Ordonnons que les puits à marne, carrières et
» autres trous dangereux seront bouchés, couverts, entourés
» et renfermés de manière qu'il ne puisse s'en suivre aucun
» dommage, soit pour les personnes, soit pour les bestiaux ;
» que les manoirs, jardins, enclos et héritages tenants et
» aboutissants aux rues, chemins, flégards et terres à champ
» seront renfermés de hayes, fossés ou autrement, en sorte
» que les bestiaux échappés ne puissent y entrer ; que les
» hayes et arbres donnant goutière sur les rues, chemins et
» flégards seront coupés et ébranchés de façon que les dits
» arbres ou hayes ne puissent incommoder les passants tant
» à pied qu'à cheval et autrement, ni nuire aux plants ou
» arbres qui seront dans les endroits publics, le tout à peine
» de 60 sols d'amende pour chaque contravention, sans
» préjudice au requérant à se faire autoriser à le faire
» faire aux dépens des défaillants qui seront en défaut de se
» conformer à notre ordonnance.

» xxxiii. Faisons défenses à toutes personnes de toucher

» aux plants de saules, peupliers, ormes et autres arbres
» appartenans aux dits sieurs du Chapitre et aux particuliers,
» à peine de 10 livres d'amende et de tous dépens, dommages
» et intérêts, même d'être poursuivis extraordinairement.

» XXXIV. Défendons aux laboureurs et à tous autres de
» mener aucuns bestiaux dans les champs moissonnés, ni
» labourer lesdits champs, sinon trois jours après que les
» grains en auront été enlevés, pour donner le temps aux
» pauvres infirmes de glaner ; enjoignons à tous sergens d'y
» tenir la main.

» XXXV. Défendons à ceux qui font de l'herbe le long des
» chemins et fossés, d'anticiper sur lesdits fossés au préjudice
» des héritages voisins ; pareillement défendons aux her-
» billonneurs d'herbillonner dans les grains, bled, seigle,
» lentille et navette après le premier mai, et dans les mois
» après la Saint-Jean, à peine de 60 sols parisis d'amende et
» confiscation des herbes cueillies en contravention.

» XXXVI. Défendons à tous les propriétaires et fermiers
» de faire ni laisser glaner leurs enfans, domestiques ou
» moissonneurs ; interdisons pareillement le glanage aux
» personnes des deux sexes qui sont valides et en état de
» travailler à la récolte ; leur enjoignons de la laisser aux
» vieillards, aux infirmes et aux enfans des pauvres, avec
» défense à ceux-ci de glaner avant que les gerbes aient été
» enlevées par les moissonneurs et dixmeurs, d'entrer dans
» les champs moissonnés avant le soleil levé et d'y rester
» après le soleil couché, à peine de prison.

» XXXVII. Enjoignons à tous lesdits vassaux de tenir leurs
» maisons ouvertes lors de nos visites et de s'y trouver aux
» jours qui seront indiqués, pour recevoir nous, nos lieutenant

» et autres officiers, et pour satisfaire d'ailleurs à ce que nous
» exigerons d'eux ; et au cas où les portes seroient fermées,
» elles seront ouvertes par le premier serrurier ou maréchal
» sur ce requis, nous réservant de statuer en cas de
» désobéissance, ainsi que de raison.

» XXXVIII. Enjoignons à tous sergens desdites seigneuries
» de veiller à l'exécution des présentes et de faire pour
» raison de ce toutes visites, perquisitions, déclarations ou
» saisies nécessaires et d'en dresser leurs rapports ou procès-
» verbaux, sans qu'il leur soit besoin d'autre commission
» plus spéciale que ces mêmes ordonnances ; pour, lesdits
» rapports remis au greffe, et communiqués à notre pro-
» cureur d'office, être ordonné ce que de raison.

» Et afin que personne n'en puisse prétexter cause
» d'ignorance, ces présentes seront lues et publiées à l'issue
» de la messe paroissiale, par jour de dimanche ou de fête et
» affichées au portail de l'église de..... dite..... seigneurie....
» Donné à..... pardevant Nous bailly susdit..... le.....
» Signé :...... greffier.

Avec permission. De l'imprimerie de Louis-Charles Caron père, vis-à-vis l'église S. Martin à Amiens.

XXIII. FILLES PÉNITENTES OU REPENTIES. — De Court et Daire ont parlé de leur établissement dans la ville d'Amiens. Mais ce qu'ils en ont dit est bien incomplet et parfois erroné. Nous allons, à l'aide de documents qui nous sont tombés sous la main, essayer d'en donner un historique exact.

Une pieuse dame d'Amiens, Anne Gamain, avait, en visitant les pauvres et en pratiquant les œuvres de charité chrétienne, rencontré une sorte de misère morale qui l'avait profondément touchée. C'était la situation équivoque de ces

filles qui, tombées dans le désordre, y restaient plongées, faute de bons conseils et d'un lieu de refuge, où elles pussent se soustraire aux occasions dangereuses. Elle résolut d'y pourvoir tant avec ses propres ressources qu'au moyen d'aumônes et du travail qu'elle leur procurerait. Tout d'abord elle s'adressa aux échevins de la ville d'Amiens, leur exposa les faits et sollicita l'allocation annuelle d'une somme de cent livres, pour le loyer d'une maison propre à loger huit ou neuf filles. Une délibération de l'Hôtel-de-Ville du sept septembre 1650 accorda ladite somme, « pour être employée
» au louage de la maison qui sera choisie pour resserrer les
» filles débauchées, et ce jusqu'à ce que cet établissement
» seroit utile, et aussi à condition que ladite Gamain rendroit
» compte de sa gestion aux sieurs eschevins. » Une autre délibération du 31 mai 1652, prise sur la requête de ladite Gamain, nomma trois personnes, dont un échevin, pour administrer la maison. Des lettres-patentes du roi Louis XIV, du mois de septembre 1653, confirmèrent cet établissement en ces termes : « A ces causes et autres à ce nous mouvantes,
» de l'advis de nostre très-honorée dame et mère, et de
» nostre conseil, Nous avons de nos grâces spéciales, pleine
» puissance et authorité royale approuvé, agréé, confirmé et
» authorizé, approuvons, agréons et authorizons l'establisse-
» ment et institution de la dite maison, pour servir de retraite
» et closture ausdites filles, les mettre par ce moyen à l'abry
» des violences des gens de guerre, et hors des occasions du
» vice, les faire vivre dans l'ordre pendant le temps de leur
» demeure, et les faire instruire dans la crainte de Dieu et
» l'horreur du vice, et après un temps convenable et
» lorsqu'elles seront dans un meilleur train de vie, les rendre
» à leurs parens, les renvoyer en leur pays ou mettre dans

» des conditions honnestes selon le dessein dudit establisse-
» ment porté par les susdits actes, comme nous approuvons
» semblablement, confirmons et autorizons le pouvoir donné
» ausdits administrateurs par lesdits eschevins et la donnation
» par eux faite de ladite somme de cent livres par chacun an,
» et d'icelle augmenter, sy ainsy ils trouvent le devoir faire,
» et tout ce quy a esté et sera fait tant par lesdits eschevins
» que par les administrateurs pour parvenir aux fins
» cydessus, donnant aussy pouvoir ausdits deux administra-
» teurs quy sont à présent en charge, après trois ans de
» service et en cas de décéds ou empeschement légitime,
» d'en nommer d'autres ausdits eschevins. Sy donnons en
» mandement, etc. »

Le 26 novembre 1653, noble homme Pierre Allard, élu en l'élection de Guise, demeurant à Paris, fondé de pouvoir de demoiselle Marie Fournel, sa femme, autorisée par justice à la poursuite et au refus de son mari, héritière bénéficiaire de dame Antoinette Fournel, sa sœur, vendit par acte passé devant Me Firmin Roger et son collègue, notaires à Amiens, au profit de Claude Petit, écuyer, sieur Damy, échevin de la ville d'Amiens et de Nicolas Hugue Canteraine, receveur des décimes, pour eux, leurs héritiers et commands, le fonds et propriété d'une maison, cour, jardin, lieu, pourpris et tennement sis à Amiens rue des Capucins, moyennant 100 l. d'épingles, et 4,800 l. de deniers principaux ; dont furent payés comptant 100 l. d'épingles et 2,400 livres. Et quant aux 2,400 l. restant, il fut stipulé qu'ils seraient payés au jour de Pâques suivant, sans intérêt ; le temps passé, l'intérêt courrait jusqu'au parfait paiement.

Cette vente fut ratifiée par ladite Marie Fournel, devant notaires au châtelet à Paris le 30 décembre 1653.

Le 12 octobre 1655 lesdits Petit et Canteraine, par acte passé devant les mêmes notaires d'Amiens, déclarèrent que leur acquisition avait été faite « à l'intention de loger les filles pénitentes, comme elles y ont logés et y logeoient, pourquoi ils faisoient don et concession de ladite maison (1), à la charge et condition qu'elle demeureroit chargée des 2,400 l. restant à payer et des intérêts, dont les administrateurs seroient tenus d'indemniser eux déclarants, pour que ni eux, ni leurs héritiers en fussent inquiétés ; et dans le cas contraire qu'ils pourroient rentrer en la possession de cette maison. »

Le 11 septembre 1655 Monseigneur l'Evêque d'Amiens approuva cet établissement « aux conditions que l'ecclésiastique commis pour le spirituel de la maison seroit nommé par lui ; que la visite de cette maison lui appartiendroit et à ses successeurs, privativement à tous autres ; que les administrateurs seroient tenus de rendre compte des aumônes et bienfaits qui s'y feroient, ensemble des fondations qui s'y pourroient faire à l'avenir, d'année en année, pardevant lui ou l'un de ses grands vicaires, son promoteur appelé ; que les statuts et réglemens ou ordonnances de cette maison n'auroient aucune force ni vigueur qu'ils ne fussent par lui autorisés ou par ses grands vicaires. »

Si l'on en croit De Court (2), l'échevin administrateur avait le droit « de faire fustiger celles des femmes qui, après avoir
« été mises en liberté et chassées de la ville, y revenoient et
« continuoient à vivre dans leurs premiers désordres... »

---

(1) De Court, (*Mém. chronol. pour l'hist. eccl. et civile de la ville d'Amiens*, t. II, livre 3, chap. 8. Ms. de la Bibliothèque communale d'Amiens, p. 441,) et Pagès (I, 415), attribuent à tort au corps de ville l'achat de cette maison.

(2) Loc. cit.

C'est peut-être ce qui a motivé la disposition restrictive contenue dans l'arrêt qui va être cité.

Par arrêt du 7 septembre 1656, la cour du Parlement de Paris ordonna que les lettres-patentes du roi ci-devant rappelées, seraient « registrées au greffe d'icelle, pour estre
» exécutées, et jouir par les impétrans de l'effet et contenu
» en icelles selon leur forme et teneur, et à la charge que
» lesdits administrateurs ne pourront faire aucun acte de jus-
» tice en ladite maison contre les filles et femmes quy s'yront
» retirer volontairement, ou qui par ordre des officiers
» dudit bailliage et siége présidial dudit Amiens et desdits
» eschevins, y seront envoyées, lesquels administrateurs
» pourront seulement conduire et faire instruire lesdites
» femmes et filles, conformément ausdites lettres, la correc-
» tion et punition d'icelles demeurant ausdits officiers et
» eschevins, chacun à leur esgard, lorsque le cas y escherra. »

Les lettres-patentes du roi n'avaient point été enregistrées au bailliage d'Amiens dans l'année de leur date, selon la loi. Pour y remédier, le roi donna des lettres de surrannation le 29 mai 1656, en vertu desquelles l'enregistrement eut lieu le 24 novembre suivant, à la requête de Claude Lebon sieur de Thionville, ancien échevin, Claude Petit sieur Damy, avocat en parlement, et Hugue Canteraine, contrôleur général des décimes en Picardie (1), administrateurs de ladite maison.

Le mardi 16 août 1667, René Robeville, prêtre, docteur en théologie de la faculté de Paris, archidiacre et chanoine théologal de l'Eglise d'Amiens, vicaire général au spirituel et

---

(1) Les impositions mises sur le clergé s'appelaient décimes. Pour leur recouvrement on avait établi des receveurs diocésains, des receveurs et des contrôleurs provinciaux, et un receveur général du clergé.

au temporel de Mgr l'évêque, au nom et sur l'ordre exprès de ce prélat, visita la maison des filles pénitentes ou repenties, et arrêta le règlement suivant :

« 1° Il y aura désormais deux confesseurs ordinaires pour
» cette maison, qui seront, autant qu'il se pourra commodé-
» ment faire, deux prestres de l'Oratoire, approuvez de Mgr
» ou de ses grands vicaires, au choix du supérieur qui pourra
» estre un des deux, s'il le trouve à propos.

» 2° Tous les trois moison présentera trois confesseurs
» extraordinaires pour ouïr les confessions des mesmes pé-
» nitentes ou repenties, lesquels les administrateurs nom-
» meront à Mgr ou à son grand vicaire, qui en pourra
» substituer d'autres, s'il le juge expédient.

» 3° Aucun ecclésiastique, soit du clergé ordinaire ou régu-
» lier, n'entrera au dedans de la maison, pour quelque sujet ou
» prétexte que ce soit, sinon lorsque pour quelques maladies
» ou infirmité périlleuse et qui mette l'infirme en l'impuis-
» sance de venir à la grille, il sera nécessaire d'administrer
» les sacremens ; et alors l'ecclésiastique sera conduit par
» l'un des administrateurs. Et en toutes autres occasions on
» ne parlera aux repenties qu'à la grille, où l'on entendra
» leurs confessions, les rideaux les couvrant.

» 4° Personne n'entrera dans l'intérieur de ladite maison si
» elle n'y est nécessaire, comme les juges et magistrats
» faisant leurs charges, les administrateurs et les personnes
» préposées pour en avoir le soin et la conduite de la maison,
» les médecins et chirurgiens et apoticaires, les femmes né-
» cessaires et les ouvriers, lesquels seront appelez par l'ordre
» des administrateurs. »

Cependant, il n'avait été fait, ni lors de l'établissement, ni depuis, aucun règlement soit pour la police intérieure et extérieure de la maison, soit pour le pouvoir des administrateurs, soit pour le gouvernement des filles. Les administrateurs firent dresser des statuts et règlements conformes à ceux des maisons de pareille destination établies dans les autres villes du royaume, et en demandèrent l'homologation au parlement. Et le 7 septembre 1682, la Cour ordonna qu'il serait délivré commission aux suppliants pour faire assigner devant elle aux fins de la demande.

Le 19 février 1683 Jean Thierry, seigneur de Genouville, conseiller du roi en ses conseils d'Etat et privé, lieutenant général au bailliage et siége présidial d'Amiens, vu l'arrêt de la Cour, la requête à lui présentée en conséquence, les articles de réglement transcrits à la suite d'icelle, etc.; déclare être d'avis, « soubz le bon plaisir de la Cour, que lesdits
» articles de règlement sont bons, conformes à l'intention de
» l'establissement de ladite maison des Repenties, sont utiles
» au publicq et ne contrarient à l'ordonnance; à la charge
» que la correction et la punition laissée aux admi-
» nistrateurs de la dite maison ès articles 6 et 18, ne
» pourra excéder ce qui est statué par ledit arrest de vérifica-
» tion des dites lettres patentes. »

Voici le texte de la requête et du règlement :

REQUÊTE. « A Monsieur le lieutenant général au baillage
» d'Amiens. Supplient humblement les administrateurs des
» filles pénitentes de la ville d'Amiens, disant que l'establis-
» sement de cette maison ayant eu quelque progrez par le zèle
» des personnes de charité et trouvé utile à la gloire de Dieu
» et au publiq a esté confirmé par lettres patentes de S. M.,
» vériffiées en parlement et registrées où besoin a esté ; mais
» parceque un establissement sans règlement ny police certaine

» ne peut que causer de la confusion, laquelle pourroit aussy
» causer sa ruine, ils ont esté conseillé de se pourvoir à la
» Cour de parlement où ils en ont présentez tels qu'ils ont esti-
» mez utils; lesquels ont esté communiquez à M. le Procureur
» général qui a requis avant donner ses conclusions, iceux estre
» communiquez à tel qu'il leur plairoit, pour y donner leur
» advis. Et comme ils n'estiment les pouvoir communiquer à
» des personnes plus éclairées que vous, Monsieur, comme
» chef de la province et de la police de cette ville, et à
» M. le Procureur du roy qu'ils savent avoir desjà envoyé
» son advis à mond. sieur le Procureur général.

» A ces causes, les supplians vous requièrent humble-
» ment prendre communication desdits réglements de police
» dans lad. maison quy suivent, et sur iceux donner vostre
» advis conformément à l'arrest quy l'a ainsy prescrit. Et
» vous ferez bien. Ainsy signé : Petit, administrateur des
» filles pénitentes. »

Réglement. « I. Les filles et femmes qui voudront se
» retirer des occasions du péché, travailler à leur salut et
» entrer volontairement en lad. maison y seront receus par
» les administrateurs, signeront sur le registre à leur entrée et
» en pourront sortir toutes fois et quand les administrateurs
» le trouveront à propos, en payant leur pension suivant
» leurs facultés.

» II. Celles qui seront envoyées par sentence de MM. du
» baillage et présidial d'Amiens, pour un certain temps, n'en
» pourront estre mises hors, soubz quelques prétextes que ce
» soit, avant l'expiration du temps après lequel la liberté
» leur sera accordée.

» III. A l'égard de celles qui y seront mises par MM. les

» Premier et eschevins, les administrateurs en auront l'ordre
» d'un eschevin au moins, par écrit, et en sera fait mention
» sur le registre et elles n'en sortiront que par le consen-
» tement unanime des trois administrateurs, en sorte que si
» l'eschevin qui est l'un des trois n'y consentoit pas et y
» formoit opposition, elle ne se poura faire que de l'ordre et
» du consentement des autres eschevins.

» IV. Il y aura en lad. maison trois administrateurs pour
» la conduite des femmes et filles ; l'un sera du corps des
» officiers du baillage et présidial, suivant l'arrest de vérifica-
» tion desd. lettres patentes, qui sera par eux nommé. Le
» second sera eschevin, qui sera nommé par sa compagnie, et
» le troisiesme sera un notable bourgeois de la ville, qui sera
» nommé par les autres administrateurs nommez. Lesd. admi-
» nistrateurs seront tenus de justifier de l'acte de leur
» nomination avant que de s'immiscer en aucune fonction de
» lad. maison.

» V. Les administrateurs seront perpétuels, sauf celuy qui
» sera eschevin, qui ne le sera qu'autant qu'il sera en charge.

» VI. Les administrateurs donneront les ordres convenables
» pour faire subsister lesd. filles et femmes dans une bonne
» police de réglement, et en cas de contravention, insolence
» et désobéissance, il sera permis ausdits administrateurs, pour
» prévenir le cours de plus grand désordre, de les faire mettre
» dans tel lieu de la maison quy sera jugé le plus conve-
» nable.

» VII. Il ne sera fait aucune visitte générale en lad. mai-
» son ; mais pourront MM. le lieutenant général, criminel, ou
» ceux qui tiennent leur siége en leur absence, Procureur du
» roy et MM. les eschevins de lad. ville par l'un d'eux qu'ils

» commettront, avec le procureur du roy de lad. ville, se
» trouver au bureau desd. administrateurs aux jours et heures
» de leur assemblée, et y faire appeller celles des filles ou
» femmes quy seront en lad. maison, dont ils auront receu
» plaintes, pour les ouïr et interroger sur lesd. plaintes, en-
» suite y estre pourveu ainsy que de raison, la juridiction
» gardée à quy il appartiendra.

» VIII. Les femmes et filles quy ne seront pas de la ville
» pourront estre envoyées en lad. maison par leurs parens ou
» personnes de charité, pour éviter le scandal qu'elles
» causent dans le lieu de leur naissance, mais ne pourront
» estre receue en lad. maison qu'en payant une pension rai-
» sonable et à telle somme qu'il sera jugé à propos par
» lesdits administrateurs, affin qu'elles ne soient à la charge
» ny de la ville, ny de lad. maison, et ne pouront estre
» mises dehors que pour estre rendues à ceux et celles qui les
» auront envoyées, ou à leur plus proche parent.

» IX. La sortie desd. femmes et filles appartiendra seu-
» lement aux administrateurs ayant seuls la connaissance tant
» de leur conversion que de leurs parens et pays, confor-
» mément aux autres établissemens, sauf les deux cas ex-
» primés ès 2° et 3° articles.

» X. Pouront les administrateurs choisir des maîtresses et
» officières pour conduire lesd. femmes et filles et avoir soin
» de leur nourriture, lesquelles ils pouront destituer comme
» ils le jugeront à propos.

» XI. Les administrateurs tiendront assemblée dans lad.
» maison deux fois chacune semaine, savoir : les dimanches
» et mercredis, ou un autre jour de la semaine quy sera le
» plus commode aux administrateurs, pour les besoins et

» nécessitez de lad. maison, et tiendront registres des délibé-
» rations qu'ils y auront prises, ausquelles la supérieure
» assistera, pour rendre compte de ce qu'elle aura recognue
» avoir esté fait contre les réglemens.

» XII. Les administrateurs auront un registre dont les
» feuilles seront paraphées par première et dernière par les
» trois administrateurs lors en fonction, pour y faire mention
» des entrées et sorties desd. femmes et filles, leurs noms,
» âges et surnoms, naissance, condition et demeure, mesme
» les accouchements et décedz d'icelles, lequel registre ne
» sera communiqué à personne de dehors, sinon par sentence
» et arrest; et un ou plusieurs autres registres pour y
» escrire les délibérations des administrateurs, la recepte des
» fruitz et revenus de lad. maison, tels dons et aumônes qui
» y auront estées faites et la dépence de lad. maison.

» XIII. La supérieure sera d'une vie exemplaire et sera
» choisie par les administrateurs, avec tel autre nombre
» d'officières qu'il sera jugé à propos, dont l'une sera maî-
» tresse des ouvrages, l'autre sera portière, l'autre sacristine
» et les autres pour les autres offices de la maison.

» XIV. La maîtresse des ouvrages rendra compte toutes les
» semaines du provenu desd. ouvrages et de la dépence
» qu'elle aura faite en lad. maison.

» XV. Les administrateurs n'auront aucun droit ny appoin-
» tement, mais s'emploieront charitablement à tout ce qui
» regarde les affaires de cette maison; pour les autres offi-
» cières, on leur donnera des gages, selon qu'il sera jugé à
» propos par les administrateurs.

» XVI. Pourront les administrateurs interroger lesd.
» femmes et filles lorsqu'elles entreront en ladite maison,

» pour aprendre leur mauvaise conduite, leurs parens et pays,
» affin de les pouvoir renvoyer après leur conversion, comme
» il est dit par les patentes et arrest de vérification.

» xvii. Seront les heures du lever et du coucher, des
» prières, du travail et des repas assignez par les adminis-
» trateurs.

» xviii. Pour tenir les femmes et filles en leur devoir, pou-
» ront les administrateurs choisir telles personnes qu'ils ju-
» geront plus capables, pour avoir soin et direction en
» chacune salle ou dortoir en qualité de maîtresse, ausquelles
» il est enjoint d'obéir, à peine de punition, et y apporteront
» lesd. administrateurs telle autre conduitte qu'ils jugeront
» convenable pour le bien de lad. maison.

» xix. Pour exciter lesd. femmes et filles de travailler avec
» plus d'assiduité, elles auront le tiers du profit de leur tra-
» vail, sans qu'il leur en soit diminué aucune chose, sinon
» lorsque leurs ouvrages seront deffectifs et qu'elles ne les
» rendront pas au mesme poids qu'elles les auront receus.

» xx. Les licts, couvertures, habits et nouritures ne seront
» pas donné par faveur et recommandation ny osté par aver-
» sion, mais distribuez à touttes également selon la prudence
» des administrateurs

» xxi. Pourront les administrateurs donner tels salaires et
» récompenses qu'ils aviseront aux officières domestiques et
» à ceux qui serviront en lad. maison ; et s'ils jugeoient à
» propos de se servir desd. femmes et filles pour officières, ils
» pourront leur donner tel emploi qu'ils adviseront.

» xxii. Lorsque lesd. femmes et filles seront malades de
» maladie formée, seront envoyées à l'Hostel-Dieu, pour y

» estre traittées, après leur convalescence ramesnées en lad.
» maison, et sera fait mention sur le registre de leur sortie
» et de leur retour.

» XXIII. Il y aura en lad. maison un lieu particulier d'in-
» firmerie pour les indispositions communes des femmes et
» filles, et un autre pour les officières domestiques quy seront
» malades.

» XXIV. Pouront les administrateurs choisir un receveur
» d'entre eux, tel que bon leur semblera, et en cas qu'il
» manque de fonds pour les choses nécessaires de lad. maison,
» les administrateurs pouront faire quelque avance qu'ils
» pouront retirer sur les premiers deniers qu'ils recevront.

» XXV. Led. receveur ne poura faire aucune despence
» extraordinaire et considérable qu'en vertu des ordonnances
» des administrateurs, dont sera fait mention dans le registre
» quy sera signé d'eux, et sera tenu led. receveur de bailler
» estat de la recepte et despence quand il en sera requis, et
» rendra compte tous les ans par devant le lieutenant général
» et premier eschevin et présent le procureur du Roy, dans le
» bureau de lad. maison desdits administrateurs.

» XXVI. Pour faciliter la direction et le soulagement des
» administrateurs, les emplois et commissions seront partagés
» et distribués à chacun d'eux, selon qu'il sera estimé le plus
» convenable.

» XXVII. Les filles et femmes qui entreront en lad. maison
» seront visitées par des personnes de la maison quy
» seront préposées à cet effet, pour connoistre si elles n'ont
» point quelques maladies contagieuses, affin d'empescher
» leur communication avec les autres.

» XXVIII. Les administrateurs prendront leurs rangs et
» scéances dans les assemblées quy se tiendront en lad. maison,
» selon l'ordre de leur réception, sans aucune distinction de
» leur qualité. »

Outre les bienfaiteurs de ladite maison, que nous avons nommés, on cite encore Nicolas De Mons, conseiller au bailliage, mort en 1677, qui lui laissa par son testament un bien situé à Bovelle, produisant soixante setiers de blé par an. La ville d'Amiens lui donna le 2 mars 1671 vingt paires de draps, qui avaient servi aux pestiférés (1). Une demoiselle Marie Pinart (2) légua, par son testament olographe du 22 février 1704, aux filles pénitentes, le tiers d'une maison avec jardin et gloriette (3) situés à Amiens sur le Mail, un autre tiers à l'hôpital général de Saint-Charles, et le dernier tiers aux pauvres de la paroisse de Saint-Firmin-en-Castillon. Cette bienfaitrice mourut le 23 octobre suivant dans ledit jardin et fut inhumée dans l'église des Jacobins, en un petit caveau devant la chapelle du Rosaire. Elle avait acheté lesdits jardin et maison le 1er juillet 1692 de honorable homme Michel Simon, marchand, ancien juge consul et échevin de la ville. Le terrain provenait originairement de demoiselle Marguerite de La Fosse, veuve de Louis de Rély, écuyer, sieur de Framicourt. Voici la désignation contenue en un bail à cens fait par ses héritiers, parmi lesquels

---

(1) De Court, loc. cit., p. 442. — Daire, loc. cit., p. 336.

(2) Il est bon de noter que cette demoiselle avait reçu de l'Ecolâtre d'Amiens, en 1685, la permission de tenir une école de filles à Amiens.

(3) Les gloriettes dans les jardins étaient fort à la mode à Amiens ; elles sont citées dans les titres (Voy. *Bénéf. de l'église d'Amiens*, I, 113, note 3) ; on y voit encore la rue Gloriette.

Messire Jehan de Rély, prêtre, chanoine de l'église collégiale de Saint-Nicolas en cloîtres, devant Pezé, notaire au bailliage d'Amiens, le 9 novembre 1617; elle peut servir à renseigner sur la topographie de cette partie de la ville : « Une portion » de terre prise dans le champ des phées, autrement le camp » des buttes ou de Framicourt, proche et faisant partie du » lieu où est planté le pailmail, contenant six thoises sur la » rue réservée au long du pailmail, et parderrière six thoises » au long du couvent des PP. Jacobins (1). »

Pagès et De Court racontent qu'en l'année 1694 (2) l'une des femmes enfermées dans ladite maison, originaire d'Ailly-le-haut-clocher, pour ménager sa fuite, mit le feu dans sa paillasse et consuma la plus grande partie des bâtiments. Ils furent rétablis en pierres et briques, tels qu'on les voit encore aujourd'hui, avec une petite chapelle, en 1697. Il paraît que le corps de ville, le sieur Fournier, élu, et l'évêque en firent les frais, ce dernier pour la plus grande partie (3). Les femmes qui, en attendant avaient été enfermées au beffroi, furent ramenées au mois de juin 1697 dans la maison située la dernière dans la rue des Capucins, sous le n° 913 (4).

Mgr Feydeau de Brou fit venir en 1700 des religieuses de

---

(1) Carton de pièces détachées. — *Invent. des titres de Saint-Firmin-en-Castillon*, p. 39 et 47. Arch. départ. — Titres de l'hôpital général, Reg. B, 34, fol. 84 ; Reg. B, 35, fol. 183. — Liasses B, 198 et 199.

(2) Le 13 janvier, selon le P. Daire qui dit en l'année 1664, par erreur typographique sans doute. — Voy. *Manuscrits de Pagès*, publiés par Douchet, I, 415.

(3) De Court, loc. cit. — Daire, loc. cit.

(4) Rôle de capitation de 1776 ; Rôle d'illumination publique de la ville d'Amiens, en 1785. Arch. départem.

la maison du *Bon Pasteur* de Paris, pour établir en celle d'Amiens les constitutions et l'habit de leur communauté. Mais les choses n'ayant pu être disposées pour l'exécution de ce dessein, elles retournèrent à Paris quelque temps après (1).

Le P. Daire a rattaché bien à tort, selon nous, la maison des filles pénitentes ou repenties de la rue des Capucins, à celle des *Sœurs blanches*, de l'ordre de Saint-Dominique, qui exista dans la chaussée Saint-Leu (2). Elles ne se ressemblaient que par le titre de filles pénitentes donné aussi à ces dernières, qui avaient été instituées au XVe siècle et faisaient profession de garder les malades dans les maisons de la ville. Leur communauté dura peu de temps; elle avait cessé d'exister et il ne restait que trois ou quatre filles pénitentes, lorsque l'échevinage prêta leur maison aux religieuses Carmélites, en 1606 (3).

Le P. Daire se trompe encore, on vient de le voir, en faisant visiter la maison des repenties par l'évêque, au lieu de son grand vicaire, en 1667.

Dans une note qui paraît avoir été écrite vers 1787, nous lisons : « Les officiers municipaux de cette ville ayant jugé à

---

(1) De Court, loc. cit.

(2) Entre la rue des Poirées et celle des Tanneurs, à peu près au milieu, en face de l'hôtellerie des *trois barillets* (Pagès, I, 350). Leur maison s'appelait la Madelène et auparavant *maison des rouges guevakis* (De Court, loc. cit. p. 457).

(3) *Journal historique* de Jehan Patte, année 1606. — Registre de l'Echevinage. — Note de M. Garnier. *Mém. de la Soc. des Antiq. de Picardie*, XIX, 330. — Une communauté de ces filles pénitentes existait plus anciennement à Doullens; on les y trouve dès l'année 1312 (Voy. *Hist. de Doullens*, par M. Delgove, p. 303).

» propos, par des raisons qu'on ignore, de renvoyer une
» partie des filles qui étoient renfermées dans cette maison et
» de faire transférer les autres dans la prison du Beffroy,
» l'Hôtel-de-Ville jouit depuis plusieurs années de cette
» maison et sans doute des revenus qui y sont attachés.
» Cependant leur destination étant pour œuvres pies, ces
» officiers municipaux, qui n'en étoient que les administrateurs
» n'ont certainement pas pu se les approprier, ni même en
» changer l'application... Quant à la maison, l'usage auquel
» elle était destinée n'ayant plus lieu, Messieurs de l'Assemblée
» provinciale pourroient solliciter auprès de S. M. des lettres-
» patentes qui les autorisassent à en faire un atelier de charité,
» ou à l'employer, avec l'approbation et le consentement du
» seigneur évêque de ce diocèse, à quelque autre œuvre pie. »

Nous avons parcouru avec attention, mais vainement, tous les procès-verbaux des délibérations de l'Assemblée provinciale de Picardie et de sa Commission intérimaire, qui ont siégé du mois d'août 1787 au 17 août 1790, aussi bien que les liasses de documents recueillis par ces assemblées (1). Nous n'y avons pas trouvé trace de la réception de la réclamation projetée, dont il vient d'être parlé. Peut-être ses auteurs y ont-ils renoncé. Quoiqu'il en soit, nous voyons en 1789 le receveur de l'hôpital Saint-Charles recevoir encore, avec sa part, celle due aux filles pénitentes dans le prix de location de la maison et du jardin du Mail, et ses registres de comptabilité nous montrent la succession des locataires.

Dans le bail fait en 1771 les officiers municipaux d'Amiens

---

(1) *Invent. des registres et papiers*, rédigé en 1790 ; un cahier in-folio. — *Procès-verbaux des délibérations*, 5 volumes in-folio. Arch. du départem. de la Somme ; Fonds de l'Assemblée provinciale.

avaient agi comme administrateurs du temporel de la maison des filles pénitentes. Le 19 avril 1791 lesdits jardin et gloriette furent vendus par adjudication devant lesdits officiers municipaux.

Dans les mêmes registres de comptabilité de l'hôpital Saint-Charles nous lisons que l'administrateur des filles pénitentes en 1779 et en 1782 était un M. François Cucu, qui était conseiller de ville dès 1770 (1). Les autres nous sont inconnus.

XXIV. DEUX ÉPISODES DU SIÈGE D'AMIENS. — On sait que, pendant le siège d'Amiens par Henri IV en l'année 1597, quelques habitants avaient formé le dessein de remettre la ville en l'obéissance du Roi, et que le complot ayant été découvert, plusieurs furent pendus sur l'une des places de la ville. De La Morlière (2) dit « en plein marché, » et M. Dusevel (3) sur la place du *Marché aux herbes*, où était établi le pilori et lieu ordinaire des exécutions capitales. Ces deux historiens comptent sept de ces malheureux citoyens. De Court (4) en porte le nombre à dix ou onze, tout en n'en nommant que six. Daire (5) en nomme sept : un ingénieur de l'armée, Jacques Cordelon, religieux augustin, François Poulain, maître de l'auberge du géant (6), Choquet, Wallet, Pierre Duflos, pailloleur, et Claude Legris, chargé des clefs de la porte de

---

(1) Registre B, 35, fol. 183, et liasse B, 196. — Reg. délib. municip.
(2) *Les Antiquités de la ville d'Amiens*, édit. in-f°, p. 372.
(3) *Hist. d'Amiens*, p. 206.
(4) Liv. II, chap. 69, Ms. d'Amiens, tome I, p. 767.
(5) *Hist. d'Amiens*, I, 368.
(6) Elle était située derrière l'église Saint-Leu.

Noyon. — Le *Journal historique* de J. Patte (1) met aussi l'exécution sur le marché au bled (2).

La note suivante trouvée parmi les papiers du Chapitre d'Amiens, en faisant connaître les honneurs funèbres qui furent rendus, après la reprise de la ville, à ces victimes de leur patriotisme, sans citer leurs noms, en fixe le nombre à dix, et ajoute qu'ils furent pendus sur la place du *Marché au bled.* « Par arrest du parlement, le mercredi onze mars 1598,
» tout le clergé séculier et régulier fut obligé d'aller pro-
» cessionnellement prendre dans l'église de Saint-Jacques les
» ossements des *dix* habitants d'Amiens exécutés au Marché
» au bled, par ordre du gouverneur Espagnol, sur ce qu'ils
» avoient entrepris pendant le siége, de livrer la ville au roi
» Henri IV. Ces corps morts, que le gouverneur Hernand
» Tello avoit fait exposer hors la ville (3), furent rapportés
» en la dite église de Saint-Jacques. M. l'Evesque Geoffroi de
» la Martonie et M. de Vic, gouverneur d'Amiens, assistèrent
» à ce convoi et au service solennel qui se fit pour eux
» aux Augustins, où ils sont enterrés (4). »

Hernand Tello avait été tué dans une attaque de la ville par les troupes du Roi. Mais quel jour arriva cette mort? De Court dit le 4ᵉ jour de septembre, et l'épitaphe qu'il cite porte aussi le quatre (5). Daire s'exprime ainsi : « le 4 septembre le Roi attaqua les demi-lunes... Comme Hernand s'avançait du côté de la porte Montrécu... il fut tué par un coup de mousquet...

---

(1) Année 1598.
(2) C'est aujourd'hui la place Périgord.
(3) Derrière l'abbaye de Saint-Jean (De Court. loc. cit. p. 772).
(4) Carton de pièces diverses. Arch. départem.
(5) Loc. cit. p. 783.

ces événements se passèrent le quatre septembre, ou le trois suivant le novenaire. » En effet, on lit dans cette chronologie : « Hernand Tello fut tué sur un ravelin le troisiesme jour de septembre » (1). Jehan Patte se trompe évidemment en plaçant la mort du gouverneur Espagnol « environ le fin du mois d'aoust (2). » Les registres de l'échevinage ne peuvent nous éclairer, car les délibérations font défaut depuis le 13 février jusqu'au 27 septembre de ladite année. Mais nous avons lu dans un cahier destiné, entre autres choses, à consigner les noms des chanoines décédés depuis 1582 et enterrés dans la Cathédrale, la mention suivante, qui fixe positivement cette mort au *trois* septembre : « Le gouverneur quy a surpris la
» ville d'Amiens le xj° mars 1597, fut tué le mercredy
» troisiesme de septembre 1597, entre deux portes, d'un
» coup de balle de harquebuse, et a esté enterré dans le
» chœur de Notre-Dame devant le grand autel, du costé
» gauche, le jeudy quatriesme de septembre, avec ses habits,
» vestu en prince, chaussé et éperoné, un pourpoin de velours,
» porte blanche (3). »

En indiquant le jour de la semaine, le chanoine, auteur de la note, fait disparaître tout doute. Et si l'on a recours à l'*Art de vérifier les dates*, il est facile de constater que le trois septembre 1597 fut bien un mercredi.

Ajoutons, pour ce qui est de la pierre tombale, qu'elle est fort simple. On la voit encore dans le pavé de la Cathédrale, tout à l'entrée du côté droit du transsept, à la distance de

---

(1) Daire, I, 332. — *Chronologie novenaire* de Palma-Cayet, liv. IX, 1597, édition Petitot, tome XLIII de la collect. des Mém. p. 362.

(2) *Journal historique*, année 1597.

(3) Fonds du Chapitre, carton de pièces diverses. Arch. départem.

trois mètres du pilier principal qui regarde la chapelle de Notre-Dame-du-Puy. C'est une petite pierre blanche carrée de 27 centimètres de côté, sur laquelle est gravée une croix pattée, surmontée de la date 1597 et entourée des lettres H T W. Le dessin a été donné par M. Dusevel dans sa *Notice sur la Cathédrale d'Amiens*, édition de 1853, p. 51. Quant à l'inscription rapportée aussi par Bernier, elle n'était point sur la pierre tumulaire, mais sur un tableau suspendu avec le trophée dans la Cathédrale. Le tout fut enlevé par les habitants d'Amiens, après la reprise de la ville (1). Les copies que l'on en a données ne sont pas tout à fait identiques dans les termes : ce qui n'est point une garantie de l'exactitude de la date.

XXV. Population d'Amiens. — Le recensement de la population se faisait autrefois par feux ou foyers, c'est-à-dire par ménages ou familles. C'est que « seul le père de famille remplissait les fonctions politiques et votait dans les élections. » Comme il représentait la famille entière, par lui ses enfants et sa femme elle-même y prenaient part. La nation était considérée alors comme une grande famille, composée de familles diverses et nombreuses. Aujourd'hui on ne la regarde plus en général, en politique surtout, que comme une agglomération immense d'individus et abstraction faite de toute cohésion, de tout lien. Aussi est-ce le nombre des personnes que l'on cherche dans le recensement. Par cette méthode, on obtient des chiffres exacts ; ils n'étaient qu'approximatifs autrefois, quant au nombre d'*âmes :* c'est ainsi

---

(1) *Monum. inédits de l'hist. de France* par Bernier, p. 373.

que l'on compte, par respect pour l'homme, tandis que l'on compte par têtes pour le bétail.

D'après certains documents du siècle dernier (1), en Picardie ou du moins dans le diocèse d'Amiens on comptait ordinairement cinq âmes pour chaque feu dans les campagnes et sept dans les villes. L'application de cette règle nous semble assez peu justifiée par ce qui va suivre.

Un travail curieux à faire serait celui d'un état de la population de la ville d'Amiens, aux diverses époques intéressantes de son histoire. Trouvera-t-on jamais tous les documents nécessaires à cet effet? Quoiqu'il en soit, pour y aider, nous allons mettre quelques fragments anciens et modernes sous les yeux du lecteur.

Commençons par ceux relatifs aux temps antérieurs au XIX° siècle.

1° Denis Sauvage, en sa *Cronique de Flandres* (2), porte à 3,000 au moins le nombre des maisons existant en 1358 dans la ville d'Amiens en « dehors la vieille forteresse. » C'était, selon De Court (3), ce qui composait les trois paroisses de Saint-Michel, Saint-Jacques et Saint-Remy. On va voir qu'en 1713 le nombre des maisons de ces trois paroisses était de 3,460 : ce qui rend assez plausible l'assertion de Denis Sauvage.

2° En 1680, selon M. Dusevel (4), la population ne dépassait pas 25,000 âmes. Il s'agit sans doute de la population de l'intérieur de la ville seulement.

---

(1) Déclarat. des Bénéf. de l'Eglise d'Amiens, 1re liasse. Arch. départem.
(2) Edition de 1561, p. 200.
(3) Manuscrit cité, I, 27.
(4) *Hist. d'Amiens*, p. 373.

3° En 1697, d'après un *Mémoire sur la Picardie* (1), la population s'élevait à 35,000 âmes. Nous jugeons que ce chiffre comprend les faubourgs, quoique l'auteur du mémoire ne l'ait pas dit.

4° En 1713 le nombre des feux ou ménages, tant dans la ville que dans les faubourgs, était de près de 7,000, qui se décomposaient ainsi par paroisses (2) :

Saint-Firmin le Confesseur.	800 feux.
Saint-Firmin en Castillon	250
Saint-Firmin à la pierre	140
Saint-Germain	550
Saint-Jacques.	1,400
Saint-Leu	1,100
Saint-Martin	126
Saint-Michel	800
Notre-Dame	122
Saint-Pierre	100
Saint-Remy	1,260
Saint-Sulpice	350
Total. . .	6,998

5° Vers 1720 De Court (3) ne porte qu'à 5,500 le nombre des maisons : c'est que sans doute il l'entend de l'enceinte de la ville seulement. D'un autre côté, il élève à 70,000 le nombre des habitants ; mais ici les faubourgs doivent se trouver compris ; encore le chiffre nous paraîtrait-il bien exagéré.

---

(1) Folio 25 et suiv. Voyez Manuscrit 506 de la biblioth. comm. d'Amiens.
(2) *Nombre des paroisses de la ville d'Amiens, des feux ou ménages qui les composent*, etc., en 1713. Arch. départem. carton de pièces détachées.
(3) Loc. cit. I, 31.

6° En 1776 le rôle de l'impôt de la capitation pour Amiens constatait le nombre de 5,402 maisons dans la ville, et de 988 dans les faubourgs ; au total 6,390.

7° En 1785 le rôle pour les frais d'illumination (éclairage) de la ville (1) donnait 5,417 maisons ; ce qui indique une augmentation de quinze maisons en neuf ans. Il n'est pas question des faubourgs que l'on n'éclairait pas encore.

8° En 1791, selon M. Dusevel, on comptait à Amiens 39,558 habitants.

Voici maintenant quelques détails puisés principalement dans les statistiques officielles et les dénombrements de la population dressés depuis le commencement de ce siècle. Nous ne citons pas ceux que nous voulons, mais ceux que nous avons pu trouver.

1° En 1800 (an VIII) on comptait à Amiens 41,279 âmes, y compris probablement les faubourgs.

2° En 1806, dans la ville et ses faubourgs, 39,853 habitants ; — M. Dusevel accuse 7,134 maisons.

3° En 1821 on trouva dans la ville 36,158 habitants, et 4,949 dans les faubourgs ; ensemble 41,107. — Le nombre des feux était de 7,821, tant dans la ville que dans les faubourgs.

4° En 1830, M. Dusevel compte 42,032 âmes et 8,000 maisons.

5° En 1836, le recensement donna 46,129 habitants et 9,891 maisons.

6° En 1851, il donna 39,521 habitants dans la ville et

---

(1) M. Pouy a cité un extr. imprimé de cette taxe dans ses *Rech. histor. sur l'Imprimerie et la Librairie à Amiens*, p. 153.

4,975 dans les faubourgs, au total 11,496 ; et 11,243 maisons.

7° En 1856, il donna 45,865 habitants dans la ville, répartis dans 11,747 maisons, et 4,610 habitants dans les 1,250 maisons des faubourgs ; ensemble 50,475 habitants et 12,997 maisons.

8° En 1872 le recensement a donné 58,709 habitants dans la ville et les faubourgs (1).

XXVI. INDUSTRIE : BRIQUES CUITES A LA TOURBE. — En l'année 1547, un sieur Hubert Du Bus, marchand à Anvers, sollicita de l'échevinage de la ville d'Amiens la location de vingt journaux de marais communal situés du côté de la porte de Noyon, avec faculté d'en extraire jusqu'à la profondeur de trois ou quatre pieds (un mètre ou un mètre 30 centimètres) « turbes à brûler, ainsi que se fait en Flandres et plusieurs autres lieux, » pour remplacer le bois dans la cuisson de la brique, etc.

Le bail fut consenti le 27 janvier de ladite année par le maire et les échevins, pour douze ans, à la condition que ledit Du Bus « fera desdites turbes cuyre sy grande quantité » de briques qu'il en livrera chacun an à ladite ville, pour » employer aux ouvraiges communs d'icelle, le nombre de » dix cens mil. » Une autre note jointe fait connaître que

---

(1) La population de la ville d'Amiens s'accroît, non par l'augmentation proportionnelle des naissances, mais par suite de sa position topographique, qui aide à l'extension de ses relations commerciales et à l'agrandissement de son industrie. Aussi ne peut-on tirer de nos chiffres aucune appréciation de la nature de celles qui préoccupent si justement les vrais économistes de nos jours, à raison de la décroissance rapide et constante de la population en France où, depuis un siècle, le nombre d'enfants par mariage a diminué de plus d'un tiers !

ces « ouvraiges » n'étaient autre chose que les fortifications de la ville (1), que sans doute on réparait, la Picardie étant devenue le théâtre de la guerre.

Notons, en passant, qu'une ordonnance de police de l'échevinage d'Amiens avait, au mois de juillet 1519, déterminé les dimensions de la brique, en ces termes (2) : « Est à » noter que la bricque cuicte doit avoir de long huict poulces » un quart, de large quatre poulces, et de hault deux poulces, » le tout poulce de la ville d'Amiens. »

XXVII. VIN RÉCOLTÉ A AMIENS. — Les habitants d'Amiens ne se doutent plus guères que des plants de vignes entouraient jadis la ville, et que leurs ancêtres buvaient du vin de leur crû. Ce qu'il valait, nous ne saurions le dire, mais nous devons croire qu'il plaisait aux palais de nos pères, moins délicats sans doute que les nôtres. Au XVe siècle on cultivait la vigne au faubourg Saint-Pierre, à la porte Saint-Michel (3), à la porte de Gayant et à la Fosse-Ferneuse (4).

Voici ce que nous lisons dans une note tirée du fonds du Chapitre d'Amiens (5) : en 1419 maître Pierre Alais, chantre et chanoine de l'église d'Amiens, donna à l'Hôtel-Dieu un clos de vigne avec maison et appartenances, séant auprès de la porte de Gayant, entre les fossés de la ville et Saint-Maurice (6), à la charge d'un anniversaire et de « en icellui

---

(1) Carton de pièces diverses. Arch. départ.
(2) Arch. Municip. d'Amiens, *Ordonnances de police*, vol. M, f° cxxxix.
(3) *Bénéf. de l'Eglise d'Amiens*, I, 101 et 103.
(4) *Hist. des Rues d'Amiens*, par M. Goze, IV, 153.
(5) Carton de pièces diverses. Arch. départ.
(6) Serait-ce *la fosse Alais*, où se jouait la chole en 1466? (Voyez D. Grenier, *Introduct. à l'histoire de Picardie*, p. 113.)

» jour faire pitanche aux poures dudit Hôtel-Dieu de un
» muid de vin du creu de ladite vigne, ou pareil à ses
» dépens. »

Les vignobles d'ailleurs n'étaient point rares anciennement en Picardie. Il n'est guère possible de compulser de vieux titres sans en rencontrer la mention. Au Meige, le Chapitre d'Amiens faisait planter des vignes vers 1343. On récoltait du vin en 1728 à Cagny, à Heilly, à Folleville, à Grivenne, à Malpart, et en bien d'autres lieux (1).

XXVIII. La Somme gelée. — Nos historiens ont rappelé certains hivers exceptionnellement rigoureux en Picardie, mais ils ont omis, croyons-nous, celui dont parle la note suivante :

« Au commencement du mois de janvier 1670 l'hiver fut
» très-rude ; la rivière de Somme gela au point qu'on alloit
» sur la glace depuis le pont au Change jusqu'au village de
» Camon (2). »

Cette note et celles de la même origine que nous avons déjà données et que nous donnerons encore, semblent avoir été préparées par quelque chanoine, peut-être l'un des frères Villemant, pour une publication historique.

Elles faisaient partie d'un tout, qui a été dispersé et dont il n'est resté que quelques feuillets isolés.

---

(1) *Invent. de papiers*, publié par M. Garnier, dans les Mém. de la Soc. des Antiq. de Picardie, IX, 337. — *Descript. histor. de l'église et du château de Folleville*, par M. Bazin. Mêmes Mémoires, X, 88, 89. — *Invent. des titres de l'Hôtel-Dieu de Corbie*, B, 8. Arch. municip. — *Bénéf. de l'église d'Amiens*, I, 188, 190, 193, 195, 196, 197, 199, 331 et 419.

(2) Carton de pièces diverses. Arch. départ.

DOULLENS.

Voyez :

1° *Histoire civile, ecclésiastique et littéraire de la ville et du doyenné de Doullens,* par le P. Daire.

2° *Histoire de la ville de Doullens,* par M. Warmé.

3° *Histoire de la ville de Doullens,* par M. Delgove. Mém. de la Société des Antiquaires de Picardie : Documents inédits, tome V.

4° *La ville de Doullens,* par M. H. Dusevel.

5° *Quelques épisodes de l'histoire de Doullens,* par le même, dans la *Picardie,* 1870, p. 1 et suiv.

6° *Mémoire sur les anciens monuments de l'arrondissement de Doullens,* par E. Dusevel.

7° *Eglise Saint-Martin de Doullens,* par M. H. Dusevel ; dans les Eglises, Châteaux, etc., de Picardie, tome I".

8° *Notice sur l'église Saint-Martin de Doullens, d'après les registres de sa fabrique,* par le même.

9° *Mémorial d'un bourgeois de Doullens* (1613-1672), par G. DD. (Gui Dusevel) ; dans la *Picardie,* 1866, p. 385 et suiv.

10° *Notice sur l'ancienne Confrérie de Saint-Nicolas, de La Varenne-lès-Doullens,* par M. Demarsy ; dans les Mém. de la Soc. des Antiq. de Picardie, VIII, 261.

11° *Notice sur les anciennes corporations d'Archers, d'Arbalétriers, etc. des villes de Picardie,* par M. Janvier ; dans les mêmes Mémoires, XIV, 298.

12° *Les Cens de Notre-Dame du Puy à Doullens,* par

F.-I. Darsy ; dans le Bulletin de la Société des Antiq. de Picardie, VI, 503.

13° *Recueil des monuments inédits de l'histoire du Tiers-Etat*, par A. Thierry IV, 619.

14° *Essai sur l'origine des villes de Picardie*, par Labourt, dans les Mém. de la Soc. des Antiq. de Picardie, IV, 279.

15° *Coutumes locales du bailliage d'Amiens*, par Bouthors, II, 55.

16° *Bénéfices de l'Eglise d'Amiens*, par F.-I. Darsy, I, 203, 208, 209, 217 et 226.

17° *Histoire de Doullens : La Mairie pendant la Révolution* (1789-1795), par M. Faux.

18° Les numéros 456 à 458 des manuscrits concernant la Picardie, du *Catalogue* de M. Cocheris.

19° Les manuscrits conservés dans les archives de la ville de Doullens, et notamment les *cartulaires* dits *Livre rouge* et *Livre noir*.

Ajoutons quelques notes :

1. COMMANDERIE. — Par suite de l'édit de Louis XIV, du mois de décembre 1672, qui avait attribué à l'ordre militaire de Saint-Lazare de Jérusalem et de Notre-Dame du Mont-Carmel, l'administration générale, perpétuelle et irrévocable de toutes les maladreries, léproseries, hôpitaux, hôtels-Dieu et autres lieux, où l'hospitalité n'était plus pratiquée, la maladrerie de Doullens fut érigée en commanderie. Celle-ci subsista jusqu'au nouvel édit royal du mois de mars 1693 et la déclaration du 16 avril suivant, qui rendirent les maladreries et hôpitaux à leur destination. M. Delgove, dans son intéressante *Histoire de Doullens* (1), en a dit quelques

---

(1) Page 313.

mots, mais il n'a donné aucun détail sur l'étendue de cette commanderie, ni sur l'importance des biens dont elle fut nantie pendant sa courte existence. Voici à ce sujet une note tirée des Archives du département (1), qui nous apprend qu'à la maladrerie de Doullens, devenue chef-lieu de commanderie, avaient été unies les maladreries de Pas, de Lucheux, d'Avesnes-le-Comte, de Baillerval, de Cocquampot, et d'Auxi-le-Château, plus l'hôpital de ce même lieu.

« État du revenu de la Commanderie de Doullens et dépendances.

« *Maladrerie de Doullens* (2). — 1° Vingt-deux journaux
» de terre à la solle ou environ, avec quelques prés, vers
» la porte de Saint-Ladre de Doullens, tenus à ferme par
» Jean Maillart et consorts de Ransart, 280 livres ; —
» 2° vingt journaux ou environ de terre à la solle, vers
» Bouquemaison, occupés par les mêmes, 270 livres ; —
» 3° sept journaux de terre à la solle vers Milly, occupés
» par Adrien Bride, 70 livres ; — 4° quarante livres ou
» environ de censives par chacun an, tant à Doullens qu'aux
» environs, avec les droits seigneuriaux qui peuvent aller à
» cent livres par an.

« *Maladrerie de Pas*. — 1° Cinquante deux journaux

---

(1) Liasse des Bénéfices de l'Eglise d'Amiens, article Doullens.
(2) Elle était située au faubourg de la Varenne, hors la porte dite de Saint-Ladre. Le titulaire en 1690 était M. d'Amoresan, qui en jouissait, ainsi que des autres biens de la Commanderie, comme chevalier de l'ordre de Saint-Lazare. Il habitait Amiens. (Ms. 513 de la Bibl. d'Amiens, fol. 36 et 54.)

» de terre à la solle tant sur le terroir de Thièvre que sur
» celui de Famechon, avec un petit pré, qui ont été
» ci-devant affermés à Jean Delabre de Thièvre 670 livres ;
» — 2° trois journaux ou environ de terre à la solle audit
» lieu, nouvellement réunis, pouvant produire 36 livres. —
» 3° dix huit journaux de terre à la solle, près Hurtebise,
» que Pierre Laurens, de Halloi, a tenus à ferme, 180 livres ;
» — 4° seize rasières de blé froment, à prendre sur
» le moulin de Pas, pour un renvoi, à la mesure de Pas,
» plus grande que celle d'Arras. — 5° quinze livres de censives
» aux villages de Thièvre et Famechon, et trente livres de
» droits seigneuriaux ; — 6° un surcens ci-devant de trente-six
» livres, réduit à dix-huit livres par an, dû par Adrien de
» Ponthieu, demeurant audit lieu.

» Il y a une chapelle.

« *Maladrerie de Lucheux*. — Ladite maladrerie a été
» affermée, à la réserve des douze journaux de terre dont
» sera parlé ci-après, à Jacques Butin et Anthoine Candelier,
» 230 livres. Les susnommés l'ont donnée à titre d'arrière-
» bail à Léger Vallée, Toussaint Roier et Toussaint Santerre,
» sur le pied de 330 livres. — Les douze journaux
» exceptés ci-dessus sont affermés à Adrien Barbin et Anne
» de Noeux, 50 livres.

» *Nota*. Il y a dans cette maladrerie quarante journaux de
» terre à la solle, avec deux prés et houblonnière.

« *Maladrerie d'Avesne-le-Comte*. — Elle consiste en cin-
» quante-trois journaux quinze verges de terre, avec un
» enclos à labour ; ce qui peut produire 200 livres.

« *Maladrerie de Baillerval* (1). — Elle consiste en treize
» journaux et demi de terre à la solle, qui peuvent être
» affermés 130 livres.

« *Maladrerie de Cocquampot* (2). — Elle consiste en
» une maison, pré, quatre-vingt-quinze mesures de terre,
» un renvoi, quelques petites censives et une petite dîme.
» Elle est occupée par Claude Septier, et peut être affermée
» 500 livres.
» Il y a une chapelle.

« *Maladrerie d'Auxi-le-Château* (3). — Elle peut être
» affermée 70 livres. Christophe Perrier, brasseur, l'a
» toujours tenue à ferme.

« *Hôpital du même lieu*. — Il a été affermé par M. le
» chevalier d'Amoresan (4) au nommé Sobras, lieutenant,
» costé de France, pour six ou neuf années, par bail du
» 6 juillet 1686, à la redevance de 330 livres.
» *Nota*. La dame de Sericourt, religieuse de Saint-
» Michel (5), a ci-devant affermé ce même hôpital environ
» 800 livres ; le bail n'a été fait à bas prix par le sieur
» d'Amoresan que pour entrer en jouissance et la déposséder,

---

(1) M. Delgove, loc. cit., p. 313, met cette maladrerie à Bailleulmont. Au reste, Bailleulval et Bailleulmont sont deux lieux voisins, sur le Crinchon près de Beaumetz-les-Loges, au diocèse d'Arras.
(2) Elle était située à Beaurainville, auprès de Montreuil en Artois.
(3) Sous le titre de Saint-Nicolas.
(4) M. Delgove le nomme de la Moraison, p. 313, et de Morezan, p. 261.
(5) Sans doute l'abbesse Elisabeth de Sericourt, que nous nommerons tout-à-l'heure.

» pourquoi, après l'expiration du bail, la redevance pourra
» être augmentée.

» Il y a une chapelle dans cet hôpital. »

On voit par ce qui précède que M. Labourt s'est trompé en comprenant dans la commanderie de Doullens les maladreries de Frévent, Naours, Canaple, Bonneville, Fieffes et Bouvincourt (1). Celles-ci n'ont été unies à Doullens qu'en vertu des nouvelles mesures adoptées après 1693, et par l'arrêt du Conseil que nous allons citer.

Mais quel fut le sort des maladreries un moment réunies en commanderie, lorsque de nouvelles unions furent faites en 1695 et 1696? Voici ce que nous avons pu trouver :

1· La maladrerie de Doullens fut unie à l'Hôtel-Dieu de la même ville, tant en vertu d'un arrêt du Conseil du 13 juillet 1695, que de lettres patentes du roi, enregistrées en parlement le 27 mars 1696.

2· Celle de Lucheux fut unie de fait à l'Hôtel-Dieu de Doullens, par une prise arbitraire de possession de la part des administrateurs; ses biens et revenus ne figurent ni dans l'arrêt du Conseil, ni dans les lettres patentes qui viennent d'être rappelés.

3· Celles de Pas et d'Avesnes-le-Comte furent unies à l'hôpital qui fut établi à Pas, suivant arrêt du Conseil du 20

---

(1) *Lettres archéologiques sur le château de Lucheux*, p. 99 et 101; et *Recherches sur l'origine des ladreries, maladreries, et léproseries*, p. 14. — Le camp Pépin qu'y ajoute l'auteur, qu'ailleurs (*Etat général des unions faites des biens et revenus des maladreries, léproseries, etc., aux hôpitaux des pauvres malades*, 1705) on nomme Campéple, et M. Delgove (loc. cit. p. 312), Campeyré serait-il notre Cocquampot?

juin 1698. Mais en 1701 la maladrerie d'Avesnes fut désunie définitivement.

4° Celle de Cocquampot fut unie d'abord à l'hôpital Saint-Charles d'Amiens, et peu de temps après elle en fut détachée et unie à l'hôpital des pauvres de Beaurain. Une note tirée des titres de l'hôpital Saint-Charles (1) parle d'un arrêt de la chambre royale de l'Arsenal qui aurait dépossédé M. d'Amoresan. M. Albéric de Calonne, dans son histoire manuscrite des abbayes de Saint-Josse et de Saint-André-au-Bois, récemment couronnée par la Société des Antiquaires de Picardie, cite un arrêt du 4 mars 1697, qui paraît s'appliquer à la dernière union.

5° Celle d'Auxi-le-Château, à l'hôpital du lieu qui fut rétabli.

6° Quant à la maladrerie de Baillerval, nous ne l'avons pas vu figurer dans les nombreux titres d'union que nous avons pu consulter.

II. Eglises en 1782. — Le procès-verbal des visites des paroisses de l'archidiaconé d'Amiens, faites par Mre Sébastien Fidèle de Douay de Baisnes, vicaire général, chanoine et archidiacre, en l'année 1782, nous a transmis des renseignements précieux sur l'état matériel des églises de cette partie du diocèse. Voici ceux que nous y avons puisés en ce qui concerne les paroisses de Doullens :

1° *Saint-Martin.* « Eglise plafonnée et blanchie. Cent
» pieds de long sur 48 de large. Chœur entouré d'une grille
» de fer. Sanctuaire boisé et mal peint en bleu. Autel sur-

---

(1) Série D, n° 183.

» monté d'un dôme, soutenu de quatre colonnes peintes et
» dorées. 450 communiants. »

Un autre registre des visites épiscopales datant de l'année 1690 environ (1), cité par M. Delgove, portait le nombre des communiants à 500. M. Delgove donne à l'église les proportions suivantes : 40 mètres, de longueur et 18 mètres 60 de largeur (2). — M. Dusevel, d'après les comptes de la fabrique, nous apprend que le lambris de la nef fut fait en l'année 1685, et que la grille était alors en bois (3).

2° *Notre-Dame*. « Le soleil est beau. L'autel est an-
» tique. Il y a trois nefs. L'église a 80 pieds sur 28. Bien
» éclairée. Chœur entouré de grilles. 750 communiants. »

D'après le registre cité par M. Delgove, on comptait 8 à 900 communiants, à la fin du XVII° siècle.

3° *Saint-Pierre*. « Il y a trois nefs. A 60 pieds sur 38.
» Il y a une table de communion et une grille de fer. Les
» deux grilles qui entourent le chœur sont peintes en lilas, et
» celles des deux petits autels en vert, l'autel peint en
» marbre, moulures et sculptures dorées. 800 commu-
» niants. »

M. Delgove ne porte que 600 communiants, et ajoute que cette église « eut considérablement à souffrir » par un incendie, en 1613. Il ne dit pas qu'il en fut de même dans l'incendie allumé lors de la prise de la ville par les Espagnols, dix-huit ans auparavant. Peut-être la source où il a puisé a-t-elle confondu les dates. Quoiqu'il en soit, voici ce que nous

---

(1) Manuscrit, n° 513 de la Biblioth. d'Amiens, fol. 54, 55 et 56.
(2) Loc. cit., p. 255 et 256.
(3) *Notice sur l'église Saint-Martin*, p. 6 et 9.

lisons dans une note (1) qui a été tirée du psautier dans lequel se trouvent les trois distiques sur l'incendie de la ville en 1520, rapportés par M. Delgove : « Il y a dans l'église
» Notre-Dame de Doullens un ancien psautier manuscrit qui
» peut être du XIII° siècle, sur lequel on lit, d'une écriture
» plus moderne : *secula*..... ce psautier a été à l'usage
» peut-être des religieux de Saint-Sulpice de Doullens.
» On y lit encore : le dernier juillet fut la ville prinse par les
» Espagnols, Saint-Pierre bruslée et la plus grande partie
» de la ville, 1595. »

4° *Notre-Dame de Ransart-en-l'Abbaye*. Le procès-verbal de visites, en s'exprimant ainsi : « Eglise boisée d'un bout à l'autre, de 48 pieds sur 25, » décrit sans doute l'église même de l'abbaye de Saint-Michel, dans laquelle était la chapelle servant de paroisse. Celle-ci subit bien des vicissitudes. Le procès-verbal ajoute : « La cure fut réunie il y a onze ans à
» l'abbaye, qui fournit tout. Il y a une chapelle qui sert de
» paroisse pour quatorze communiants. L'abbesse prétend
» que ses domestiques et les demoiselles pensionnaires sont
» paroissiens de Ransart.

» *Nota*. La dite paroisse était autrefois dans les champs.
» Le curé est en même temps confesseur de l'abbaye, ce qui
» lui vaut 400 livres pour confesser et dire la messe de
» communauté, et 500 livres pour la cure. »

Nous saisissons cette occasion de rectifier une observation inexacte que nous avons faite ailleurs (2). Les termes em-

---

(1) Carton de pièces diverses. Arch. départ. — Ce manuscrit in-8° (sans doute le psautier lui-même) auquel renvoie M. Delgove, p. 99 note, ne paraît pas exister dans ce dépôt.

(2) *Bénéfices de l'église d'Amiens*, I, 222 note.

ployés par M. Delgove à l'article Ransart (1), nous avaient fait comprendre qu'il attribuait la donation de cette cure au profit de l'abbaye de Saint-Michel à Alvisius, évêque d'Arras en 1142, et nous l'avons rectifié. Mais il est juste de faire remarquer que M. Delgove avait dit précédemment, en traitant de l'abbaye, que l'autel de Ransart était compris parmi ceux désignés en une confirmation de 1138 et que l'évêque d'Arras n'avait fait lui-même qu'en confirmer la jouissance à l'abbaye.

III. Abbaye de Saint-Michel. — Les titres de ce monastère de filles ont-ils été brûlés, anéantis à peu près entièrement, comme on l'a dit ?

Un *Mémoire* présenté au duc de Choiseul, ministre de la guerre en l'année 1767, expose (2) que dans les guerres du XVI° siècle tous les papiers concernant l'érection de l'abbaye avaient été brûlés, perdus ou égarés et qu'il n'en était resté « qu'une seule lettre ancienne d'un évêque. »

D'un autre côté, M. Delgove (3) affirme que le chartier du monastère péri dans les flammes, lors de la prise de Doullens par les impériaux, au mois de novembre 1522.

Mais il ne faut pas prendre ces assertions à la lettre : le mémoire dont il s'agit, destiné à une revendication, a dû être travaillé pour les besoins de la cause. Et s'il est vrai qu'un certain nombre de titres ait péri dans les évènements de 1522 et de 1595, combien aussi ont pû être anéantis par d'autres

---

(1) *Hist. de Doullens*, p. 463.
(2) Titres de l'abbaye de Saint-Michel, carton 1er. Arch. départem. On y trouve joint une lettre signée « le duc de Choiseul, » adressée à Mme Boucher d'Orsay, abbesse.
(3) *Histoire de la ville de Doullens*, p. 99 et 283.

circonstances accidentelles, indépendamment encore des causes toujours subsistantes, telle que la négligence et le peu de soin de papiers auxquels leur âge semble ôter toute utilité et ne laisser d'autre intérêt que celui de la curiosité. Cependant, il est de fait que l'on peut encore aujourd'hui lire aux Archives du département de la Somme un certain nombre de titres antérieurs à l'année 1522, et notamment des bulles de priviléges et de confirmation des papes Alexandre III, Honorius III, et Grégoire X, des années 1173, 1220 et 1274; des lettres-patentes des rois Philippe-le-Bel et Philippe VI, des années 1304 et 1346; des lettres de confirmation d'Evrard, évêque d'Amiens, de l'année 1290; des lettres de l'officialité d'Amiens, des abbés d'Anchin, de Corbie et de Saint-André-au-Bois, des années 1190, 1207, 1274 et 1281; des transactions, donations ou autres instruments émanés de personnages divers, des années 1219, 1224, 1245, 1314, et 1332, etc. M. Delgove en a transcrit quelques-uns parmi les pièces justificatives, à la fin de son ouvrage.

Etudions un moment ces titres curieux. Nous y reconnaissons deux abbesses qui n'ont été nommées ni dans le *Gallia christiana* des bénédictins de Saint-Maur, ni par le dernier historien de Doullens : Agnès, à qui s'adressait le Pape, dans sa bulle de 1173, et Jeanne Bricot, qui souscrivit des baux en 1499 et en 1501. — Dans un inventaire des titres et papiers remis à Isabelle de Sericourt, coadjutrice, se trouve énoncé le procès-verbal dressé le 20 septembre 1502 de l'élection de sœur Jeanne Levair (1), au lieu de ladite dame Bricot, décédée. Aussi ne voyons-nous pas de place pour une abbesse

---

(1) Le nom est ainsi écrit, ce qui rend très-douteux son attache à la famille Lever d'Abbeville. Le P. Daire a écrit : Levert.

du nom de Anne de Roque en 1500, que cite M. Delgove, d'après le P. Daire. — Nous remarquons encore que l'abbesse Françoise de Boffles fut remplacée de son vivant, puisque ce même inventaire vise une transaction faite le 3 juillet 1566 entre elle et l'abbesse nouvelle, et que Jacqueline Levasseur fut élue le 26 août 1580 : ce qui détruit la date de 1570 donnée par le P. Daire.

Nous trouvons enfin la distinction des deux abbesses du nom de Forceville, signalée par le *Gallia christiana* et négligée par M. Delgove. La première, prénommée Gabrielle, fut pourvue par bulle du pape Urbain VIII du mois de décembre 1637, et prit possession le 29 octobre 1638. Mais elle ne siégea que dix ans et fut remplacée par sa nièce, qui se nommait, comme elle, Gabrielle de Forceville. Cela ne peut faire aucun doute, et l'époque de la nomination de cette autre Gabrielle est, en quelque sorte, déterminée dans un inventaire dressé le 28 novembre 1648 « des reliques, joiaux et meubles appartenant à l'abbaye de St-Michel, trouvés en la maison du R. P. Céleste d'Amiens. » Il se termine en ces termes :
« Toutes les choses contenues dans le présent inventaire ont
» été aujourd'hui remises ès-mains de dame Gabrielle de
» Forceville *la jeune, à présent abesse* de l'abbaye de St-Mi-
» chel. »

Mais est-ce Gabrielle l'aînée ou Gabrielle la jeune qui fut enfermée en vertu d'une lettre de cachet, selon le récit du P. Daire, reproduit par M. Delgove? Il nous semble que c'est Gabrielle la jeune, s'il est vrai qu'elle ne reprit ses fonctions qu'après avoir été bénie par l'évêque de Dôle, dans la maison des Augustines Anglaises de Paris, le 1er du mois de janvier 1652.

C'est assurément par une confusion provenue de la possession par la famille de Forceville de la seigneurie de Bezencourt, que le *Gallia* ajoute une abbesse de ce nom, à laquelle il applique, par double emploi, la bénédiction de l'évêque de Dôle à la même date du 1ᵉʳ janvier 1652.

Gabrielle l'aînée nous paraît être la fille de Nicolas de Forceville, seigneur d'Aplaincourt, de Bézencourt, de Sarton, etc. et de Gabrielle de la Rivière, mariés en 1568. En effet, quoiqu'elle ne soit nommée parmi ses enfants ni dans le *Nobiliaire de Picardie*, ni dans l'*Armorial général de France* de d'Hozier (1), il faut bien qu'il en soit ainsi, pour qu'elle puisse être tante de l'autre Gabrielle, qui était fille d'Adrien de Forceville, fils de Nicolas, selon ledit *Armorial*.

Gabrielle de Forceville l'ancienne continua d'habiter le monastère, après son remplacement, et semble avoir été comme le mentor de la jeune abbesse, sa nièce, car des baux du mois de janvier 1654 sont consentis et signés par : « Gabrielle de Forceville, abbesse, et Gabrielle de Force- » ville, ancienne abbesse. » De plus, voici le texte d'une sentence prononcée contre toutes deux et signée par elles : ce qui implique sans le moindre doute leur présence et écarte tout soupçon d'erreur.

« Entre damoiselle Marie Courtois, veuve de feu François
» Le Bon, sieur de La Chaussée et de Halloy, demanderesse,
» contre haulte et puissante dame Gabrielle de Forceville la
» jeune, abbesse de l'abbaye de St-Michel de ceste ville de
» Doullens, et Gabrielle de Forceville l'aisnée, antienne ab-
» besse, parties ouyes, la demanderesse assistée de Mᵉ Jacque

---

(1) VIIᵉ. reg. complément. publié par Firmin Didot. *Notice généalog. sur la famille de Forceville*; branche des seigneurs d'Aplaincourt et de Bezencourt, p. 8.

» Vignon, son procureur, et lesd. dames abbesses, de Mre René
» Pruvost, leur procureur, nous avons condamné et condam-
» nons lesd. dames abbesses, de leur consentement, à paier
» annuellement à lad. damoiselle Courtois, aux trois termes
» de la ville, quy sont St-Remy, Noël et Pasques, trois sols
» quatre deniers et un chapon de cens foncier, led. chapon
» estimé à 20 deniers, dont sont chargés deux manoirs enclos
» dedans le pourpris de ladite abbaye, tenant d'un côté au
» jardin des arbalestriers, d'autre et d'un bout au reste du
» pourpris de ladite abbaye et pardevant sur la rue de St-Mi-
» chel, et à continuer ledit paiement par chacun an, auxd.
» termes héritablement et à tousjours tant et sy longuement
» qu'elles en seront détempteresse et occuperesse, et condam-
» nons lesd. dames abbesses en despens. Du trentiesme jour
» d'octobre 1654. (signé) Gabrielle de Forceville, abbesse.
» Gabrielle de Forceville, antienne abbesse. Marie Courtois.
» J. Vignon. Pruvost. Coustard, bbb. » (1).

Ajoutons que Gabrielle la jeune était bien la nièce de Gabrielle l'aînée, et que celle-ci était morte en 1659. On le voit dans les lettres de rescision données par le Conseil du Roi, dont suit le texte :

« Louis, par la grâce de Dieu, roy de France et de Navarre,
» nostre bailly d'Amiens, ou son lieutenant, salut. De la par-
» tye de dame Gabrielle de Forceville, abbesse du St-Michel à
» Douliens, nous a esté exposé que par contrat du 13 sep-
» tembre 1639 *deffuncte* dame Gabrielle de Forceville, vi-
» vante abbesse de ladite abbaye, *sa tante*, a aliéné à Louis
» Du Boisle, mary de Marie de Gricourt, auparavant vefve

---

(1) Titre de St-Michel, carton 3°. — Ce titre nous renseigne sur les termes des locations en usage alors à Douliens.

» de deffunct Guillaume Miege, et à Pierre Prevost, à Noël
» Brunet, cinq pieds de terre en largeur et vingt en longueur,
» appartenant à ladite abbaye ; et pour y parvenir se sont
» submis faire à leurs despens une muraille pour séparer
» ladite terre et la joindre à leurs tenemens ; laquelle aliéna-
» tion est cause que l'entrée en l'église de ladite abbaye est
» plus estroicte et cachée, et d'aultant que ladite terre comme
» estant d'église est inaliénable, que l'entrée de ladite église
» n'estant si estroicte qu'elle est à présent sera plus belle et
» commode, et que l'exposante prétend décorer et rendre
» plus belle ladite entrée, elle a offert, pour rentrer en la pos-
» session et jouissance desdits cinq pieds de terre en largeur,
» de vingt pieds en longueur, payer l'estimation de ladite
» muraille que lesdits Du Boisle, Prévost et Brunet ont faict
» faire, laquelle offre ils sont refusans d'accepter ou de laisser
» ladite terre. C'est pourquoy ladite exposante a recours à
» nos lettres affin de rescision dudit contract, humblement
» requis icelles pour ce est-il que les partyes comparantes
» pardevant vous, lesquelles nous voullons y estre adjournées
» par le premier de nos huissiers ou sergent sur ce requis
» et auquel mandons ce faire, s'il vous appert que ladite
» terre baillée par ledit contract soit de ladite abbaye et par
» conséquent inaliénable, vous cassiez, rescendiez et annulliez
» ledit contract et remettiez les partyes en tel estat qu'aupa-
» ravant icelluy, lequel en ce cas après l'offre faicte par
» l'exposant de rendre l'estimation de ladite muraille, avons
» cassé, rescendié et annullié, cassons rescendons et annul-
» lons et au surplus faictes aux partyes oyes bonnes griefs jus-
» tice. Car tel est nostre plaisir. Donné à Paris le douziesme
» jour de febvrier l'an de grâce mil six cens cinquante neuf
» et de nostre reigne le seiziesme. Par le conseil : Flouest. »

A Gabrielle de Forceville la jeune, Elisabeth de Sericourt fut donnée comme coadjutrice « perpétuelle et irrévocable. » Et tout porte à croire que ce fut vers 1676, car le premier acte de son administration qui paraisse est du 11 juillet de cette année, de même qu'à la date du 17 mars précédent Gabrielle de Forceville signait encore comme abbesse un acte devant Prévost le jeune, notaire à Doullens. Si, comme l'ont dit les auteurs du *Gallia christiana*, Elisabeth de Sericourt fut nommée en 1674, ce ne put être qu'à titre de coadjutrice, titre qu'elle portait encore en 1679, suivant un bail de terres passé devant notaires à Doullens, le 14 novembre de ladite année (1). Par conséquent, ce ne fut point elle, mais bien Gabrielle de Forceville qui, par l'acquisition d'un jardin appartenant au sieur Bellin, faite le 12 mars 1654, recula, comme le dit M. Delgove (2), les limites de l'enclos claustral. Cet acte se trouve analysé dans le susdit inventaire.

Nous ferons remarquer qu'entre Augustine Charlotte de Mascrani et Madeleine Françoise Monmonier, la vacance se prolongea un certain temps. Elle existait déjà le 7 mars 1786 et encore le 19 décembre suivant.

Afin d'aider à établir, après de nouvelles découvertes, la nomenclature complète et régulière des abbesses, nous allons dresser la liste de celles connues, en distinguant, par notes entre parenthèses, les dates indiquées par le *Gallia*,

---

(1) Selon le *Gallia Christ.* X, Gabrielle de Forceville mourut seulement en 1691. Cependant, en une déclaration de nouveaux acquêts datée du 5 avril 1690, Elisabeth d'Esclainvilliers désigne Gabrielle de Forceville comme précédente abbesse (Titres de St-Michel, cart. 3); ce qui fait supposer sa mort.

(2) Loc. cit. p. 296.

celles fournies par le P. Daire ou par M. Delgove, et enfin celles extrêmes des titres conservés aux Archives du département, dans lesquels les abbesses ont comparu.

LISTE DES ABBESSES DE SAINT-MICHEL.

1. ADE. 1156 *(Gallia)*.
2. AGNÈS. 1173 *(Archives)*.
3. MATHILDE. 1246 *(Delgove)*.
4. ADÈLE (Aalis). 1246 *(Archives et Delgove)*.
5. AGNÈS. 1274 *(Archives)*. 1285 *(Delgove)*.
6. JEANNE. 1303 *(Delgove)*.
7. ANNE DE SALEU. 1312 *(P. Daire)*.
8. MARGUERITE. 1370 *(Gallia)*.
9. MARGUERITE. 1443 *(Archives)*.
10. JEANNE PRÉVOT. 1449 *(Delgove)*.
11. JEANNE BRICOT. 1499-1501 *(Archives)*.
    Nous omettons ANNE DE ROQUES, qui n'a plus sa place.
12. JEANNE LEVAIR. 1502 *(Archives)*. 1512 *(P. Daire)*.
13. MARGUERITE DE ROQUES. 1515 *(Gallia)*. 1538 *(Archives)*.
14. FRANÇOISE DE BOFFLES. 1548 *(Delgove)*. 1552 *(P. Daire)*. 1559-1560 *(Archives)*.
15. ANTOINETTE DE HÉRICOURT. 1566 *(Archives)*.
16. JACQUELINE LEVASSEUR. 1580 *(Delgove)*. 1580-1586 *(Archives)*.
17. ANNE DE BOURDIN. 1589 *(Gallia)*. 1589-1634 *(Archives)*. 1638 *(P. Daire)*.
18. GABRIELLE DE FORCEVILLE. 1638-1648 *(Archives)*.
19. GABRIELLE DE FORCEVILLE la jeune. 1648-1679 *(Archives)*.
20. ELISABETH (Isabella) DE SERICOURT D'ESCLAINVILLIERS. 1674-1712 *(Gallia)*. 1680-1711 *(Archives)*.
21. JEANNE DE SERICOURT. 1712-1723 *(Gallia et Archives)*.

22. Marie-Renée de Boufflers. 1723-1728 *(Gallia)*. 1724-1727 *(Archives)*.
23. Marie-Anne le Boucher d'Orsay de Marolles 1728-1775 *(Archives)*. 1728-1776 *(P. Daire)*.
24. Angélique-Charlotte de Mascrani. 1776 *(P. Daire)*. 1777-1785 *(Archives)*.
25. Madeleine-Françoise de Monmonnier (1). 1789 *(Delgove et Archives)*.

Nous avons rencontré dans les titres du monastère certaines pièces intéressantes au point de vue de la topographie de la ville de Doullens. Nous allons en citer deux ou trois.

L'abbaye possédait un vaste terrain nommé *l'âtre* ou *le cimetière de St-Michel*, parce qu'il avait eu autrefois cette destination. Il tenait pardevant à la rue St-Michel et parderrière au rempart, et se trouvait contigu à l'emplacement du monastère avant le percement de ladite rue. Les habitants se servaient de ce terrain pour « le marché aux bestes, » par la tolérance des religieuses ; ce qui donna lieu plus tard à des difficultés qui furent réglées par une transaction du 22 mars 1586, dans laquelle fut reconnue la co-seigneurie du tout à l'abbaye et à la ville. M. Delgove a cité cette transaction et en a rapporté le texte (2), mais sans remarquer l'affirmation des religieuses « que lesd. lieu et place faict partie de l'antienne fon-
» dation » de l'abbaye. En effet, la bulle du pape Alexandre III,

---

(1) Cette forme du nom diffère de celle donnée par M. Delgove, mais elle s'accorde avec celle fournie par le même auteur pour un autre membre de la même famille (p. 305, note 2) ; avec celle d'un bail du 6 juillet 1789 existant parmi les papiers de l'abbaye (1er carton) ; et avec la requête que nous analyserons plus loin.

(2) Loc. cit., p. 204 et 401.

de l'année 1173, le portait déjà d'une manière implicite, en accordant aux religieuses la liberté de faire inhumer dans leur terrain les fidèles qui le désireront : *Sepulturam quoque ipsius loci liberam esse concedimus et eorum devotioni et extreme voluntati qui se illic sepeliri deliberaverint......* Une autre transaction du 30 juillet 1772, après avoir rappelé la précédente, désigne ainsi les lieux : « Ce canton comprend les
» terrains derrière les maisons de la rue St-Ladre, renfer-
» mées dans l'enceinte commençant sur ladite rue St-Ladre à
» la maison et dépendances qui appartiennent aujourd'hui à
» Charles Darras et Jacques Bellet, à cause des Martel, leurs
» femmes, finissant sur ladite rue St-Ladre à la maison du
» nommé Rose inclusivement...... Ce canton commun entre la
» ville et l'abbaye, a souvent été confondu soit dans la sei-
» gneurie qui appartient à la ville seule, soit dans celle qui
» appartient à l'abbaye seule, qui toutes deux sont voisines
» dudit canton. » Un plan visuel y est joint (1).

Les renseignements qui précèdent rendent plus que douteux le déplacement de l'abbaye, dont parle M. Delgove (2).

A diverses reprises les religieuses de Saint-Michel firent intervenir l'autorité locale pour reconnaître ou fixer les limites du monastère. Au XV° siècle notamment un procès-verbal de bornage, comme on dirait aujourd'hui, un dèreng, selon l'expression d'alors, fut dressé, sur l'ordre du maire de Doullens, par la corporation des charpentiers, sans doute experts alors en cette matière. Il ne serait guère possible de reconnaître aujourd'hui les points de repère indiqués.

---

(1) Titres de St-Michel, carton 2°.
(2) Loc. cit. p. 204.

Néanmoins nous donnons la copie de celle pièce, qui est intéressante à plus d'un titre (1).

« A tous ceulx qui ces présentes verront, Maieur et Esche-
» vins de la ville de Doullens, salut. Savoir faisons que de
» notre commandement, à le requeste des religieuses, abbesse
» et convent de l'église Saint-Miquiel en ladite ville, les maire
» et compaignons de l'ensengne des Carpentiers d'icelle, ont
» esté faire desreng et cherquemanement contre le maison de
» ladite église, dont ils nous ont fait rapport par le manière
» qui s'ensieut. Et primes, dient lesdis maire et compai-
» gnons que mouvant du dehors de l'arette d'un piller de
» pierre qui est à l'encontre de le carpenterie que on lieve,
» s'en va à caux de cigne à une croix qui est ou muret de
» pierre, à le maison qui est lez le caufour Mahieu Peron,
» et de l'autre arette dud. piller s'en reva à caux de cigne à
» une croix de grez qui est lez le maison Jehan Lemerchier
» au lez vers la cave. Et quant aux lettres et vive voix ils
» ne dient riens. Duquel rapport et cherquemanement lesd.
» religieuses nous ont requis avoir lettres, lesquelles présentes
» nous leur avons accordeez pour à elles valoir ce que raison
» douvra. En tesmoing de ce, nous avons mis le scel aux
» causes de ladite ville à ces lettres faites et données le
» xiiij° jour de février l'an mil iiij^{cc} et trente cinq. »

M. Delgove, en faisant, d'après un arrêt du conseil du roi, la nomenclature des corporations ouvrières qui existaient à Doullens en 1665, a fait voir (2) que les charpentiers, menuisiers, maçons, couvreurs et autres étaient unis en une seule

---

(1) Titres de Saint-Michel, carton 1er.
(2) Loc. cit. p. 303.

corporation. On doit induire de la pièce ci-dessus transcrite que deux siècles auparavant la corporation des charpentiers ne se composait que de ceux de ce métier.

Citons encore un procès-verbal d'alignement concernant l'abbaye (1) : « Le douze avril 1742 nous lieutenant de maire en
» charge de la ville de Doullens, juge seigneurial, patrimonial,
» civil et criminel, et de police voyère de ladite ville et ban-
» lieue, avec Jacques Campion, procureur fiscal, M. Charles
» Huiez, greffier, sur la réquisition verbale de dame Marie
» Anne Le Boucher, abbesse de Saint-Michel, nous sommes
» transportés en la petite rue Saint-Michel, audevant de
» lad. abbaye, à l'effet d'y prendre alignement du derrière
» de l'église de lad. abbaye donnant sur lad. rue, qu'elle
» prétend faire faire à neuf..... Avons fait tendre un cor-
» deau..., permis de faire un pilier au coin du pignon don-
» nant sur ladite rue, qui excédera de deux pieds de long, sur
» un demi-pied de large en ladite rue..... »

Les mêmes titres de Saint-Michel nous amènent à faire une rectification historique. Comme il importe que les généalogistes ne soient pas induits en erreur ou troublés par une fausse énonciation, faisons remarquer que le Hugue, prévôt de Corbie, qui prend la croix en 1190 et qui, avant de partir pour Jérusalem, gratifie sa fille Marie, religieuse de Saint-Michel, d'une rente de 40 sols, n'est pas Hugue de Camp-d'Avesne, comte de Saint-Pol, comme le croit M. Delgove (2). Il suffit, pour s'en convaincre, de lire les actes de confirmation de cette donation, et de consulter l'*Histoire chronographique des*

---

(1) Titres de Saint-Michel, carton 3º.
(2) Loc. cit. p. 280.

comtes, pays et ville de Saint-Paul en Ternois, par Ferry de Locre, l'*Histoire des comtes de Saint-Paul* par Turpin, et l'*Histoire de Saint-Pol* par M. Sauvage. Ces auteurs nous montrent que Hugue de Camp-d'Avesne, qui se croisa à la suite de Philippe de Flandre, en 1188 ou 1189, avait pour épouse Iolande de Hainaut, qu'il ne laissa point d'enfant mâle, mais seulement deux filles, dont l'une Elisabeth, mariée à Gautier de Châtillon, recueillit le comté de Saint-Pol, à sa mort arrivée en 1205. Au contraire, le Hugue, donateur de sa fille Marie, avait pour épouse Béatrix ; il était seigneur de La Houssoye, comme le qualifient et se qualifient ses descendants, en ratifiant cette donation, savoir : l'un, Hugue, prévôt de Corbie, « dominus de Louxesoie, » (1) vraisemblablement fils de Ingelran, fils aîné du donateur, qu'il dit son aïeul, *(avus meus)* au mois d'avril 1222 ; et l'autre, « Hues de le » Housoie, chevalier, seigneur de le Housoie, » au mois de mai 1279. La donation avait été faite, dit celui-ci, par « me sires Hues, mes tayons, jadis prévos de Corbie et sires » de le Housole. » La charte est en français. M. Delgove a rapporté le texte du titre de 1190, sous le n° 5 des pièces justificatives de son *Histoire de Doullens*.

Ajoutons, comme éclaircissement, que le prévôt de la ville de Corbie avait été institué après la suppression de la commune, pour exercer l'autorité judiciaire qui avait appartenu au mayeur et aux jurés. Un rôle des feudataires de l'abbaye de Saint-Pierre de Corbie, de l'année de 1200 environ, mentionne Hugue, prévôt de Corbie, homme-lige de

---

(1) Dans la confirmation de cet acte par l'évêque Evrard, sous la même date, on a écrit : Le Houssoie.

l'abbaye, lequel, à chaque mutation de sa terre, devait 40 sols de relief à l'abbé ; il était aussi tenu à l'ost ou service militaire et à la chevauchée (1).

IV. UN MAIRE DE DOULLENS. — A la liste des maires et mayeurs, dressée par M. Delgove (2), nous ajouterons DAIZ en 1642, d'après une quittance de droits seigneuriaux, donnée par lui à l'abbesse de Saint-Michel, le 31 juillet de ladite année. C'est peut-être Pierre Daiz qui, sans doute maire en 1638-39, est nommé sous cette date dans le *Mémorial d'un bourgeois de Doullens* (3).

V. INONDATION. — L'importance de la perte occasionnée par l'inondation de 1757, dont les historiens de Doullens ont parlé, fut de quarante mille livres, tant dans la ville qu'aux environs.

Elle eut été bien plus grande encore si les eaux ne se fussent ouvert une issue, en renversant un pan de muraille des fortifications, au point nommé l'arche, « du côté du couchant, proche le moulin du Roi. » Cette addition importe pour l'ancienne topographie de la ville.

L'inondation de 1757 causa des ravages dans d'autres parties de la Picardie et dans l'Artois (4).

VI. ÉMEUTE ET PILLAGE. — Les historiens de Doullens ont raconté les circonstances de l'émotion populaire qui éclata dans cette ville pendant la nuit du 16 au 17 août 1787, et qui

---

(1) Bouthors, *Cout. loc. du baill. d'Amiens*, I, 323 et 336.
(2) Loc. cit. p. 336 et 337.
(3) Dans la *Picardie*, tome XII, p. 445.
(4) *Almanach historique de la Picardie*, 1759, page 222.

eut pour résultat le pillage de la maison du directeur des aides et la destruction des registres et papiers relatifs à son service.

Nous ajouterons que le directeur des aides était M. Morillot qui, plus tard c'est-à-dire au commencement de l'année 1792, réclama une indemnité pour la perte de ses meubles personnels, lesquels furent aussi pillés ou brûlés dans cette triste nuit. Il dressa un état détaillé des objets anéantis, qu'il évaluait à 14,223 livres. Les officiers municipaux de Doullens avaient refusé de certifier cet état, sous prétexte qu'ils n'avaient pu se procurer de renseignements suffisants, et, de son côté, le dis... objecta qu'il ne pouvait viser cet état non certifié. Mais le Directoire du département, considérant que la perte éprouvée par le directeur des aides était constante ; que la réticence de la municipalité avait pour cause la crainte d'être déclarée responsable pour son peu de surveillance ; et qu'il ne serait pas juste de priver M. Morillot d'une indemnité ; arrêta, le 4 février 1792, de renvoyer son mémoire à M. Dufresne Saint Léon, en exprimant qu'il résultait du témoignage de personnes dignes de confiance que la perte s'élevait à plus de 12,000 francs. Nous ne savons quel chiffre fut définitivement adopté, et si la ville paya.

VII. Religieuses de l'Hôpital. — Des religieuses Augustines étaient chargées du soin des malades à l'Hôtel-Dieu de Doullens, qui fut transformé en hôpital militaire au commencement de la Révolution. Ces saintes filles se croyant abritées par leur dévouement et les services qu'elles rendaient, contre les coups de l'impiété, avaient, contrairement à la loi du 18 août 1792, conservé leur costume religieux ; elles continuaient même à faire leurs dévotions dans l'une des salles de l'hôpital, qui leur servait de chapelle. Mais l'autorité en fut informée. A cette nouvelle, la commission révolutionnaire du département, considérant que ces faits dénotaient de la part des « ci-devant religieuses un attachement au fanatisme religieux et une infraction à la loi ; que cette infraction avait été mal-à-propos tolérée jusqu'à présent par le procureur de la commune, » arrêta, dans sa séance du 27 brumaire an II (17 novembre 1793), que le directoire du district de Doullens ferait mettre en arrestation et conduire à Amiens, au lieu même des séances de l'administration, tout à la fois le procureur de la commune, la supérieure et la dépositaire de l'hôpital ; que celles-ci seraient amenées dans le costume qu'elles porteraient au moment de leur arrestation ; enfin que les emblèmes de fanatisme religieux qui se trouvaient exposés dans l'une des salles seraient enlevés et supprimés.

Cette affaire n'eut pas, sans doute, d'autres suites fâcheuses. Quelques mois après, c'est à dire le 15 floréal (4 mai 1794), sur la demande des administrateurs de l'hôpital et de l'avis du district, l'administration du département décida que des huit religieuses qui se trouvaient dans cette maison cinq étaient inutiles, qu'il suffisait d'en conserver trois : les sœurs (citoyennes) Protin, Morel et Belin, pour servir les malades ; que quatre autres : les sœurs (citoyennes) Tabary, Maton, Deboves et Boquet, seraient autorisées à se retirer avec la pension qui leur était accordée, enfin que la dernière Marie-Thérèse Robiquet, âgée de 80 ans, « qui pour ses infirmités méritait des égards, » resterait dans l'hôpital, à la charge d'y payer pension, à l'aide de celle qui lui avait été accordée par la loi.

VIII. Cimetière nouveau. — Dans sa séance du 13 fructidor an II (30 août 1794) l'administration départementale autorisa l'achat d'un cimetière commun, en dehors de la ville de Doullens, afin d'abolir les trois qui existaient à l'intérieur.

IX. POPULATION. — Déterminer l'importance de la population d'une localité, c'est faire œuvre d'historien et non pas seulement de froide statistique. Ses variations et sa marche progressive ascendante ou décroissante peuvent donner lieu à plus d'une observation politique ou morale. C'est donc à tort que certains historiens la négligent.

Nous avons peu de documents sur la population ancienne de Doullens ; les tableaux de recensement dressés depuis le commencement de ce siècle nous en fournissent quelques-uns.

En 1697, d'après le *Mémoire sur la Picardie*, que nous avons cité page 100, la population ne s'élevait qu'à 1970 âmes.

Nous venons de rappeler le nombre des communiants par paroisses en 1782 ; il formait un total de 2014, ce qui représente environ 2500 âmes.

En 1792, lorsqu'il s'agit d'opérer la suppression dans les villes d'un certain nombre de paroisses, on dressa d'abord des états de population. Du tableau produit au Directoire du département de la Somme, le 27 mars de ladite année, il résulte que la population de Doullens était montée à 2893 habitants.

La progression, depuis cette époque, a été constante jusqu'en 1861. C'est ce que montre le relevé suivant des chiffres officiels de la population (1).

---

(1) Arch. départem., série M.

Elle était en l'an X de 2988 habitants,
en l'an XII de 3123,
en 1806 de 3458,
en 1820 de 3504,
en 1826 de 3690,
en 1841 de 4294,
en 1846 de 4382,
en 1851 de 4357,
en 1856 de 4527,
en 1861 de 4930,
en 1866 de 4706,
et en 1872 de 4749.

Il est assez difficile d'expliquer la progression énorme des deux périodes quinquennales de 1851 à 1861 et la décroissance presque aussi rapide de la période suivante. Les chiffres *officiels* ne seraient-ils pas erronés?

X. CLOCHES DE LA PAROISSE SAINT-MARTIN. — Les deux anciennes cloches de l'église Saint-Martin viennent d'être fondues et remplacées par trois autres. Celles-ci ont été bénites le dimanche 19 octobre 1873. Nos lecteurs nous sauront gré de consigner ici les inscriptions qui se lisaient sur les anciennes cloches. Les voici :

1° Sur la petite cloche, qui pesait 113 kilogrammes :
« L'an 1715 j'ay été bénite et je suis nommée Marie par
» M. Louis Armand de Béthune, duc de Charost et pair de
» France, capitaine des gardes du corps du roy, lieutenant-
» général de ses armées et de la province de Picardie, gou-
» verneur de Calais... M. Jean Despousse, chevalier, seigneur
» de Layraud, chevalier de l'ordre militaire de St-Louis,

» lieutenant du roy et commandant des ville et citadelle de
» Doullens ;

» Et par dame Marie Le Roy, épouse de Louis Gorjon,
» sieur de Verville, conseiller du roy, receveur des tailles en
» l'élection de Doullens.

» François de Lonprey et Louis Leguay, natifs de Paris,
» m'ont fait. »

2° Sur la plus grosse, qui pesait 490 kilogrammes :
« L'an 1807 j'ai été baptisée par M. Jérôme-André Duputel,
» curé de Doullens et doyen de l'arrondissement.

» Jacques Campion, propriétaire, Jacques Bienaimé,
» homme de lettres, François Marchand, propriétaire, et
» Guillain Vaquette, premier marguillier.

» Je me nomme Marie-Françoise. Mon parrain est Antoine,
» comte de Foie Banastre, ancien capitaine, chevalier de
» St.-Louis, et ma marraine dame Marie-Henriette-Rosalie
» Wargnié, veuve de M. Prévot Merleval, ancien capitaine,
» chevalier de St.-Louis.

» Gorriez, fondeur à Frévent. »

Nous devons cette note à l'obligeance de notre collègue
M. l'abbé Lefèvre, aumônier de *la Solitude* à Doullens.

CRAMONT.

Voyez : 1° *Histoire de cinq villes et de trois cents villages*, etc. — *Saint-Riquier et les cantons voisins*, par M. Prarond, tome 1er, p. 509.

2° *Bénéfices de l'Eglise d'Amiens*, par F.-I. Darsy, II, 260.

Les souvenirs historiques sont peu nombreux à Cramont, comme dans la plupart de nos simples villages. M. Prarond en a consigné quelques-uns dans son travail; nous en ajoutons ici quelques autres.

Le village de Cramont est assis partie de plain-pied, partie en amphithéâtre, sur les flancs d'un vallon creusé par les eaux, dans une magnifique plaine du Ponthieu voisine des limites de l'Artois.

Le nom de ce lieu était autrefois Cromont (1). Cette forme se reproduit à chaque page et alternativement avec la forme Cramont, dans les registres aux baptêmes, mariages et enterrements, jusqu'au commencement de ce siècle. Le cachet de la municipalité gravé sous le premier Empire portait encore : Mairie de Cromont.

La seigneurie de Cramont appartenait au seigneur de la Ferté-lès-Saint-Riquier, lequel en 1507 avait un four et un moulin à vent, bâti de pierre, nommé le moulin de la Chaussée, desquels étaient banniers ses sujets dudit lieu. Ce moulin existe encore; il est situé auprès de la Chaussée-Brunehaut

---

(1) Voy. *Bénéfices de l'église d'Amiens*, II, 2, 260 et 275.

conduisant d'Amiens à Boulogne. — Les habitants de Cramont étaient tenus de faire guet et garde au château de la Ferté en temps de guerre (1).

L'église de Cramont est dédiée à Saint-Martin. Elle a été rebâtie en 1768, date qui se lit au dessus du portail du clocher. Nous avons trouvé l'acte de bénédiction de cette nouvelle église, dans le registre aux actes de baptêmes pour l'année 1769, conçu en ces termes : « Le 21 décembre 1769, nous
» Jacques Boivin, curé de Conteville et doien de Labroye, en
» vertu de commission à nous adressée par Mgr l'évêque
» d'Amiens, en date du 18 du présent mois, et pour l'incom-
» modité de M. Boutroy, curé d'Ailly et doien de chrétienté
» de Saint-Riquier, avons béni l'église nouvellement cons-
» truite dans la paroisse de Cramont, en présence de
» M. Jean-Baptiste Dupuis, curé dudit lieu, de M. Benoist
» Barbier, desservant, de Louis-François Carpentier, vicaire
» de ladite paroisse, et d'Izidore Léger et Pierre Cantrel,
» marguilliers, et de messieurs les curés et autres ecclé-
» siastiques voisins, qui ont signé avec nous le présent acte,
» les jour et an susdits. — (Signé) Boivin; Tellier, curé de
» Domartin; Dufour, curé de Coulonvillers; Brasseur, curé
» de Beaumets; Cantrelle, curé de Longvillers; Fauvel, curé
» de Domémont; Tellier, curé de Mesnil; Asselin, curé de
» St.-Hilaire; Lenté, curé de Gorenflos; Oger, curé de
» Fransu-Houdencourt; Barbier, curé de Donqueur; Vion,
» curé de Heuzecourt et ancien vicaire de Cromont;
» S. A. Oger, vicaire de Donqueur; Vion, vicaire de Dom-
» léger; Barbier, desservant; Carpentier, vicaire; Pierre
» Cantrel et Isidore Léger, marguillier. »

---

(1) *Cout. loc. du bailliage d'Amiens*, 400, 800.

L'intérieur de l'église est propre et décent ; la construction est d'un style simple et sans sculptures.

La paroisse faisait partie de l'ancien doyenné de Saint-Riquier. Le commandeur de Beauvoir présentait le titulaire à la cure. Celle-ci jouissait d'une certaine quantité de terres chargées de fondations. Les revenus de la cure, en 1730, étaient net de cinq cent vingt quatre livres quatorze sols ; les charges déduites s'élevaient à 220 livres 17 sols.

En 1689 il n'existait pas de presbytère ; le curé se logeait à ses dépens (1).

Voici la série des curés dont nous avons pu recueillir les noms, en dépouillant tant les registres aux baptêmes, mariages et enterrements, que quelques rares papiers de la fabrique qui restent subsister, et d'autres documents.

1507. Jehan Ranson, prêtre, vice-gérant de Cramont (2).

Avant 1691-1696. Pierre Froidmont.

1696-1733. Pierre Dumaige, précédemment vicaire du lieu. Il mourut le 30 janvier 1733 et fut inhumé le lendemain vis-à-vis du calvaire du cimetière, par P. Marand, curé de Noyelle-en-chaussée, doyen de Saint-Riquier.

1731-1738. Joseph Dufrien. Il mourut le 17 décembre 1738 et fut inhumé le 19, en présence de plusieurs curés du voisinage.

1739-1770. Jean-Baptiste Dupuis. Il mourut le 24 septembre 1770, à l'âge de 61 ans, et fut inhumé dans l'église. L'acte de son décès nous a fait connaître qu'il était frère de

---

(1) *Bénéfices de l'église d'Amiens*, I, 260.

(2) *Cout. loc. du bailliage d'Amiens*, I, 503. — M. Prarond, loc. cit. p. 336, le nomme Causson.

M. Dupuis, seigneur de Froyelle, qui fut présent à l'inhumation, avec M. Dupuis, curé de Saint-Acheul, et M. Petit, curé d'Hyermont.

1771-1786. Antoine Gourdin. Il mourut le 26 novembre 1786, âgé de 57 ans, et fut enterré dans le cimetière, en présence de son frère Félix Gourdin, marchand, résidant à la ville d'Eu, et de plusieurs curés voisins.

1787-1791. Devisme. Le 4 juin 1791 il signait encore sur le registre un acte de décès, et le 12 il était remplacé par le curé *constitutionnel* qui suit.

1791-1792. Tellier. Celui-ci disparut avec l'exercice public du culte. Devint-il le membre du Conseil général de la commune, élu pour recevoir les actes civils de naissances, mariages et inhumations, lequel porte le nom de Jean-Baptiste Tellier et instrumente à la date notamment du 21 vendémiaire an III (12 octobre 1794) ?

1797-1802. Apparaît M. Gond, qui prend seulement le titre de prêtre.

1802. Devisme. C'est l'ancien curé, qui est rentré. Il figure aux registres en qualité de curé depuis le 5 juillet 1802 jusqu'à la fin de l'année.

1803-1823. Gond, reparaît en janvier 1803, toujours sous le simple titre de prêtre, et le 27 avril suivant il prend la qualité de desservant jusqu'au mois d'août 1823. Il mourut le 7 dudit mois. Pendant le reste de l'année, toute l'année suivante et jusqu'au 31 janvier 1825, tous les actes religieux de baptêmes et de mariages sont signés par Maillard, curé desservant de Donqueur.

1825-1866. Caron. Il mourut le 12 août 1867, un an après son remplacement par le suivant.

1866 (27 juin). Apollinaire Desavoye, titulaire actuel.

Au registre des actes de décès et d'enterrements pour l'année 1773, nous avons lu cette apostrophe au lecteur :

« Mortel, ces registres que tu parcours te font connoitre
» mieux que ne le pourroit faire toute l'éloquence des
» hommes, le néant de ton être. Aurois-tu acquis en
» ce monde des trésors immenses, y serois-tu parvenu aux
» plus brillants emplois, t'y serois-tu couvert d'une gloire au
» dessus de celle des Alexandre, des Cézar, etc., un jour ton
» nom y sera confondu avec celui du cultivateur, de l'artiste
» et du manœuvre. »

Guillaume de Cromont, abbé de Saint-Josse-au-Bois ou Dommartin (1271-1285) n'était-il pas natif de ce lieu (1) ?

La section du village de Cramont située vers le bois, se nomme *le Ménage*. C'est un hameau formé auprès de l'ancienne cense ou ferme du même nom, qui appartient aujourd'hui à M. de Louvencourt, et qui jadis dépendait de l'abbaye de Dommartin.

Nous avons vu aux registres qu'au mois de juillet 1694, le curé de Cramont délégué par l'abbé de Dommartin pour l'administration des sacrements aux habitants de la cense du Ménage, célébra le mariage de la fille de Charles Gellé, laboureur de ladite cense et de Marguerite Acloque, sa femme.

Notons que, sous le régime féodal, on donnait le nom de Ménage au manoir roturier sis aux champs.

A l'entrée du *bois brûlé*, voisin du Ménage, on trouve les ruines d'une enceinte fortifiée. Un fossé circulaire profond

---

(1) Voy. les sceaux de cet abbé aux Archives nation., sect. historiq. J. 227-93, et leur descript. dans le 3ᵉ vol. de la *Collect. de sceaux*, publié par M. Douet d'Arcq, nᵒˢ 8300 et bis, 9043 et bis.

entoure une butte encore élevée de 5 à 6 mètres, sur laquelle on remarque des effondrements. L'entrée du château est bien accusée dans la partie faisant face au village.

On croit dans le pays que les Templiers avaient un établissement à Cramont.

Parmi les anciennes rues de Cramont nous avons remarqué la rue *de l'Hostière* (serait-ce celle de la cense?) et la rue *de la Maladrerie*. On croit retrouver dans un canton de ce nom, situé à peu de distance de cette dernière rue, l'emplacement de l'ancienne maladrerie de Cramont. Cette maladrerie ne serait autre, pense-t-on, que celle qui est désignée ordinairement sous le nom de Festel, lieu dans le voisinage duquel la plus grande partie de ses biens était située. C'est sous ce nom qu'elle fut unie à l'hôpital de Rue, par arrêt du Conseil du 13 juillet 1695 et par lettres patentes du roi enregistrées au parlement le 18 mai 1696 (1).

Une pièce de 40 journaux de terre, sise à Cromont, appelée *les haies de dame Aalis*, avait été affectée à la fondation d'une chapelle dans le château de la Ferté en 1342 (2).

La commune de Cramont est du canton d'Ailly-le-Haut-Clocher. Elle était en 1791 du canton de Guescharl. Son premier maire paraît avoir été M. Macqueron, qui est nommé dans le registre aux délibérations en 1793 (frimaire an II).

Dans une déclaration envoyée en 1469 par Jacques de

---

(1) Voy. *État général des unions des maladreries, etc., aux hôpitaux*, 1705, p. 13. — Arch. de l'hospice de Rue, A. 1; B. 26.

(2). *Bénéf. de l'église d'Amiens*, II, 275, note 5. — Il est à remarquer qu'il existe au Vieil-Hesdin une ferme *du bois Dame Alix*, appartenant à l'hospice d'Hesdin. Cette identité de nom viendrait-elle d'une origine commune ?

Filescamps, receveur pour le duc de Bourgogne des villes et villages de l'Amiénois soumis à sa domination, Cromont figure pour 40 feux (1).

On y comptait 830 âmes en 1697, selon le *Mémoire sur la Picardie*, que nous avons cité.

Un état des biens et revenus des communes de l'arrondissement d'Abbeville, dressé en 1790 (2) constate qu'à cette époque le nombre de feux à Cramont était de 140, y compris les annexes dites *le Ménage et Valbonnement*.

D'un autre côté, nous trouvons dans les états officiels de la population qu'il y avait à Cramont en l'an XII (1804) 659 habitants, en 1811 seulement 623 âmes et 167 feux, enfin qu'en 1872 la population était tombée à 525 âmes.

L'étude des papiers anciens pourra révéler de nouveaux documents par la suite. Nous serons heureux de les ajouter à ceux-ci.

---

(1) Arch. du départem. du Nord, cotes D, 32 et D, 48.
(2) Arch. du départem. de la Somme.

BAZINVAL, SORENG, L'EPINOY.

Voyez : 1° *Description de la Haute-Normandie,* par Duplessis, tome 1er.

2° *Essai historique et archéologique sur le canton de Blangy,* par M. Decorde.

3° *Gamaches et ses seigneurs,* par Darsy, pages 17 et 18.

4° *Description archéologique et historique du canton de Gamaches,* par le même, pages 227 et suiv.

Le village de Bazinval et les hameaux de Soreng et de l'Epinoy, qui ne formaient qu'une seule paroisse, étaient-ils Picards ou Normands ? Situés en deçà de la rivière de Bresle que l'on a coutume de prendre pour la vraie limite des deux provinces, ils ne sembleraient pas tout d'abord devoir être considérés comme picards, d'autant surtout que la paroisse fit toujours partie du diocèse de Rouen. Cependant il n'est pas douteux que dès anciennement et jusqu'à la Révolution ces trois localités furent comprises dans la province de Picardie, à l'exception seulement d'une faible partie du village de Bazinval. On distinguait, en effet, Bazinval-picard et Bazinval-normand. Nous avons donné ailleurs (1) quelques explications à cet égard, en faisant remarquer que la véritable limite des deux provinces avait dû être, à l'origine, plutôt la forêt que la rivière : ce qui expliquerait comment les localités en question n'étaient pas Normandes.

Nous ne croyons pas inutile d'y revenir ici.

---

(1) Voy. les deux derniers ouvrages cités en tête.

Bazinval, Soreng et l'Epinoy faisaient partie de la province de Picardie. Le géographe Sanson les y comprend dans sa carte de ce gouvernement, dressée en 1681. Ricart les fait figurer parmi les lieux de la prévôté de Vimeu dans l'Etat des villes, bourgs, villages, hameaux et fermes situés dans l'étendue et le ressort du bailliage-présidial d'Amiens, qu'il a publié en tête de son commentaire de la coutume d'Amiens.

Au procès-verbal de révision de la coutume dudit bailliage, dressé au mois de septembre 1567, le comte de Rouault figure comme seigneur de Soreng dans l'ordre de la noblesse. Les notaires de Gamaches instrumentaient dans lesdits villages et hameaux. D'un autre côté, une information faite en 1508 et une déclaration faite en 1658 concernant la consistance des fiefs, seigneuries et revenus de la comté-pairie d'Eu, gardent un profond silence sur ces localités. Enfin, il est remarquable qu'aucune d'elles, au contraire de tous les villages voisins dépendant de la Normandie, ne possédait des droits d'usage dans la forêt d'Eu. C'est ce qui résulte tant des arrêts de réformation rendus le premier décembre 1581 au siège de la Table de marbre à Paris, qui ont réglé ces droits, que des procès-verbaux des déclarations et justifications qui ont été dressés en conséquence (1).

Les manants et habitants de Bazinval furent même déboutés formellement, par l'un desdits arrêts, de leurs prétentions à cet égard, aussi bien que Jehan Fournier, Nicolas Lesage, Toussaint du Prou, Pierre Lhoste, Mondin et Jehan Leblond, écuyer, « prétendantz droict d'usage en lad. forest, à cause de

---

(1) *Description et narré des droictz, aucthoritez, prééminences et pres-rogatives du comté d'Eu.* Ms. appartenant à M. ***. — *Etat distinctif des droits d'usage en la forêt du comté d'Eu*, par M. Estancelin, 1769.

» leurs fiefz plainctifz assis à Bazinval, et Martin Lesage à
» cause de la prévosté dudict Bazinval ; » ainsi qu'il est dit
en un manuscrit que nous avons consulté, antérieur à
l'année 1594.

Bazinval, Soreng et l'Epinoy étaient de l'élection et du
bailliage d'Amiens.

A l'époque de la Révolution, le village et ses hameaux
furent réunis au département de la Seine-Inférieure. Dans
leur séance du 7 octobre 1790, les administrateurs de ce
département ayant demandé l'état des impositions des deux
paroisses de l'Epinoy et de Soreng, *ci-devant de l'ancienne
Picardie* et réunies à leur département, le Directoire de la
Somme arrêta de leur adresser l'état des impositions de la
paroisse de Soreng, Bazinval et l'Epinoy, en observant que
ces trois lieux, qui ne formaient qu'une seule municipalité,
étaient les mêmes que ceux désignés dans leur état sous les
dénominations de Soreng et l'Epinoy (1).

Maintenant, en ce qui concerne la juridiction ecclésiastique,
on sait que les diocèses conservèrent en général intacte leur
organisation primitive et qu'ils ne participèrent pas aux fluc-
tuations des divisions administratives. Aussi n'est-il pas rare
que certaines paroisses limitrophes dépendent d'une province
autre que celle dans laquelle se trouve le diocèse. Par
exemple, combien ne voit-on pas de paroisses du diocèse
d'Amiens comprises dans l'Artois.

Indépendamment de cette observation, il est permis de penser que des modifications ont pu avoir lieu anciennement, par
accord entre l'archevêque de Rouen et l'évêque d'Amiens.

---

(1) Arch. du dép' de la Somme. Reg. aux délib. 1ᵉʳ vol, du 1ᵉʳ Bᵘ, p. 230.

D. Grenier parle de difficultés au sujet des limites vers Eu (1).

Cette situation qu'on pourrait presque dire anormale, a causé les erreurs et les confusions des historiens. Le P. Ignace (2) et Expilly (3) placent la paroisse de Bazinval-Soreng dans le doyenné de Gamaches au diocèse d'Amiens, parce qu'ils le voient dépendre du gouvernement de Picardie. Mais Duplessis (4) mieux renseigné, la met dans le doyenné de Foucarmont, au diocèse de Rouen.

Ces points établis, Bazinval-Picard et ses dépendances rentrent dans notre cadre. Citons donc un document inédit qui le concerne. A vrai dire, ce document ne serait point ici à sa place, puisqu'il a pour objet la distinction des grosses et petites dîmes de la paroisse. Cependant nous croyons qu'il sera utile pour renseigner, tant sur la topographie locale, que sur l'époque de la mise en culture d'une partie du territoire. De plus, il fera voir de quelle manière on procédait à une enquête par tourbe ou par commune renommée.

« Etat et déclaration que donnent les principaux et anciens habitans de la paroisse de St-Martin de Bazinval, des jardins, masures closes et non closes, des défrichés et des terres novalles appartenantes à la cure de Bazinval.

Premièrement. Jardins et masures. — 1° Martin Le Vilain, deux journaux en masure non fermée, situés près de sa maison.

2° M. de Pommerel, gentilhomme, demeurant à Eu, cinq journaux de masure non fermée, dite anciennement l'Enclos, tenant au chemin de bas.

---

(1) *Introduct. à l'hist. de Picardie*, p. 86.
(2) *Histoire ecclesiastique d'Abbeville*, p. 509.
(3) *Dictionn. géographique, historique et politique*, p. 157.
(4) *Descript. de la haute Normandie*, tom. 1er p. 46.

3° Jean-Baptiste Bienaimé et Pierre Louvard, six journaux en masure non fermée, appelée autrefois la houblonnière, tenant au chemin de Bazinval à Gamaches ; etc. etc.

Deuxièmement. Novalles. — 1° Un journel de terre attenant au jardin de Claude Pecquery, qui va en pointe au boquel, tenant à la rue de Valoy.

2° Un journel situé à la mare Gauthier, terroir de Saulx, enfermé de trois costés et attenant au dixmage des religieux du Tréport, appartenant à François Dominique Picard, etc. Sans y comprendre la masure des poiriers, contenant quatre journaux, non plus que la vallée à part, les pâtis et d'autres terres que les soussignés, anciens habitants, ont bien ouï dire être novalles, mais qu'ils n'ont vu dixmer que sur le pied de la grosse dixme...

Troisièmement. Défrichés. — 1° Martin Le Vilain, quatre journaux de terre défrichés depuis quarante ans environ, situés au Mont de Soreng, tenant au chemin de Bazinval à Blangy.

2° Jean-Baptiste Bienaimé et Pierre Louvard, huit journaux situés au Mont de Soreng, tenant à la forest d'Eu ; défrichés depuis trente ans.

3° Jean Malte, deux journaux situés au Mont de Soreng, tenant d'un bout à la forest, défrichés à peu près dans le même temps.

4° Margry, de Blangy, un demi-journel situé au Mont de Soreng, défriché depuis vingt ans.

5° Le même, un journel au Mont de Soreng, défriché depuis vingt ans, attenant au boquel du sieur Margry.

6° Jean-Baptiste Bienaimé, sept journaux situés aux trinquelles, dont quatre défrichés depuis vingt-cinq ans tiennent d'un bout au chemin de Bazinval à Soreng et d'autre à la voie du Mont Ferré.

7° Pierre Louvard, quatre journaux situés le long des trinquettes, dont deux défrichés depuis vingt-cinq ans, bornés d'un côté aux pâtures du village, d'un bout à la rue du Mont Ferré.

8° Vincent Picard dit Matelot, un journel défriché depuis environ dix ans, situé à la vallée de Rieux, borné au Mont Ferré et aux pâtures du village.

9° Nicolas Loisel, deux journaux défrichés depuis vingt ans, situés à la vallée de Rieux, tenant aux pâtures.

10° Jean Petit, cinq journaux situés au comble, défrichés depuis quarante ans, tenant aux pâtures.

11° François Dominique Picard, trois journaux défrichés depuis vingt-cinq à trente ans, situés au boquet Berlin, tenant aux pâtures et à la forest.

12° Hermine, de Gamaches, trois journaux défrichés depuis quinze à vingt ans, situés au petit sentier du Verpignon à Guerville.

13° Les héritiers de François Lejeune dit Isaac, trois journaux défrichés depuis vingt à vingt-cinq ans, situés sur la colière de la Babaux, dite les gattes, tenant au chemin de Bazinval à Guerville.

14° Jean Mariette, deux journaux et demi défrichés depuis quarante ans, situés sur les côtes de la Babaux, tenant aux pâtures et au chemin de Bazinval à Guerville.

15° La veuve de Jacques Féramus ditte Catherine Vilfroy, demeurant à Gamaches, deux journaux défrichés depuis trente ans, situés sur les côtes de la Babaux.

16° François Jacob, un journel défriché depuis vingt ans, situé sur les côtes de la Babaux.

17° Le sieur de Pommerel, un journal et demi, défriché tout récemment, situé au boquet St-Martin.

18° Le même, environ un demi-journal défriché aussi tout récemment, situé au bas du Mont de Gamaches, le long du sentier à gauche qui conduit de Bazinval à L'Epinoy, etc. »

« Ensuit la reconnaissance de la déclaration ci-dessus :

« Sont comparus en personnes les plus anciens et principaux habitans de la paroisse de St-Martin de Bazinval. Lesquels ce jour estant assemblés place publique dudit lieu, à issue des vespres, pour conférer ensemble par réitération des différentes assemblées cy-devant tenues, et délibérer sur le fait des jardins, plants, masures closes et non closes, ainsi que des terres novalles, situées audit lieu, ont, après serment par eux presté devant le notaire ci-après nommé....., déclaré, certifié et attesté selon leur connaissance et conscience... que tous les articles contenus en l'état et déclaration cy-dessus... ont, de mémoire d'homme et raport de leurs ancêtres, toujours esté des pièces de terre distinguées de la grosse dixme, ayant toujours esté appelées la petite dixme, c'est-à-dire masures ou novalles, que les sieurs curés de Bazinval ont toujours perçu ou pu percevoir seuls en totalité, outre la tierce gerbe qu'ils doivent tirer à l'encontre des gros décimateurs..... Adonc et de ce que dessus lesdits comparans ont requis et leur a esté octroyé acte par le notaire... Fait et passé au village de Bazinval, sur la place publique, froc et mête du bailliage d'Amiens, cejourd'hui vingt-sixiesme jour de septembre 1751, après midy, par devant J.-N. Déleplanque, notaire royal au bailliage d'Amiens, résidant au bourg de Gamaches ; reçu en la présence de maître Noël Joron, prêtre, vicaire de la paroisse de Gamaches et de

Saint-Pierre, Antoine Chardin, maître perruquier, tous deux demeurant à Gamaches ; etc. »

Ainsi la déclaration qui précède établit que 51 journaux de terre précédemment inculte avaient été défrichés et mis en culture depuis quarante ans au plus, dans le terroir de Bazinval.

Le village de Bazinval dépend aujourd'hui de la commune de Guerville ; les hameaux de Soreng et de l'Epinoy font partie de la commune de Monchaux (Seine-Inférieure).

M. Decorde (1) donnait à Bazinval 460 habitants en 1850.

Expilly, en 1763, comptait 134 feux à Soreng et Bazinval-Picard, et 11 feux à Bazinval-Normand. Il ajoutait : c'est un pays de grains, de fruits et de bons pâturages (2).

---

(1) *Essai historique*, etc., p. 31.
(2) *Diction. géograph. historique et politique*, p. 157.

GAMACHES.

Voyez : 1° *Gamaches et ses seigneurs*, par F.-I. Darsy.

2° *Description historique et archéologique du canton de Gamaches*, par le même, p. 24.

3° *Histoire d'Abbeville et du comté de Ponthieu*, par Louandre, I, 87 et passim.

4° *Histoire de cinq villes et de trois cents villages; Saint-Valery et les cantons voisins*, par M. Ernest Prarond, II, 239 et suiv.

5° *Recueil des Monuments inédits de l'histoire du Tiers-État*, par A. Thierry, IV, 691.

6° *Bulletin de la Société des Antiquaires de Picardie*, II, 245, et III, 203.

7° *Bénéfices de l'Eglise d'Amiens*, par F.-I. Darsy, II, 102, 103, 112 et 122.

8° *Coutumes locales du bailliage d'Amiens*, par Bouthors, I, 395 à 405.

9° *Catalogue des Manuscrits concernant la Picardie*, par M. Cocheris, n°ˢ 636, 664 et 665.

Aux nombreux détails contenus dans les ouvrages que nous rappelons ici, ajoutons quelques documents.

I. CONFRÉRIE DE LA CHARITÉ. — Le luxe autrefois n'entourait guères les morts. Aux dépouilles des princes et des grands, seules, étaient réservées des funérailles pompeuses, des *pompes funèbres*. Le bourgeois, comme le manant, était porté simplement à sa dernière demeure par ses amis, ses égaux, ses pairs. L'église, dont la sollicitude s'étend à tout ce qui tient à l'ordre moral, ne se contentait point de prier pour les morts. En voyant l'abandon où ils étaient parfois laissés, surtout dans les temps de contagion, elle institua des confréries, dont les membres étaient tenus de l'inhumation des fidèles (1).

Dans notre monographie sur Gamaches, nous avons dit quelques mots de la confrérie qui exista, sous le titre susdit, à Gamaches, depuis le milieu du XVI° siècle jusqu'en 1815. Elle avait pour objet d'assister les associés à leurs derniers moments, de les inhumer et de prier pour eux après leur mort. Nous en avons analysé les statuts. Devenu aujourd'hui, par le don qui nous en a été fait, possesseur d'un manuscrit (2) du temps de l'érection de cette confrérie, et qui contient le texte même de ses statuts et des confirmations qui en ont été faites, nous croyons utile pour l'histoire de publier les premiers. Quant à la bulle d'approbation donnée par le pape Jules III le 22 novembre 1554, et aux lettres confirmatives de l'évêque Nicolas de Pellevé, datées du 25 mai 1555, leur étendue ne nous permet pas de les ajouter ici.

---

(1) Il existait en Normandie un certain nombre de ces associations. Celle de Bayeux avait pour titre : la Charité de Saint-Malo, et ses statuts étaient presque semblables à ceux de la Charité du Saint-Sacrement établie à Gamaches.

L'empereur Constantin avait fondé à Constantinople une confrérie chargée de veiller sur les dépouilles mortelles des citoyens. Elle était composée de 950 personnes, choisies dans les divers métiers, et attachées à la principale église. Les associés à ce corps rendaient les derniers devoirs aux morts et répétaient pour eux les prières de l'église. (M. de Broglie, *l'Église et l'Empire Romain au IV° siècle*, II, 181. — *Codex Justin.*, Authenticæ, collat. IV, tit. XXI, nov. 43, etc.)

(2) Ce manuscrit est un petit registre carré, en papier, contenant 64 pages, et couvert en parchemin.

« Copia litterarum approbationis confraternie sanctissimi sacramenti, in parochia sanctorum apostolorum Petri et Pauli de Gamachiis jamdudum institute et de novo in confraternia Charitatis erecte, et per reverendum dominum dominum (1) episcopum Ambianensem seu ejus vicarium laudate et approbate, cujus tenor sequitur.

« Joannes Adam, sacre theologie doctor, insignis ecclesie Ambianensis canonicus, reverendique in Cristo patris et domini Francisci de Pisseleu, Dei et sancte sedis apostolice gratia, episcopi Ambianensis, in spiritualibus et temporalibus generalis vicarius, universis Cristi fidelibus presentes litteras inspecturis, lecturis et audituris, salutem in Domino. Inter ceteras petitiones à quibuslibet persone (2) offerendas illas non merito exauditionis majoris et velocioris gratia dignas esse reputamur, quarum executio et effectus ad omnipotentis Dei laudem cedere dignoscuntur. Sane porrecta nobis supplicatione ex parte Dominorum vicariorum parochialis ecclesie sanctorum Petri et Pauli ville de Gamachiis capitaneique ac Majoris et scabinorum nec non majoris et sanioris partis habitantium seu parochianorum dicte ville seu oppidi de Gamachiis, Ambianensis diocesis, à nobis humiliter requirentium licentiam atque facultatem confraterniam Charitatis ad omnipotentis Dei laudem et honorem, ac reverentiam sacratissimi sacramenti altaris in predicta eorum parochiali ecclesia erigendi, eisdem per nos dari et accordari illamque secundum formam et tenorem articulorum infra scriptorum per dictos parochianos nobis exibitorum intertenere, quorum quidem

---

(1) Cette répétition est au texte ; elle s'explique par la traduction qui suit.
(2) Il semble qu'il faudrait lire *personis*, ou qu'il manque le mot *nostra*.

articulorum tenor de verbo ad verbum sequitur, qui talis est (1) :

Ensuivent les statuts et ordonnances de la Charité et confraternité nouvellement fondée soubz le bon plaisir et volonté de révérend père en Dieu, monseigneur le seigneur évesque d'Amiens, par les prévost, eschevins et frères de la confrérie fondée en l'église parochial de monsieur St-Pierre et St-Paul de Gamache, en l'honneur de Dieu et du Saint-Sacrement de l'autel, pour estre pour l'advenir deservie en icelle église comme il s'ensuit :

---

(1) Ms. cité, p. 23. — Copie des lettres d'approbation de la Confrérie du Très-Saint-Sacrement déjà instituée dans la paroisse des Saints Apôtres Pierre et Paul de Gamaches, et de nouveau érigée en Confrérie de la Charité, approuvée et confirmée par notre révérend Seigneur Monseigneur l'Evêque d'Amiens ou son Vicaire, dont suit la teneur.

Jean Adam, docteur en sacrée théologie, chanoine de l'insigne église d'Amiens, Vicaire général tant au spirituel qu'au temporel de notre révérend père en Jésus-Christ, Monseigneur François de Pisseleu, par la grâce de Dieu et du Saint-Siège Apostolique, Evêque d'Amiens, A tous ceux qui ces présentes lettres verront, liront et entendront, Salut en Notre Seigneur. Parmi toutes les demandes qui peuvent nous être présentées, nous jugeons que celles-ci, dont l'exécution et les effets doivent être utiles à la louange du Dieu tout-puissant, sont dignes d'être le mieux écoutées et le plus promptement agréées. Nous ayant été régulièrement produite la supplique de Messieurs les Vicaires de l'église paroissiale de St-Pierre et St-Paul de la ville de Gamaches, du châtelain, du mayeur et des échevins, aussi bien que de la meilleure et plus saine partie des habitants ou paroissiens de ladite ville ou du bourg de Gamaches, au diocèse d'Amiens, qui humblement nous requièrent de leur donner et accorder la permission et faculté d'ériger dans ladite église paroissiale la Confrérie de la Charité pour la louange et l'honneur de Dieu tout-puissant et pour le respect du Très-Saint-Sacrement de l'autel, et d'entretenir cette confrérie selon la forme et teneur des articles ci-dessous transcrits, que nous ont exhibés lesdits paroissiens ; desquels articles suit la teneur mot à mot.

Article 1.

Premièrement, il est ordonné que toute personne sera receue en ladicte Charité, pourveu qu'elle soit de bonne vie et honeste conversation, en faisant le serment devant le curé ou vicaire du lieu ou chapellain d'icelle charité de bien et léallement garder les statuts et ordonnances d'icelle charité et que tant il y aura douze frères il sera le treisiesme et en paiant pour son entrée six deniers tournois, si plus ne veut donner, et deux soubz six deniers tournois pour chacun an, lesquels se paieront à deux termes, c'est à scavoir : moitié au jour du Sacrement de l'autel et l'autre moitié au jour de la Conception Notre-Dame en décembre. Et si aucun avoit dévotion de rendre son enfant en ladicte charité et qu'il ne fut en aage compétant faire le pourra, en faisant le serment pour lui et en paiant pour lui pour son entrée trois deniers et pour chacun an quinze deniers tournois jusqu'à ce qu'il sera en aage compétant.

Article 2.

Item, en ladicte charité, par chacun an le dimanche devant le jour du Saint-Sacrement de l'autel, seront ordonnez et establis un Prévost et un eschevin qui pour l'année en suivante sera prévost, lesquels auront la charge et gouvernement de ladicte charité pour la plus saine partie des frères d'icelle, avec douze frères servants pour la première année et par chacune subséquente quatre frères, lesquels seront nommez et establis par lesdicts prévost et eschevin, en la présence du curé ou vicaire du lieu. Et après qu'ils auront esté institués seront tenus faire le serment devant lesdictz curé, vicaire ou chapelain d'icelle charité, de bien garder et observer les ordonnances d'icelle, et ne s'en pouront aller lesdicts prévost et eschevin hors de leurs charges jusques au bout de l'an, et lesdicts frères serviteurs jusques au bout de trois ans, sans excuse raisonnable. Mais chacun an sera donné congé à quatre d'iceulx frères servants de leur en aller de leur charge, si faire le veulent et non à plus grand nombre, affin de y en commettre plus facilement d'aultres, et ne pourront refuser lesdicts frères d'icelle charité à faire les dictes offices quant ils y seront esleuz, sur peine de chacun xx soubz tournois à convertir au proufit d'icelle charité.

Article 3.

Item, pour les dicts prévost, eschevin et frères servants seront esleuz et commis un chapelain et un clercq à icelle charité, pour faire les charges qui sont requises par eux estre faicts et qui sont contenus en ce présent statut.

Article 4.

Item, pour tous les frères et sœurs et bienfaicteurs de ladicte charité sera dict et célébré par chacunes sepmaines de l'an, trois haultes messes à diacre et soubz-diacre et deux choristes, l'une au mardi, de St-Sébastien, St-Rocq, St-Anthoinne et St-Adrien, la seconde au jeudi du Saint-Sacrement de l'autel, et la tierce au samedi de Notre-Dame, le tout d'heure qui ne puisse empêcher le service divin de ladicte paroisse. Et si pourront faire dire et célébrer aultres basses messes par gens d'église qui seront de ladicte charité et qui seront de bonne vie et qui en pourront faire devement leur debvoir, pour le salut des âmes des frères et sœurs vivants et trespassez par chacune sepmaine et à tel jour qu'ils verront bon estre, pourveu que le thrésor de ladicte charité y puisse fournir.

Article 5.

Item, tous les premiers jours de chacun mois sera dict et

célébré une haute messe solemnelle en la dicte église, en l'honneur de Dieu et du Sacrement de l'autel, à diacre et soubz diacre et chappes, avec procession par la paroisse ou entour l'église, laquelle sera sonnée au carillon, à laquelle messe et procession seront tenus assister les gens d'église qui auront les messes d'icelle charité en faisant leur debvoir, semblablement les prévost, eschevin et frères servants ayant et portant leur chapperon de livrée et aller à l'offrande à leur dévotion, sur peine de chacun deux deniers tournois d'amende pour chacune fois qu'ils seront deffaillants, s'ils n'ont excuse raisonnable.

Article 6.

Item, lesdicts eschevin et frères servants seront subjects comparoir la veille de ladicte feste du Saint-Sacrement de l'autel, incontinent après le second son des vespres, en l'hostel et maison du prévost, pour le convoyer aux vespres, pareillement la veille et le jour de la Nativité Notre-Dame. Ausquelles veilles desdictes deux festes sera tenu le clercq porter en la maison dudit prévost la croix, bannières, clochettes et cierges de ladicte charité, et chacun frère servant son chapperon, sur peine de chacun deux deniers tournois d'amende pour chacune faulte, à convertir au proufit de ladicte charité.

Article 7.

Item, quant aucun desdicts frères ou sœurs de ladicte charité sera décédé, les amis seront subjects le faire scavoir au prévost et eschevin d'icelle charité, lesquels commanderont au clercq sonner la cloche par les carrefours de la ville, affin que les frères et sœurs qui auront la cognoissance du trespas ayent à dire pour le salut de son âme chacun cinq fois *Pater noster* et cinq fois *Ave, Maria*. Et ce faict ledict clercq ira semondre lesdicts prévost et eschevin et frères servants affin de eux trouver en la maison dudit deffunt à heure deue et ordonnée par le curé ou vicaire du lieu, pour charitablement porter le corps dudict deffunct en terre, de quelque maladie qu'il soit décédé, soit peste ou aultre, en l'église ou cimetière où sera inhumé ledit corps, sur peine de chacun six deniers tournois d'amende, si ledict deffunct a esté maistre, eschevin ou frère servant, et de trois deniers tournois pour les autres qui n'auront point eu de charge en ladicte charité. En la maison duquel trespassé sera porté par ledict clercq la croix, bannières, cierges, clochettes, drap et autre chose appartenant à ladicte charité, pour servir au convoy dudict deffunct. Et après ladicte inhumation, sera donné aux pauvres pour six deniers de pain, aux despens de ladicte charité.

Article 8.

Item, pour chacun frère et sœur décédé sera dict et célébré par le chappelain de la dicte charité, à l'aide des aultres gens d'église ayants les messes d'icelle, vigilles à trois psaulmes et trois leçons et deux basses messes. Et s'il a esté prévost, eschevin ou frère servant de la dicte charité, il aura vigilles à neuf psaulmes et neuf leçons, si le temps le requiert, avec deux messes, l'une à notte, à diacre et soubs-diacre et deux cappes (coristes[1]), et l'autre basse, en l'église où sera présent le corps, pourveu que ce soit dedans la banlieu, aultrement le tout se dira en l'église de Monsieur Saint-Pierre. Et s'il est ou a esté prévost, il aura davantage la recommandasse

---

(1) Ce mot, dans le manuscrit, est ajouté au-dessus du précédent, d'une écriture plus moderne

de *Placebo*. Et si auront les femmes desdicts prévost, eschevin ou frères servants semblable service, prières et oraisons que leurdicts maris. Et pour chacun soubs d'aage et non mariés sera dict et célébré une basse messe après que le corps sera mis et posé en l'église comme dessus est dict.

Ausquels services, suffrages et oraisons seront subjects comparoir et assister les dicts prévost, eschevin et frères servants et aller à l'offrande desdictes messes, sur peine et amende de chacun deux deniers tournois pour chacune amende. Et aura ledict clercq d'un chacun trespassé six deniers tournois, que payeront les exécuteurs, héritiers ou parens dudict deffunct, et six deniers tournois de ladicte charité pour sa peine et vacations.

Article 9.

Item, s'il y a aucun frère ou sœur malade de maladie qui ne soit point contagieuse ou femme en gesinne, ladicte charité sera tenue le visiter, porter pain bénit, eaue béniste et faire dire par le chappelain de la charité accompagné par un des frères ou deux, espistres ou évangilles, pourveu qu'ils le requièrent.

Article 10.

Item, pour et affin que les services et obsèques et enterrement des trespassés soient plus solennellement faicts et célébrés, pourront iceux prévost, eschevin et frères servants porter, mettre et asseoir en tout lieu où ils verront bon estre, luminaires, croix, bannières et aultres choses appartenantes à ladicte charité. Et après l'accomplissement dudict service le lever et emporter, sans que aulcun leur puisse donner aulcun empêchement.

Article 11.

Item, s'il advenoit qu'il y eust deux ou trois corps à inhumer en un mesme jour en plusieurs paroisses, lesdicts prévost, eschevin et frères servans seroient tenus faire partition des frères et luminaires d'icelle charité et faire faire à chacun son service au lieu où ils seront inhumés ainsy que dessus est dict, pourveu que ce soit en dedans la banlieu. Et là où ils seroient décédez hors ladicte banlieu, leur service seroit faict en ladicte église de Monsieur St-Pierre, ainsi que dessus est dict, et non en aultre lieu.

Article 12.

Item, si aulcun frère ou sœur de ladicte charité estoit malade et ne peust subvenir à ses urgentes nécessitez, il aura pour chacune sepmaine six deniers tournois durant sa maladie. Et si aucune femme acouchée d'enfant légitime n'a de quoy estre gésinée, elle aura par chacune sepmaine semblable somme de six deniers tournois des deniers d'icelle charité, si ladicte charité le peult porter, pourveu qu'ils ayent payés leurs deniers par chacun an et qu'ils le requièrent

Article 13.

Item, s'il advenoit que aucun frère ou sœur d'icelle charité fut trouvé malade de lèpre, ladicte charité seroit tenue faire son service comme pour un frère trespassé, et le service fait le convoyer jusque à son hostel et habitacle, pouveu qu'il ait tousjours payé ses deniers à la dicte charité.

Article 14.

Item, si aucun frère ou sœur veult aller demeurer hors du

lieu ou en quelque part lointain, il sera tenu prendre congé
aux prévost, eschevin et frères servants, en payant et soy
acquittant de ce qu'il debvroit à la dicte charité.

Article 15.

Item, si aucun frère ou sœur se veult affranchir et
exempter des charges d'icelle charité et pour l'advenir de
payer deniers à icelle par chacun an, comme les aultres frères
et sœurs, et demeurer participant tant en sa vie que après
son décedz aux suffrages, messes, prières et oraisons d'icelle
charité, et après son décedz son service estre faict en la manière des aultres, faire le pourra en payant pour une fois la
somme de trente soubz tournojs ou aultre plus grande somme
à sa dévotion.

Article 16.

Item, si aucun desdicts frères ou sœurs trespassoit et qu'il
fut si pauvre qu'il n'eust de quoy avoir du linge pour estre
ensépulturé ny de quoy pour estre mis en terre saincte,
ladicte charité sera tenue bailler linge pour l'ensevelir, le
faire mettre en terre saincte et faire son service, pourveu
comme dict est que il ait faict son debvoir à la dicte charité.

Article 17.

Item, si aucun frère ou sœur décédé en dedans l'an et jour
qu'il sera rendu à la dicte charité, il n'aura point les ordonnances d'icelle, sinon en payant la somme de quinze soubz
tournois, ou au moins ce qu'il pourroit couster à la dicte
charité.

Article 18.

Item, si aucun des frères ou sœurs estoient en nécessité et

maladie jusque à trente jours et il requiert une messe à ladicte charité, il l'aura pour impétrer grâce de notre Seigneur Jésus-Christ.

Article 19.

Item, si aucun desdits frères trespassent estant en sentence d'excommunication et n'eust de quoy pour se faire absoudre, ladicte charité sera tenue luy aider de la somme de cincq soubz tournois pour obtenir son absoulte et de le faire mettre en terre saincte, pourveu comme dessus, qu'il ait tousjours payé et faict son debvoir à ladicte charité.

Article 20.

Item, à ladicte charité aura une boitte pour mettre les deniers provenant d'icelle charité, de laquelle le prévost sera garde et sera fermée à deux clefs, l'une desquelles l'eschevin aura en garde, et le plus antien frère serviteur l'autre.

Article 21.

Item, chacun an le lendemain de la feste du Sacrement seront dictes vigilles et une messe à notte, à diacre et soubs-diacre et chappes, pour tous les frères vivants et trespassés d'icelle charité, à laquelle seront tenus assister lesdicts prévost, eschevin et frères servants portant leurs chapperons, et aller à l'offrande à leur dévotion et donner pour six deniers tournois de pain pour l'honneur de Dieu aux dépens d'icelle charité ; auquel jour chacun des frères prestre sera subject par chacun an célébrer ou faire célébrer une messe pour estre quittes de leurs deniers, et ledict service faict seront les comptes rendus par ledict prévost, chappelain et clercq d'icelle charité des mises et receptes faictes par ledict prévost pour le temps qu'il aura eu la charge de prévost, lesquels comptes seront escripts et enregistrés en un registre duquel fera garde ledict prévost, et semblablement des obligations si aucunes il y en a en icelle charité pour les faire payer.

Article 22.

Item, lesdicts prévost et eschevin chacun d'eux pourront faire et procurer toutes manières de contrainctes et demandes vers et contre toutes personnes pardevant le juge ecclésiastique et aultres à qui il apartiendra, pour les deniers, amendes et aultres choses appartenantes à icelle charité par vertu de ce présent statut, sans aultre procuration avoir.

Sauf, en toutes les choses dessus dictes et chacune d'icelles, le droit épiscopal et parrochial d'aultruy.

Quibus articulis per nos visis et perlectis coram nobis domino promotore curie spiritualis Ambian. dicti reverendi patris et permissa consentiente, cupientes ut dicta confraternia seu confraternitas Charitatis in dicta eclesia in laudem Dei erigatur et à Christi fidelibus jugiter veneretur, congruisque honoribus frequentetur, dictorum parochianorum supplicationibus inclinati, considerantes ipsas ordinationes et statuta ad domini cultum augmentum cedere, predictam confraterniam Charitatis in dicta eclesia per dictos parochianos erigendi et ordinationes illius observatione et intertenamento faciendi licentiam atque facultatem dicti reverendi patris auctoritate qua fungimur in hac parte, tenore presentium eisdem concedimus, eandem confraterniam laudamus et approbamus, jure tamen reverendi patris et quolibet alieno in omnibus semper salvo. Omnibus autem Christi fidelibus utriusque sexus vere penitentibus et confessis, confitendi propositum a jure habentibus, qui de suis bonis à Deo collatis dicte confraternie erogaverunt, quadraginta dies de injunctis sibi penitentiis auctoritate dicti reverendi patris, auctoritate qua fungimur in hac parte in Domino misericorditer relaxamus. In cujus rei testimonium presentibus litteris sigillum nostri vicarii officii duximus apponendum. Datum Ambianis anno Domini Millesimo quingentesimo quinquagesimo secundo, die decima nona mensis Junii. Sic signatum. Bernardi. Et superius. Loco Domini secretarii absentis. De mandato prefati domini vicarii. (1).

---

(1) Traduction de ce passage :

« Lesquels articles vus par nous et relus devant nous sieur promoteur de la cour spirituelle de notre révérend Père (évêque) d'Amiens, ayant charge de consentir les choses permises, désirant que ladite confrérie ou confraternité de la Charité soit érigée dans l'église de Gamaches, à la gloire de Dieu, qu'elle soit perpétuellement vénérée par les fidèles du Christ et qu'elle soit pourvue de distinctions convenables ; accédant à la requête des dits paroissiens, considérant que ses règlements et statuts peuvent servir à accroître le culte du Seigneur, usant de l'auctorité que notre révérend Père nous a conférée en cette partie, nous leur concédons, par la teneur des présentes, la permission d'ériger ladite confrérie de la Charité dans ladite église et de dresser des règles pour l'observation et l'entretien de cette confrérie, que nous louons et approuvons, sauf le droit de notre révérend Père et celui d'autrui en tout et toujours. Et à tous les fidèles des deux sexes vraiment repentants et confessés et à ceux qui ayant le bon propos de se confesser, auront donné à la confrérie une partie des biens que Dieu leur a dévolus, de l'autorité de notre révérend Père, dont nous sommes investi en cette partie, Nous accordons miséricorde et remise de 40 jours de la pénitence qui leur aurait été imposée.

En foi de quoi nous avons à ces présentes lettres fait apposer le sceau de notre vicaire d'office. Donné à Amiens l'an de Notre Seigneur mil cinq cent cinquante-deux, le dix-neuvième jour du mois de juin.

Ainsi signé : Bernard. Et plus haut : Pour le secrétaire absent. De l'ordre de mondit sieur le Vicaire. »

Ensuivent les cérémonies qui s'observent entre les frères de la Charité.

Le samedi nuict de la Trinité, le clercq de la confrérie va signifier aux confrères qu'ils ayent à leur trouver le lendemain au matin après matines dictes en l'église, afin de faire élection d'un prévost pour l'année advenir, et l'année que ledict prévost est esleu il sert au maistre d'eschevin et l'année d'après il est maistre et prévost, et celuy qui estoit eschevin reçoit la croix du prévost, et ledict prévost se désiste de son office. Et pour faire ladicte élection le clercq sonne le dimanche au matin la cloche, au son de laquelle chascun s'assemble en l'église, et eulz là assemblez le curé et prestres disent le *Veni creator*, et cela fini le curé ou chappelain se met à l'autel et quelqu'un avec luy ayant du papier, et adonc chacun va dire l'un après l'autre : Je donne ma voix à un tel, et le merque à mesure celuy qui a le papier. Et ce fait, on regarde lequel a le plus de voix et celuy qui en a le plus est esleu pour l'an advenir.

Item, aux premiers vespres, à la messe et derniers vespres du jour du Sacrement, pareillement le jour de la Nativité Nostre-Dame, le clercq avec son souplis, tunicque et clochettes et son chapperon, les frères servants avec leurs chapperons, les aultres frères qui ne sont servants sans chapperons, les prestres qui sont frères servants avec leurs chapperons, avec les aultres vont quérir le prévost en son logis pour le mener à l'église, aiant un souplis vestu et son chapperon portant la croix, au costé de luy deux antiens prévosts et les aultres frères chacun leur ordre et tout semblablement la messe et vespres estant dictes est tel ordre tenu à le ramener en sa maison.

Item, s'ils advenoit aulcune feste aux jours que se disent

les messes d'icelle Charité, en sera ordonné par le curé ou chappelain, pour en faire pour le mieux à raison du service de la feste.

Item, à chacune desdict deux festes à sçavoir le jour du Saint-Sacrement et Nativité Notre-Dame lesdicts prévost, eschevin et frères servants recepvront tous ensemble le corps de Notre Seigneur Jésus-Christ par charité et après vont reconvoier le prévost en ordre comme dessus est dict.

Item, le jour du Saint-Sacrement l'année du prévost accomplie, en chantant les derniers vespres et chantant le cantique de *Magnificat*, on répète le verset *Deposuit* trois fois, tandis que le prévost va reposer la croix sur le grand autel, laquelle on présente au nouveau prévost avec le souplis, et s'en va asseoir en la place du prévost, et ledit prévost déposé s'assiet auprès de lui. Vespres dictes on rameinne le nouveau prévost en son logis.

Item, quand on dict la messe et qu'on dict l'évangile on présente la croix au prévost et aux anciens frères, torches ou cierges, et durant l'Evangile ils sont auprès de celui qui la chante, et icelle dicte chacun s'en va en sa place.

Item, quand il y a quelqu'un de la Charité deceddé, le clercq le va annoncer par les carfours de la ville, le lieu et l'heure qu'on l'inhumera, comme il est porté par la bulle ; et si c'est de peste que le frère ou sœur soit décédé, le prévost, eschevin et frères servants estants assemblés en l'église au son de la cloche, se metront tous à deux genoux devant le grand autel et diront leur *Confiteor*, et l'aiant dict, le curé ou chappelain de la confrérie leur donnera l'absolution et bénédiction. Adonc partiront pour aller au lieu où est le corps, et la estants devant l'huis, le chappelain dit le *De profundis*, et estant dit, le prévost dit aux frères en général : Entrez, mes frères, et levez le corps de par Dieu. Adonc entrent lesdicts frères et lèvent le dict corps et le portent au lieu là où la fosse est faicte et le mettent en ladicte fosse et le couvrent, puis on dit le service comme la bulle le porte.

Item, tous les ans le jour du Saint-Sacrement se faict un souper en la maison du prévost, où sont les gens d'église, le prévost, eschevin et frères servants, sans femmes.

Item, toutes les sepmaines se disent trois messes hautes avec diacre et soub-diacre et deux coristes, l'une au mardi de St-Sébastien, St-Anthoine, St-Rocq et St-Adrian, l'autre au jeudi du Sacrement, et la tierce au samedi de Notre-Dame.

Item, touts les premiers jours du mois se dit une messe solennelle de la Trinité à diacres et soubdiacres comme dessus, avec procession.

Item, toutes les cincq festes Notre Dame se dit une messe solennelle comme dessus.

Item, les jours des festes St-Anthoinne, St-Sébastien se disent premières et secondes vespres, avec une messe solennelle comme dessus, le tout aux despens de la charité.

Depuis que la bulle est approuvée à Amiens touts les troisiesme dimenches de chacun mois se dict une messe comme dessus, avec procession à l'entour de l'église et sonne le carillon là où chacun porte cierges, torches, chandelles allumées, pareillement à l'élévation du corps Notre-Seigneur.

Item, le lendemain du Saint-Sacrement se dict un service solennelle, avec vigilles à neuf leçons, pour touts les frères et sœurs tant vivants que trespassés ayants estés d'icelle charité.

Item et tout de nouveau a esté concédé par notre Saint-Père le Pape Paul V°, à présent régnant, au chappelain prévost, et eschevin et frères servants d'ensépulturer toutes personnes s'estants faicts durant leur vie recepvoir en ladicte confrérie, de quelque maladie qu'ils soient décedés et les mettre en terre sainte, en tel lieu qu'iceux deffuncts auront ordonné par leur testaments ou qu'il plaira à leurs amis, soit peste ou aultre maladie contagieuse.

Item, et pour autant que plusieurs curés et recteurs des églises paroissiales spéciallement durant les maladies contagieuses de la peste, ne se voulant exposer au danger de leur vie pour visiter leurs paroissiens travaillés et attaincts de ceste maladie, affin de pourvoir à la nécessité d'iceux malades et pour ne les laisser mourir sans estre munis des saincts sacrements nécessaires au salut, a notre dict saint père donné, soubs la miséricorde de Dieu, pouvoir au chapelain et aultres prestres servants à icelle Charité puissance et auctorité d'administrer les SS. Sacrements de confession, de la sainte Eucharistie et Extrême-Unction, estant adsisté pour le moins de deux frères servants portans chacun une torche ou chandelle allumée en sa main et leur chapperon de livrée.

Item, et si lesdicts malades désirent et requièrent disposer de leur testament, iceux prestres et chapelains les pourront recepvoir, et prendra pour tesmoings lesd. frères servants, et exécuteurs tels que voudront nommer lesdicts testateurs.

Finis.

Nostre saint père le Pape, après que quelques uns des habitants du bourcq de Gamaches du diocèse d'Amiens, meuz et poulsez de piété ont désirez d'ériger et establir canoniquement une pieuse et dévote confrérie de fidels de l'un et l'autre sexe, soubs l'invocation ou dénomination du St-Sacrement, en l'église paroissiale de Saint-Pierre du même bourcq, à l'honneur de Dieu, salut des âmes et secours du prochain, non seulement pour personnes d'un art particulier et spécial, les dévots confrères d'icelle confrérie ainssy érigée ayant commencé à faire plusieurs oraisons et exercer beaucoup d'œuvres de charité, piété et miséricorde et ès jours des festes de la Sainte-Trinité, Saint-Sacrement, de la Nativité de la bienheureuse vierge Marie et de St-Pierre du mois de juing fréquenter la mesme église, d'un grand zèle de piété et dévotion, si assembler et moiennant l'aide et secours de la grâce divine, avec grand fruict et consolation spirituelle, persévérer en ce propos, plusieurs aultres fidelles chrestiens de mesme sexe dudit bourcq incitez et meuz par leur piété et ardeur de leurs œuvres méritoires, ont esté désireux de se faire mettre au nombre des confrères de ladite confrérie, de sorte que ladite confrérie érigée soubs la dénomination du Saint-Sacrement est maintenant augmentée d'une grande multitude de confrères de mesme sexe.

En après lesdicts confrères considérants et recognoissants par expérience familière que toutes les confréries érigées et establies par piété et dévotion doivent estre instituées, régies et gouvernées par statuts et ordonnances et par ainsy avoir coustume de faire un heureux progrès, estant tous assemblés comme la coustume porte, ils ont decretez et délibérez de faire et establir quelques statuts et ordonnances pour un bon et heureux régime, gouvernement et discipline spirituelle des confrères de la dicte confrérie, avec la permission, faculté et licence de vostre saincteté et du saint siége apostolique.

Supplient donc très-humblement vostre saincteté les confrères, que favorisant à leurs sts désirs et soigneux comme un bon père de leur salut, qu'il leur soit permis de faire ériger, composer et establir tous les statuts, ordonnances, chapitres et décrets concernants leur régime, gouvernement et administration, leur réception, approbation, qualité, institution, direction et discipline, utiles et nécessaires, licites et honnestes et nullement contraire aux sacrés canons, constitutions apostoliques et décrets du Concile de Trente, en expédier toutes et quantes fois que le temps et la chose le requeront, et prémétant néantmoins tousjours l'examen et aprobation de l'ordinaire, mesme de les corriger, altérer, modérer, réformer et composer tout de nouveau, en sorte que les confrères soient obligez de les observer en tant qu'il leur sera possible.

Semblablement qu'il soit permis ausdicts confrères d'ensevelir et inhumer les personnes qui seront mortes de peste, qu'il leur soit aussi licite et permis d'autant que telles personnes ont de coustume d'estre délaissez et destituez des sacrements de confession, communion et extrême-onction, à cause que les curés ne se veulent exposer à un tel péril de leur vie, de faire porter lesdicts sacrements de confession, communion et extrême-onction ausdicts malades par leurs chappelains et recepvoir leurs testamens, du consentement toutesfois de l'ordinaire et sans préjudice aux droicts curiaulx.

Nonobstant toutes aultres constitutions apostolicques quelconques avec les clauses oportunes et nécessaires.

Soit fait comme il est requis. C.

Et avec absolution des censures à cest effect et par licence et faculté à toutes aultres choses permises comme dessus à tousjours et à jamais largement estendre, et affin que plus grande asseurance et certification de toutes les choses permises et aultres nécessaires puissent estre faictes.

Donné à Rome à S' Marc le iiij° des ides de juin l'an cinquiesme (1).

Enregistré au livre troisiesme, fœuillet neufviesme, nomede 1625. Botherelus.

Indulgence pour la confrérie.

Notre S' Père le Pape, comme ainssy soit qu'en l'église paroissiale du bourcq de Gamache, du diocèse d'Amiens, y ait une pieuse et dévote confrérie de fidels chrestiens canoniquement érigés et institués soubs l'invocation ou dénomination du S'-Sacrement à l'honneur de Dieu tout puissant, salut des âmes et soulagement du prochain, non seulement pour personnes d'un art particulier et spécial, les confrères de laquelle ont de coustume d'exercer plusieurs œuvres de piété et miséricorde ; or, affin que les confrères du temps présent et ceux qui seront cy après de lad. confrérie soient fomentez, nourris et entretenuz en l'exercice de telle œuvre, et d'autant plus invitez et esmeuz à les exercer et que les aultres fidels chrestiens soient davantage poussez à entrer en lad. confrérie;

Supplient très-humblement vostre saincteté lesdicts confrères concéder à tous les fidels chrestiens qui doresnavant entreront en ladicte confrérie vraiment pénitens et confez au premier jour de leur entrée s'ils reçoivent le S' Sacrement de l'autel, et non seulement les confrères qui y sont à présent, mais encore ceux qui seront par cy-après de lad., vraiment pénitens confez et repeuz de la sacrée communion ou à tout le moins contritz, invocquant le nom de Jésus de bouche ou de cœur en l'article de la mort, reçoivent indulgence plénière et rémission de tous leurs péchez.

---

(1) C'est-à-dire, en 1534, cinquième année du pontificat de Paul III.

Davantage de relascher miséricordieusement ausdicts confrères soixante jours de pénitence à eux enjoinctes ou en quelque autre façon deubve, toute et quant fois qu'ils auront adsistez aux divins offices qui se célèbrent en la mesme église ou oratoire à la façon et coustume des confrères, ou auront esté présent aux congrégations publiques ou secrettes pour quelque œuvre pieuse, ou auront accompagnez le S⁺ Sacrement de l'autel, lorsqu'on le porte à quelque malade ou de ce faire divertis ou empêchez, ayant ouy le son de la cloche auront récitez l'oraison dominicalle et salutation angélicque pour le mesme malade, ou adsistez aux processions tant ordinaires que extraordinaires tant de lad. confrérie que aultres quelconques, approuvées toutes fois de l'évecque ou à l'ensevelissement des morts, ou auront consolez les affligez et oppressez de tribulations, ou auront logez les pèlerins, ou s'auront raliez avec leurs ennemis, ou dict cincq fois *Pater* et cinq fois l'*Ave Maria*, pour les âmes des confrères de lad. confrérie décédez en charité, ou auront ramenez quelques desvoiez au chemin de salut, ou auront enseignez aux ignorans les commandements de Dieu et ce qui est nécessaire à salut, toutes et quant fois qu'ils feront quelqu'une des susd. œuvres pieuses, autant de fois leur seront relachés miséricordieusement en Dieu soixante jours de pénitence à eux enjoincte ou aultrement deubve.

Finalement concéder et eslargir à perpétuité indulgence plénière et absolution de tous leurs péchés ausd. confrères vraiment pénitents, confez et repeuz de la sacrée communion, qui visiteront dévotement l'église ou oratoire prédictes à la première feste de la confrérie qui sera exprimée et mentionnée ès lettres depuis les premières vespres jusque au soleil couchant du jour de lad. feste et là auront prié pour l'exaltation de notre mère S'° Eglise, l'extirpation des hérésies, salut du pontif romain et conservation de la paix, et union entre les princes Chrestiens.

De relacher aussi miséricordieusement en Dieu à perpétuité ausd. confrères semblement vrays pénitens, repeuz du S' Sacrement de l'autel, qui visiteront dévotement l'église ou oratoire prédicte depuis les premières Vespres jusqu'au Soleil couchant des festes la sainte Trinité, S' Sacrement et de la Nativité de la bienheureuse Vierge Marie, et de s' Pierre du mois de juin, et auront comme dit est prié Dieu au mesme jour. des festes susdicts qu'ils auront exercez telles œuvres, ils gaigneront sept ans et autant de quarantenues de pénitence à eux enjoinctes, ou en quelque autre façon deubve.

Nonobstant toutes autres constitutions et ordonnances apostoliques et autres contraires avec les clauses opportunes.

Soit concédé comme il est requis.

In presentia D. N. P. P. J. v° Corrinus.

Et avec absolution des censures à cest effet pour plus grand eslargissement de toutes ces indulgences plénière, rémission de tous péchez, concession, relaxation, aultres choses permises, et affin que plus grande asseurance, et certificat puist estre fait ès lettres de toutes les choses prédictes des dénominations, qualités, invocations et autres nécessaires avec décret, que si lad. confrérie est cy-après joincte et unie à quelque autre archiconfrérie, en quelque façon que ce soit pour gaigner ces indulgences ou participer à icelles ou en quelque autre manière érigée et instituée que les précédentes lettres et toutes autres, excepté celles qu'on fera sur les présentes et avec la clause nous voulons aulcun suffrage ains en ce faisant soit de nul effect.

Donné à Rome les ides de juin l'an V°.

Enregistrées au livre premier, feuillet 294. p. Azelmo, lomede (1) 4625. Botherelus.

II. Société des Amis des Pauvres. — A côté de la confrérie qui s'occupait des morts, il existait à Gamaches, nous l'avons dit (2), une autre association religieuse qui prenait soin des vivants besoigneux, la confrérie de la Miséricorde. Elle a cessé de fonctionner en 1815.

Une même pensée charitable a fait revivre, en quelque sorte, cette association, moins sa forme religieuse. A la fin de l'année 1846, quelques habitants de Gamaches, émus de pitié à la vue des souffrances que causaient la cherté du pain et le manque de travail dans ce bourg devenu industriel, s'unirent pour fonder une association permanente, ayant pour but de secourir les pauvres de la localité. Ils firent à tous leurs compatriotes un appel qui fut entendu. Des statuts furent dressés, puis approuvés dans une assemblée générale des associés.

Les secours sont généralement donnés en nature : du pain et de la viande. Ils sont combinés de manière à alterner avec ceux du Bureau de bienfaisance, à ne pas faire un double emploi inutile et à procurer le plus de bien possible. Des prêts de linge de corps et de literie sont aussi faits aux infirmes et aux femmes en couches ; ils sont d'une utilité incontestable et justement appréciée des malheureux.

Un appel de fonds est fait chaque année aux habitants, qui

---

(1) Plus haut, p. 169, il y a *nomède*. Nous avouons ne pas connaître le sens de ces mots, que nous reproduisons tels qu'ils sont au manuscrit, mais dont l'un est nécessairement fautif en la forme.

(2) *Gamaches et ses Seigneurs*, p. 212.

y répondent assez volontiers. Afin d'en mieux assurer le résultat et pour l'activer d'ailleurs, plusieurs membres d'un comité chargé des distributions des secours, se présentent à domicile et recueillent toutes les aumônes, quelque minimes qu'elles soient.

Le fonctionnement de cette société est clairement indiqué dans ses statuts, dont voici le texte :

Statuts de la Société des Amis des Pauvres.

Art. 1er. — Il est formé entre les personnes charitables une association dont le but est de secourir en commun les malheureux de tout genre et spécialement les pauvres invalides et orphelins du bourg de Gamaches, où la société a son siége.

Art. 2. — Cette association privée est indépendante du Bureau de Bienfaisance établi administrativement. Toutefois, elle se mettra en relation avec celui-ci, afin de pouvoir combiner leurs secours respectifs de manière à les rendre plus efficaces.

Art. 3. — Le titre de sociétaire ou d'*Ami des Pauvres* sera acquis pour l'année par toute personne des deux sexes qui aura versé à la caisse une aumône proportionnée à sa charité. — Il se perdra par défaut d'aumône pendant le cours de l'année sociale, qui commencera le premier novembre.

Art. 4. — Les aumônes versées par les sociétaires seront employées au fur et à mesure des besoins, en secours qui seront fournis en nature ou en argent, mais principalement en nature.

Art. 5. — Des distributions de secours seront faites, autant que possible, chaque semaine, dans les proportions et limites déterminées par les délibérations.

En dehors de ces distributions périodiques, le trésorier délivrera les secours spécifiés en des mandats signés de trois au moins des membres du comité.

Celui-ci pourra subordonner les secours à un travail qu'il imposerait aux pauvres valides, pour le profit soit de la caisse des pauvres, soit du bourg de Gamaches.

Art. 6. — Une liste des pauvres auxquels devront profiter les secours périodiques sera dressée par le comité, qui la modifiera par des additions ou retranchements, toutes les fois qu'il le jugera convenable.

Art. 7. — L'administration de la société est spécialement confiée à un comité qui vote et apprécie toutes les distributions de secours. Il vote également toutes dépenses reconnues nécessaires.

Art. 8. — Le comité se compose de huit membres éligibles, dont quatre dames. Et de plus, en font nécessairement partie comme membres-nés : M. le curé-doyen du canton et M. le maire du bourg de Gamaches.

Le comité choisira dans son sein un président, un trésorier et un secrétaire. Ces deux dernières fonctions ne pourront être cumulées avec celle de président.

Les dames auront seulement voix consultative dans le comité et pour mission particulière la recherche des souffrances cachées, ainsi que la distribution des secours qu'elles nécessiteront.

Art. 9. — Les membres électifs du comité sont nommés par l'assemblée générale, à la majorité absolue des votants. — La durée de leurs fonctions est fixée à deux ans. Ils sont renouvelés par moitié chaque année. Ils peuvent être réélus.

Le premier renouvellement sera fait en 1847. Il atteindra les quatre plus jeunes des membres électifs, dont deux dames.

Art. 10. — Toutes fonctions sont essentiellement gratuites.

Art. 11. — Le comité se réunira tous les deux mois dans la saison d'été, et tous les mois dans celle d'hiver où les besoins sont plus nombreux et plus urgents. — Ses séances se trouvent ainsi fixées au premier samedi de chacun des mois de janvier, février, mars, mai, juillet, septembre, novembre et décembre.

Art. 12. — L'assemblée générale aura lieu tous les ans le deux novembre.

Art. 13. — Les délibérations de cette assemblée et celles du comité seront transcrites sur un registre spécial.

Art. 14. — Le trésorier rendra chaque année son compte, dans la réunion du comité qui précédera l'assemblée générale, et le compte sera ensuite communiqué à celle-ci.

Art. 15. — Comme la publicité importe au bien de l'association, la liste de tous les amis des pauvres sera chaque année affichée, le jour de la Toussaint et jusqu'au Dimanche suivant, à la porte principale de l'église paroissiale du bourg de Gamaches, avec le montant des aumônes de chacun, et si le comité le juge à propos, avec l'état de situation de la caisse.

Art. 16 et dernier. — Les présents statuts seront soumis à l'approbation de la première assemblée générale. Aucune modification n'y sera ensuite introduite que par délibération prise aussi en assemblée générale.

Fait à Gamaches, le 1er octobre 1846.

Depuis 1846 cette association n'a pas cessé de fonctionner, et elle rend les plus grands services dans une localité où les établissements industriels ont attiré beaucoup d'ouvriers. Il serait bien désirable que de semblables institutions s'établissent dans un grand nombre de communes et fussent encouragées.

III. Maladrerie ou Léproserie. — Parmi les biens qu'a possédés la maladrerie de Gamaches, certains provenaient d'une donation que lui fit Ade, sœur de Godefroy (saint Geoffroy), évêque d'Amiens, et à raison desquels il était dû annuellement au curé de Limeu quatre sols parisis, suivant une reconnaissance donnée devant l'official d'Amiens par Raoul (*Radulphus*), l'un des frères de la léproserie, au nom du maître et des autres frères, qui lui avaient remis des lettres de procuration devant le doyen de Gamaches. Cette reconnaissance est datée du mois d'octobre 1245, le jour après Saint-Luc, c'est-à-dire le 19. Elle se lit au *Cartulaire* de l'abbaye de Saint-Acheul (1).

Cette maladrerie payait annuellement une rente quérable, de sept livres tournois, à l'hôpital de Blangy-sur-Bresle. On en trouve une reconnaissance faite pardevant l'échevinage de Gamaches, en ces termes :

« Nous maires et esquevin de Gamaches faisons savoir a
» tous chaus qui ches letres verront ou orront que li maistres
» et les freres de la maladerie de Gamaches ont reconnut par-
» devant nous qu'il sunt tenu a rendre cascun an a le feste
» Saint Remi ansi come il ont fait anchianement au maistre
» et as freres de l'ospital de Blangi VII˚ tournois. En tel
» maniere que il les doivent venir querre cascun an a
» Gamaches. Che fu reconnut par devant nous a Gamaches.
» Et en nom de tesmongnage nous avons ches letres seelees
» de no petit seel. Qui furent faites lan de grace Mil II˚.
» quatre vins et trois le mois de novembre. »

Cette charte est encore scellée en cire verte (2), sur at-

---

(1) Folio 113, carta 140. Arch. du départem. de la Somme.
(2) Voy. Titres de l'Evêché d'Amiens, H, 24˚.

taches en parchemin. Le sceau est en forme d'écu, *échiqueté, au chef hersé*. De l'exergue on ne peut plus lire qu'une partie du nom latin de Gamaches : ...NATHIAR?.

IV. HÔPITAL SAINT-JEAN. — Une chapelle était fondée dans cet hôpital, et l'entretien du chapelain avait été assuré en 1246 par la comtesse de Dreux, qui possédait alors la seigneurie de Gamaches. Le titre s'en trouvait autrefois parmi les papiers de l'Évêché ; mais il a disparu et on n'en retrouve que cette mention, dans l'*Inventaire des titres de l'Évêché* (1) : « Lettre latine en parchemin, de l'an 1246 au mois de novembre, contenant donation faite par Aanor, comtesse de Dreux (2), au profit de l'Hôtel-Dieu de Gamaches, de douze livres parisis de rente, pour l'entretien d'un chapelain d'une chapelle fondée audit Gamaches. — Au bas de laquelle est apposé un petit sceau en cire verte, sur lac de parchemin. — cotée nombre 30e. »

A la fin du XVIIIe siècle, les comptes de l'hôpital, comme ceux de la commune, étaient dans le plus profond désordre ; les recettes, dont le procureur de la commune était chargé, avaient été négligées, par ce qu'il n'était pas rétribué, et il restait dû des sommes considérables. Cet état de choses durait depuis dix ans lorsque, au commencement de l'année 1793, la municipalité en fit l'exposé au Directoire du département et demanda l'autorisation d'allouer une somme annuelle de deux cents livres au receveur : ce qui fut accordé par délibération du 23 février.

---

(1) Folio 113 r°. Arch. départementales.
(2) Le rédacteur ou le copiste a écrit *Drucal*, mais évidemment par erreur et fausse traduction.

V. Église Saint-Pierre. — L'horloge de cette église provient, comme nous l'avons dit ailleurs (1), de l'abbaye du Lieu-Dieu. Nous n'avons pas trouvé dans les comptes de la fabrique l'importance du prix d'achat, mais celle des frais de transport et de placement, en ces termes (2) : « vingt et une livres quatorze sols six deniers payé à Nicolas Dechamp, charpentier en ce bourg, pour avoir fait une bouëte d'orloge, pour y placer celle provenant du Lieu-Dieu... ; item, trois livres, savoir : cinquante sols payé à Nicolas Cailleux, voiturier en ce bourg, pour avoir voituré l'orloge du Lieu-Dieu à Gamaches, et dix sols pour deux pots de cidre quy ont été fourny aux personnes qui ont démonté gratuitement ladite orloge, pour la transférer à Gamaches. »

Cette horloge n'existe plus : elle a été remplacée par une autre en 1857.

Il est regrettable que dans la restauration, si intelligente d'ailleurs qu'il vient de faire du portail de l'église, l'architecte, M. Derbault, ait changé le style des petites fenêtres qui s'ouvrent des deux côtés de la porte. Elles étaient à plein cintre : il les a faites en ogive. Cette modification est de nature à tromper sur l'appréciation de l'âge de cette partie du monument.

Il n'existe plus trace, dans l'église, des verrières historiées qui jadis ont dû orner ses fenêtres lancéolées. Mais, depuis une trentaine d'années, il en a été rétabli quelques-unes, dont le dessin et l'agencement sont plus ou moins irréprochables, mais qui témoignent de la générosité des paroissiens, en même

---

(1) *Gamaches et ses Seigneurs*, page 43.
(2) *Compte de Saint-Remy 1787 à Saint-Remy 1791. Arch. de la Fabrique.*

temps que du zèle de la Fabrique à orner la Maison de Dieu. On doit à la Fabrique la verrière représentant les patrons de l'église saint Pierre et saint Paul, posée en 1842 au fond du sanctuaire, aussi bien que celle placée en 1864 dans la chapelle du Rosaire, et représentant en six médaillons la naissance, la vie et le couronnement de la sainte Vierge. La rosace, placée en même temps dans cette chapelle, est le produit de quêtes spéciales dites de la sainte Vierge. Toutes trois proviennent des ateliers de M. Couvreur, d'Amiens. Dans le transsept à droite, la verrière de saint Irénée et de sainte Adélaïde, aussi des ateliers de M. Couvreur, a été donnée par Mlle Dumont, en 1864. Dans le transsept à gauche, la verrière de saint Camille de Lellis et de sainte Elisabeth a été donnée, en 1867, par Mme veuve Darsy. Elle vient des ateliers de M. Bazin, du Mesnil-Saint-Firmin. Enfin, la commune a fait don récemment des grisailles du bas-côté à gauche.

Dans le mur de la nef latérale à droite de la même église Saint-Pierre, il existe douze petites arcades anciennes, dans trois desquelles est un banc de pierre faisant corps avec la maçonnerie. C'est un de ces sièges *(sedilia)* qui se retrouvent dans quelques vieilles églises. Nous pensons que ces sièges rappellent la cérémonie de la Cène et du lavement des pieds aux pauvres, dans l'ancienne liturgie. Et nous ferons remarquer que cet usage s'était maintenu à Gamaches jusqu'à la fin du siècle dernier. La preuve s'en trouve dans la mention suivante, que nous tirons d'une délibération de l'assemblée des marguilliers de ladite église, du 30 avril 1786 : « ... depuis
» deux ans le prieur de Gamaches ou ses représentants ont
» discontinué de faire la senne (cène) et d'annoncer aux
» pauvres les choses ordinaires, suivant que ledit prieur en
» est tenu... »

Dans le mur latéral à gauche, il n'existait ni arcades, ni bancs ; mais il en fut fait lors de sa restauration, il y a cinq à six ans.

VI. CHATEAU. — En décrivant ce château (1), bâti au XIe siècle, nous avons dit que des fouilles exécutées dans son enceinte avaient fait reconnaître que, sur le même emplacement, il avait existé de plus anciennes et importantes constructions. En effet, nous avions vu des restes de murailles souterraines, mais rien ne montrait leur destination : forteresse ou *villa ?* Elevé au milieu de ces ruines, certains détails nous échappaient par l'habitude de voir la masse ; c'est ainsi que nous n'avions pas d'abord fait cette remarque importante : La tour au sud-est en partie ruinée, dont l'aspect est si pittoresque, est fendue perpendiculairement jusque dans le sol actuel du fossé d'enceinte. Cela étonne, parceque les murailles portent bien trois à quatre mètres d'épaisseur. Mais, il y a quelques jours, en examinant de près les matériaux de cette tour, nous avons vu qu'ils n'étaient pas homogènes dans les deux parties divisées par la fente. Il est évident que dans la construction de cette tour on a utilisé des pans de murs anciens, avec lesquels la liaison ne s'est pas faite. Les murs primitifs étaient construits en silex, liés par un ciment rougeâtre, très-solide et très-dur encore aujourd'hui. Quant à la construction plus récente, elle a été faite de moellons, liés par un ciment solide aussi, mais blanchâtre. On sait comment se bâtissaient les épaisses murailles de ces forteresses : entre deux revêtements en pierre de taille on jetait, dans un bain de mortier, les matériaux qui faisaient un corps solide. Or, on

---

(1) *Gamaches et ses Seigneurs*, page 29 et suiv.

comprend que d'importants pans de murs aient pu être enfermés dans ce revêtement, pour abréger la besogne. Mais avec eux la liaison ne dut se faire que très-imparfaitement. Aujourd'hui que les pierres de parement sont enlevées, on distingue fort bien les parties hétérogènes, différentes par les matériaux, par le ciment et surtout par l'âge. Nous croyons, en effet, que les parties de constructions anciennes, utilisées par Bernard de Saint-Valery, étaient gallo-romaines. Peut-être appartenaient-elles à un *oppidum*, qui se reliait à un système de défense de toute la contrée ?

VII. Sceau de la Commune. — Quel était ce sceau ? On a dit (1) que les armes de la commune de Gamaches étaient *d'argent, au chef d'azur, à la bande de gueules sur le tout.* Peut-être sont-ce là les armes de Gamaches en Vexin, car ses seigneurs du nom de Gamaches portaient ces mêmes armes, moins la bande (2). Mais telles n'étaient pas assurément les armes de Gamaches en Vimeu, qui les avait reçues de ses seigneurs de la famille de Dreux, en même temps sans doute que sa charte d'émancipation (3). Quelles étaient ces armes ?

Une constitution de 32 sols de rente, faite au profit de la fabrique, par Pecquet « nouvel bourgeois, » le 25 janvier 1546, pardevant le maycur et les échevins de Gamaches, et assise sur une maison au grand marché, « où souloit pendre l'enseigne Saint-Sébastien, » tenant aux murs de la

---

(1) Louandre, *Histoire d'Abbeville et du Comté de Ponthieu*, I, 88. — M. Prarond, *Histoire de cinq Villes et de trois cents Villages*; troisième partie, tome II, page 254.

(2) *Gamaches et ses Seigneurs*, p. 70 — *Galeries historiques du palais de Versailles*, tome VI, 2ᵉ partie, page 25.

(3) *Gamaches et ses Seigneurs*, page 74.

ville, se termine par ces mots : « En tesmoing de ce, nous avons mis à ces présentes lettres le sceau et contre-sceau de ladite ville (de Gamaches). » Or, ce sceau qui est encore fixé au titre, représente le mayeur à cheval, couvert de la cotte de mailles, le casque en tête, l'épée nue au poing ; au contre sceau est l'échiquier des Dreux (1), de six traits. Les légendes sont à peu près effacées, ou plutôt mal venues.

Le cheval n'est point, sur ce sceau, lancé au galop, comme sur beaucoup d'autres : il marche au pas.

Le même sceau se retrouve sur une autre constitution de rente aussi au profit de la fabrique, par Jehan Cuignel, pardevant les mayeur et échevins, du 19 février 1554.

D'un autre côté, sur une sentence concernant une autre rente et datée du deux décembre 1563, prononcée par le mayeur Nicolas de Marais, est apposé le simple scel, à l'échiquier, aussi de six traits.

Sur la masse du sergent, symbole de l'autorité du mayeur, on a figuré, au-dessous des armes de Rouault (*de sable à deux Léopards d'or*), un écu à l'échiquier. Est-ce seulement en souvenir des anciens possesseurs de la terre, émancipateurs de la commune ; n'est-ce pas plutôt le sceau de celle-ci ? Nous ferons remarquer que l'échiquier n'est plus ici de six traits, mais de neuf.

Si nous remontons maintenant à la fin du XIIIe siècle, à l'époque même où les Dreux possédaient la seigneurie de Gamaches, nous trouvons le petit scel de l'échevinage de Gamaches, à *l'échiquier*, mais de quatre traits, et *au chef chargé d'une herse*. Nous l'avons décrit plus haut, à la suite du

---

(1) Voy. *Histoire et Généalogie des comtes de Dreux*, par A. Duchesne.

texte d'un titre de 1283, auquel il est attaché. On retrouve encore le sceau à *l'échiquier* de quatre traits, pendant à un acte de la même année, cité par de Rousseville, dans ses *Recherches sur la noblesse de Picardie* (1), article Gamaches. Mais ici le chef est *crénelé* : c'est, comme la herse, l'emblème d'une ville fortifiée.

De ce qui précède nous tirons cette conséquence que les véritables armes de Gamaches en Vimeu sont : *l'échiquier*, de quatre traits, *au chef crénelé* ou *hersé*. Rien ne nous a fait connaître jusqu'à présent les couleurs.

VIII. Halles. — Il existe deux halles à Gamaches depuis le XVI° siècle. Elles avaient été construites en bois par le seigneur.

L'une, ayant 52 pieds de longueur sur 20 pieds de largeur, sert aux marchés de la semaine ; l'autre sert aux marchés francs ou mensuels. Celle-ci est d'une grande étendue : elle était réputée la plus belle du royaume (2). Ces deux halles appartenaient au seigneur. En 1792, la municipalité désirant en acquérir la propriété, en offrit un prix de 5,000 livres au comte de Rouault. Mais le marché ne put se consommer. Au mois de mai de l'année suivante, le conseil général de la commune, considérant que le toit de la grande halle se trouvait dans le plus grand délabrement et que sa réparation coûterait environ 5,000 livres, estima qu'il y avait lieu de conserver seulement la petite halle (3) située au centre de la commune, de l'acheter du seigneur moyennant huit à neuf cents livres, de convertir

---

(1) *Almanach du Ponthieu*, 1777.
(2) Manuscrit, tome II, p. 290. Bibl. de M. de C°°°.
(3) Brûlée le 9 mai 1783, elle avait été rétablie.

en halle la nef de l'église voisine, dédiée à Saint-Nicolas, laquelle était supprimée et vendue à démolir. Le chœur serait converti en maison commune, et la tour du clocher serait mise à l'usage de maison d'arrêt.

A cet effet, le Conseil sollicita l'autorisation du directoire du département. Mais celui-ci, avant faire droit, exigea certaines formalités, pendant le cours desquelles de graves événements se passèrent, qui firent que les choses changèrent de face, et ces projets n'eurent pas de suite.

IX. Moulin à papier. — Nous avons cité (1) comme existant en 1766 à Gamaches un moulin à papier.

Voici un document plus précis et antérieur, que nous avons lu aux Archives du département (2) :

« État des moulins à papier dans l'élection d'Amiens, en 1738. — A Gamaches, fabricant : Antoine Roger. Un moulin qui fait aller douze pilons ; une cuve ; papier gris, le plus inférieur, employé et débité à Abbeville, Dieppe, Eu et Gamaches. L'on y emploie tout ce qu'il y a de plus grossier en toile et en tiretaine. L'eau de la rivière est très crue, n'étant pas éloignée de la source. »

On trouve dans la même liasse un réglement du 27 janvier 1739 pour les papiers.

X. Pillage de grains. — La famine qui sévit en France en 1795 (an III de la République), poussait les populations aux dernières extrémités. Il n'y avait plus de sûreté pour les

---

(1) *Gamaches et ses Seigneurs*, p. 227. — *Description du canton de Gamaches*, p. 32.
(2) *Fonds de l'Intendance.*

grains qui circulaient soit pour l'approvisionnement des communes, soit même pour celui de l'armée, et les documents du temps signalent de nombreux pillages sur les routes ou dans la traversée des villages. Voici le récit de celui qui eut lieu à Gamaches au moi de mai.

Deux habitants du village de Grainville, district de Gournay (Seine-Inférieure), avaient acheté pour leur commune tant à Gamaches que dans les environs, onze sacs de blé et de farine pesant environ 2000 livres, pour le prix de 3,600 livres. Le tout était chargé sur un chariot attelé de quatre chevaux, dans la cour de l'auberge de St-Pierre, tenue par le sieur Prévost, et allait partir, lorsque, pendant la nuit du 11 au 12 mai (22 au 23 floréal), un certain nombre d'habitants se porta au-devant et s'y opposa. La municipalité avertie mit ce chargement sous « bonne garde » si on en croit son rapport, et en informa le district d'Abbeville, en le priant d'envoyer une force armée imposante pour en protéger le départ et empêcher le pillage par les habitants « qui manquaient absolument de subsistances. » Le district accéda à cette demande, mais la force armée arriva trop tard (1). Pendant la journée les esprits s'étaient échauffés, et vers les neuf heures du soir une foule considérable se porta au lieu du dépôt, en força la porte, malgré les recommandations du maire, enleva les grains et les transporta dans l'église voisine. La municipalité s'y rendit, la fit évacuer et y plaça un poste de gardes nationaux. Mais bientôt celui-ci fut forcé, les portes de l'église furent brisées et le pillage se fit, au milieu de la nuit, « par une multitude de femmes déguisées de manière à

---

(1) C'est-à-dire, seulement le 24 floréal, à 5 heures du soir.

ne pouvoir être reconnues, » lesquelles même désarmèrent plusieurs gardes nationaux. C'est ce que nous apprend le procès-verbal des faits adressé par la municipalité au district.

Les habitants de Grainville ayant intenté une action en responsabilité contre la commune de Gamaches, en vertu de l'article 6 de la loi du 8 décembre 1792, le district d'Abbeville, dans une délibération du 27 floréal (16 mai), estima « que le pillage pouvait être imputé tant aux officiers municipaux qu'aux chefs de la force armée ; que ceux-ci n'avaient point défendu avec assez de vigueur le dépôt qui leur était confié ; que les autres n'avaient point montré assez de vigilance ni de fermeté soit avant le pillage pour le prévenir, soit depuis pour en découvrir les auteurs et les forcer à la restitution ; » et que par conséquent la commune de Gamaches était responsable envers celle de Grainville. De son côté, l'administration du département autorisa les poursuites, par décision du 2 prairial (21 mai). — Le procès fut jugé en faveur des habitants de Grainville au mois de fructidor an III (1).

XI. Le Marronnier historique. — Les communes rurales n'ont pas, comme les grandes villes, de monuments en marbre ou en pierre savamment sculptés, qui provoquent l'attention des touristes, les recherches des érudits et l'orgueil des habitants. Mais parfois la nature leur a donné des monuments de sa façon, qui n'en sont pas moins remarquables et respectables. Tels sont ces arbres antiques que les historiens ont signalés ; tel est particulièrement le chêne d'Allouville,

---

(1) Registre aux délibérations du département, XI° vol. du 2° bureau. Archives départementales. — Registre aux délibérations du Conseil général de la commune de Gamaches. Il sert actuellement aux délibérations du Bureau de bienfaisance.

canton d'Yvetot, qui passe pour avoir huit ou neuf cents ans d'âge (1) ; tel est l'arbre de Moulières, canton d'Abbeville (2) ; tel est aussi, ou plutôt tel était le maronnier de Gamaches. Planté à la fin du XVI⁰ siècle (3), il avait pris un magnifique développement et il était devenu l'objet du respect de la population, alors qu'on respectait encore les vieillards et qu'on avait conservé le culte du passé. Pendant près de trois siècles, il avait projeté son ombre sur des générations poussant d'autres générations, tour à tour abîmées et oubliées, tandis que lui semblait toujours jeune et vigoureux. Nous avons dit comment la première République faillit lui être fatale et comment il fut sauvé par l'intervention du maire. Mais, en 1870, un autre maire, un maire ignorant ou méprisant la tradition de respect des habitants, décida la mort de ce vieillard. Ce fut, hélas ! sans beaucoup de contradiction, car il reste peu d'habitants de vieille souche, et l'esprit communal, vivace encore en 1792, est maintenant tout-à-fait éteint. Cependant, il s'est trouvé une voix pour protester, sous une forme assez bizarre d'ailleurs (4). Supposant une fée protectrice de l'arbre vénéré, le *manant* indigné la fait apparaître au pied de l'arbre, sous la figure d'une vieille, aux cheveux en désordre, à l'œil en feu, à la bouche écumante, qui jette à la foule cette imprécation étrange : « Malédiction ! vengeance sur tes ennemis, sur quiconque oserait attenter à tes jours, arbre chéri ; malédiction ! que ta sève abondante retombe à flots sur leurs têtes dénudées, qu'elle les *végétalise*, et que,

---

(1) M. Cochet, *les Églises de l'arrondissement d'Yvetot*, II, 386.
(2) M. Praroud, *Histoire de cinq Villes et de trois cents villages ; Abbeville, communes rurales*, p. 57.
(3) *Gamaches et ses Seigneurs*, p. 224.
(4) Voyez le journal *Le Courrier de la Bresle* du 13 mars 1870.

dans sa juste colère, le grand Sylvain, l'illustre Dieu des forêts, change leurs pieds en racines cagneuses, leur bras en branches contournées ; qu'il allonge leurs oreilles en un épais feuillage, et que chaque pustule de leur nez devienne un marron à l'enveloppe épineuse, que les enfants abattront, en automne, de leur gaule impitoyable...!!! »

Cette boutade eut pour effet de suspendre la hâche du bûcheron pendant deux ans. Mais enfin l'arbre fut dépecé sans vergogne et jeté au feu. Il ne sera plus qu'un souvenir.

XII. POPULATION. — Nous allons donner quelques chiffres anciens. Mais on remarquera sans peine, par l'écart même des contemporains, combien peu il faut se fier à ce genre de documents.

En 1469, il y avait à Gamaches, selon M. Prarond (1), 144 feux. Cependant, nous n'en trouvons, en cette même année, que 80 dans la « déclaration des villes et villages de plusieurs doyennés de l'Amiennois, » envoyée à la chambre des comptes à Lille, par Jacques de Frillescamps, receveur du duc de Bourgogne. Ce dernier chiffre serait-il erroné ou ne s'appliquerait-il qu'à une fraction du bourg ?

On comptait en 1689 neuf cents communiants, d'après un Pouillé des paroisses du diocèse (2).

En 1697, mille âmes, d'après le *Mémoire sur la Picardie* déjà rappelé.

Et en 1720, six cents communiants seulement, d'après un autre Pouillé (3).

---

(1) Loc. cit. p. 251.
(2) Bibliothèque communale d'Amiens, n° 514 des manuscrits.
(3) Ce Pouillé est décrit à la page IV du tome I⁰ des *Bénéfices de l'église d'Amiens*.

Il y avait en 1763, selon Expilly (1), deux cent un feux.

En 1791, deux cent quarante-quatre maisons, suivant l'état des biens qui a servi de base à la répartition de la contribution foncière pour ladite année (2).

En 1792 on comptait 982 habitants, d'après un état de population produit au Directoire du département le 27 mars; et deux ans après, 1012 habitants, suivant un autre état adressé au comité de division de la Convention nationale le 8 pluviose an II (27 janvier 1794).

Les états officiels de recensement, dressés en exécution de la loi du 19 juillet 1791, donnent les chiffres suivants de population :

An X (1802)	965 âmes.
An XII (1804)	1100
1806	1085
1820 (3)	1081 âmes et 200 feux.
1826	1163 âmes.
1841	1448 âmes et 382 feux.
1846	1301 âmes et 343 feux.
1851	1450 âmes et 384 feux.
1856	1794 âmes.
1861	1986
1866	2035
1872	1920

On remarquera la progression rapide, à partir de 1820.

---

(1) *Dictionnaire géographique, historique et politique*, p. 157.

(2) Cet état a été publié dans un *Recueil de décrets, etc. de 1791*, par Caron-Berquier, imprimeur du département de la Somme.

(3) Une circulaire ministérielle, du 26 juin de cette année, expliquait que depuis 1806 les tableaux de recensement n'avaient pas été dressés et prescrivait aux municipalités d'y procéder.

Elle tient non pas seulement à des causes générales à cette époque, mais aussi à la naissance de l'industrie dans le bourg de Gamaches, et surtout à l'accroissement considérable qu'y prit la filature entre les années 1838 et 1845. Et le chiffre porté pour l'année 1846 est visiblement faux : la preuve en serait d'ailleurs dans la presque identité des chiffres de la population et des feux dans le recensement qui a précédé (en 1841) et dans celui qui a suivi (en 1851). Elle est surtout dans l'augmentation inexplicable de 344 à la période suivante. A moins d'événements extraordinaires, les changements ne sont pas aussi subits, ils se font et plus lentement et plus naturellement. Nous ajouterons d'ailleurs qu'il est à notre connaissance personnelle qu'en 1846 et en 1856 le recensement s'est fait dans le cabinet du greffier, sans aucun contrôle. Il faudrait donc prendre garde de tirer des conséquences fausses de cette apparente situation.

M. Herbault nous fait l'honneur de nous expliquer que les petites fenêtres de l'église de Gamaches, dont nous avons parlé page 177, n'ont été modifiées que pour rétablir l'harmonie. Toutes les autres fenêtres, même celles des bas-côtés, les plus voisines, étaient ogivales comme le grand portail. Aussi serait-il porté à croire que les deux fenêtres en question auraient été modifiées, lors d'une réparation antérieure.

CRÉCY EN PONTHIEU.

Voyez : 1° *Notice historique sur Crécy*, par M. de Cayrol, dans les Mémoires de la Société d'Émulation d'Abbeville, 1836-1837, p. 165.

2° *Histoire de cinq Villes et de trois cents Villages*, etc., par M. Ernest Prarond ; 4e partie, Saint-Riquier et les cantons voisins, tome II, p. 286 et suiv.

3° *Histoire du comté de Ponthieu, de Montreuil et de la Ville d'Abbeville, sa capitale*, par Devérité ; p. lv, 197 et passim.

4° *Histoire d'Abbeville et du comté de Ponthieu*, par Louandre, tome Ier, p. 22, 85, 181, 227 ; tome II, p. 101, 102 et 320.

5° *Nouvelle description de la France*, par Piganiol de la Force, tome II, p. 385.

6° *Recueil des monuments inédits de l'histoire du Tiers-État*, par M. Amédée Thierry, tome IV, p. 605.

7° *Mémoires sur la bataille de Crécy*, par M. Joachim Ambert.

8° *Bataille de Crécy*, copie d'un Manuscrit, publiée par M. Lion dans le Bulletin de la Société des Antiquaires de Picardie, tome IX, p. 213.

9° *Bataille de Crécy*, par le baron Seymour de Constant.

10° *Bénéfices de l'Eglise d'Amiens*, par F. I. Darsy, tome II, p. 226 et 236.

Voyez aussi les manuscrits indiqués sous les n°° 413, 547 (fief) et 719 (fief) du *Catalogue analytique et raisonné des manuscrits concernant l'histoire de la Picardie*, par M. Cocheris.

Le bourg de Crécy peut, à bon droit, être dit des premiers parmi ceux de l'arrondissement d'Abbeville, tant à cause de son antiquité constatée et des souvenirs qu'il a laissés, qu'à raison de son importance. Il est cité dans les divers monuments de l'histoire de France, qui ont parlé de la bataille de Crécy, de l'invasion Espagnole de 1635, des anciens palais de nos rois et des grandes forêts du royaume (1). Une vue de Crécy se trouve à la Bibliothèque Richelieu, section des manuscrits, sous le titre *Topographie de la Somme*, 1. 2.

Le nom de cette localité serait plus correctement écrit Cressy (2), comme on le trouve dans une grande partie des documents anciens, même ceux officiels du siècle dernier. Afin de faire saisir la vérité de cette rectification, nous donnerons toujours, dans les notes qui vont suivre, la forme orthographique qui se lira dans le titre analysé.

M. Prarond nous a dit la situation de ce bourg, ses monuments et ses souvenirs. Palais ou métairie, rendez-vous de chasse des rois de la première race, champ de bataille où la France écrasée vit commencer pour elle une longue série de désastres : ces souvenirs de l'enfance et des douleurs de la patrie, sont toujours vivants et se transmettent d'âge en âge.

Nous ne referons pas ici l'histoire de Crécy ; aussi bien tel n'est pas l'objet de notre travail, mais nous mentionnerons, en les classant selon l'ordre historique, un certain nombre de documents qui nous paraissent avoir été négligés ou ignorés, faute de recours aux véritables sources : les archives de la commune et celles du département.

I. Charte de commune. — Cette charte donnée en l'année 1194 par Guillaume Talevas, comte de Ponthieu, n'a été

---

(1) Voyez aussi les *Olim*, p. 408.

(2) Voyez les documents cités dans les ouvrages notés plus haut et les titres locaux.

qu'indiquée par le P. Ignace (1), ainsi que l'ont remarqué MM. Ch. Louandre et Ch. Labitte, dans leur *Essai sur le mouvement communal dans le comté de Ponthieu* (2). Mais elle est rapportée textuellement dans le *Recueil des ordonnances des rois de France* (3), avec le vidimus et la confirmation du roi Charles VIII, du mois d'août 1484. Le texte de cette confirmation se trouve dans les archives communales.

Cette Charte commence ainsi : « *Quoniam jam labilis est humana memoria et ea que litteris annotantur cicius ad memoriam revocantur, Ego Willedmus Talevaz, comes Pontivi, tam presentibus quam futuris Notum facio quod, de assensu Guidonis patrui mei et Ingerrani senescalli mei et consilio hominum meorum, concessi hominibus de Cresciaco communiam habendam et tanquam fidelibus meis in perpetuum contra omnes homines tenendam, secundum jura et consuetudines communie Abbatisville, salvo jure sancte ecclesie, et meo, et heredum meorum, et baronum meorum* (4). » Elle finit en ces termes, que nous rapportons surtout à cause des noms des témoins qu'ils font connaître : « *Factum est autem in publica audiencia cleri, baronum et bur-*

---

(1) *Histoire des mayeurs d'Abbeville*, p. 92.
(2) *Mémoires de la Société d'Émulation d'Abbeville*, 1836-1837, p. 101.
(3) Tome XIX, p. 500. Il y est dit que cette pièce est tirée du Trésor des Chartes, registre 211, n° 85.
(4) TRADUCTION : Parce que la mémoire des hommes est fragile et ce qui est écrit est plus facilement rappelé à la mémoire, moi Willaume Talevaz, comte de Ponthieu, à tous présents et à venir, fais savoir que, de l'assentiment de Gui, mon oncle paternel, et d'Ingerran, mon sénéchal, et par le conseil de mes hommes, j'ai concédé à mes hommes de Cressy une commune qui sera maintenue à perpétuité à mes féaux contre tous, conformément aux droits et coutumes de la commune d'Abbeville, sauf le droit de la sainte Église et le mien, celui de mes héritiers et de mes barons.

gencium, et apud Cresciacum confirmatum, quarto nonas junii, anno millesimo centesimo nonagesimo quarto, dominice incarnacionis. Testes sunt Guido patruus meus, Ingerannus senescallus meus, Henricus de Calidomonte, Walterus de Botella, Guido de Confait, Landricus de Noion, Johannes Gallus, Landricus de Monciaus, Silvester capellanus meus, Ernulphus Monaus (1) *tunc temporis Major Cresciaci ; tota etiam Villa de Cresciaco est testis, quia factum est in communi audiencia totius ville. Datum per manum Ingerrani mei notarii* (2). »

Le texte de cette charte est reproduit dans les diverses lettres de confirmation qu'en ont octroyées les rois de France. Elles sont nombreuses d'ailleurs, et voici celles qui se trouvent encore dans les archives de la commune : Par Charles VIII, au mois d'août 1484 ; par le même, le premier février 1487 ; par Louis XII, au mois de juin 1499 ; par François Ier, au mois de mars 1514 ; par Henri II, au mois de février 1547 ; par François II, au mois de décembre 1559 ; par Henri III, au mois de mai 1576 ; par Henri IV, au mois de novembre

---

(1) Nous sommes très-porté à croire qu'il faut admettre ici la variante du texte des Ordonnances : *Monachus.* La famille de Le Moine a laissé un nom glorieux pour Crécy dans le cardinal et son frère l'évêque de Noyon, tandis qu'il n'y a aucune autre trace du nom de Monaus. Ce mot ne semble être que l'abréviation du premier, ou sa forme *monacus*, dont la lettre C aurait été omise par le copiste.

(2) Fait en audience publique du clergé, des barons et des bourgeois, et confirmé à Cressy le quatre des nones de juin l'an 1194, le dimanche de l'incarnation. Témoins : Gui, mon oncle paternel, Ingerran, mon sénéchal, Henri de Caumont, Gautier de Botelle, Gui de Confait, Landry de Noion, Jean Lecoq, Landry de Monciaus, Silvestre mon chapelain, Ernoul Monaus (Le Moine?) en ce moment maieur de Cressy. Toute la ville de Cressy est aussi témoin, car ce fut fait en audience commune de toute la ville. Donné par la main d'Ingerran, mon notaire.

1594; par Louis XIII, au mois de février 1613, et par Louis XIV, au mois de mai 1653 (1). — Une autre confirmation a dû être accordée par Louis XV, car on lit dans le regisire aux délibérations de l'échevinage, sous la date du 10 août 1732, qu'il est nécessaire d'envoyer à Paris tous les anciens titres, à l'effet d'obtenir des lettres de confirmation, et que le mayeur, François Lesueur, est autorisé à faire les avances nécessaires ; et sous la date du 2 juillet 1736, que M. Leblond, curé, est autorisé à suivre ladite confirmation. Il semble que le mayeur François Lesueur avait négligé de payer les droits de confirmation, car il fut poursuivi à cet effet et ses meubles furent saisis le 11 décembre 1737 (?). — M. Prarond cite aussi une confirmation de 1550. La confirmation était obligatoire à chaque nouvel avènement à la couronne, parce que le roi était devenu seigneur du lieu, par la réunion du comté de Ponthieu à la couronne en 1477.

L'acte confirmatif de 1484 est écrit sur un placard en parchemin portant soixante centimètres de hauteur et autant de largeur. Nous y avons puisé le texte qui précède. Y sont jointes des lettres d'entérinement par Jean de Noyelle, écuyer, lieutenant de M. Le Sénéchal, gouverneur de Ponthieu pour le roi, données à Abbeville le vingtième jour de janvier l'an mil quatre cent quatre-vingt-quatre. On se rappellera que l'année commençant alors à Pâques, le mois d'août précédait celui de janvier.

La charte communale de Crécy ne diffère de celle

---

(1) Arch. comm. AA. 1.
(2) Arch. comm. CC. 1.

d'Abbeville (1) que par l'addition des trois articles suivants :
« *Sciendum est etiam quod si aliquis de communia capitalem domum facere voluerit tres quadrigatas virgarum nec amplius habebit, et minus secundum hoc quod quantitas domûs fuerit. Et si ad viam faciendam quando virgas suas adduxerit aliquam arborem scindere oportuerit vel ad quadrigatam virgarum pena ei non imputabitur, ynmo totus liber et quictus pro facto tali dimittetur. Et si in quadrigata virgarum aliqua arbor inventa fuerit pro qua in causam tractus sit, per jusjurandum suum liber et quictus erit. — Item burgenses de Cresciaco pascua ad opus suum ubicumque de jure debent habere, libere et quiete habebunt. — Et sciendum est quod extra communiam pono liberum et quictum Johannem hostiarium, et Petrum falconarium, et Dodelinum cimentarium, et Robertum ballulium (2), et Radulfum hardiellum, et Borguet, et Odam matrem meam (3).* »

---

(1) On lit le texte latin de celle-ci dans les *Mémoires de la Société d'Emulation d'Abbeville*, 1836-1837, p. 83 ; et la traduction française dans l'*Histoire d'Abbeville*, par M. Louandre, tome 1er, p. 173.

(2) Le gardien de la prison ? *Ballium, custodia, carcer, quia locus munitus*, dit Du Cange.

(3) TRADUCTION : Est à savoir que si quelqu'un de la commune veut faire une maison importante, il aura trois charriots de verges et non plus, mais moins selon que l'étendue de la maison le demandera ; Et si, pour faire un chemin afin d'apporter ses verges, il lui fallait abattre quelque arbre, même pour un seul chariot, il ne lui sera point imputé de peine, et il sera renvoyé libre et quitte pour ce fait ; et si dans le chariot de verges on trouvait quelque arbre, pour raison duquel il serait mis en cause, il sera déchargé et acquitté sur son serment. — Item, partout où les bourgeois de Cressy ont le droit d'avoir des troupeaux pour leurs besoins, il les tiendront libres et quittes de tout droit. — Est à savoir encore qu'en dehors de la commune, je place libre et quitte Jean le portier, Pierre le fauconnier, Dodelin le maçon, Robert le geolier, Raoul le bucheron (faiseur de harcelles) et Borguet, ainsi que Ode, ma mère.

Par une clause formelle, il était défendu de recevoir bourgeois de Crécy les habitants de Machi et de Machiel, si ce n'est du consentement du comte de Ponthieu. M. Louandre (1) et M. Prarond (2), ont pensé au contraire qu'ils étaient bourgeois de droit ; c'est une erreur, voici la clause : « *Item homines de Machi et de Machiel idem burgenses de Cresciaco in suam communiam recipere non poterunt, nisi hoc fiat de mea voluntate...* (3). » Les chartes d'Abbeville et de Hiermont (4), portaient la même défense à l'égard des habitants de Port et du Titre.

Enfin, la charte fixe l'étendue de la commune et les limites de la banlieue, en ces termes : « *Concessi etiam eisdem burgensibus banlicam quietam et liberam habendam usque ad arborem de Mara erga Orream Cresciaci (5), usque ad arborem de Dions, usque ad Croliet de Faiel, usque ad domum Thome de Castella, usque ad molendinum medium. Ita quidem quod infra terminos nulla poterit fieri municio* (6). »

---

(1) *Histoire d'Abbeville*, I, 181.

(2) *Histoire de cinq villes*, etc., Saint-Riquier et les cantons voisins, tome II, p. 291.

(3) Item, les bourgeois de Cressy ne pourront recevoir dans leur commune mes hommes de Machi et de Machiel, si ce n'est de mon consentement.

(4) Art. 27 et 28. Voyez P. Ignace, *Histoire des Mayeurs d'Abbeville*, p. 88.

(5) Il s'agit évidemment ici de Crécy-Grange, ferme voisine et au nord de Crécy. L'annotateur de la charte au tome XIX des Ordonnances, en traduisant en note le mot *orream* par grenier, a rendu le sens inintelligible.

(6) J'accorde aussi aux mêmes bourgeois une banlieue quitte et libre, qui s'étendra jusqu'à l'arbre de la mare vers Cressy-Grange, à l'arbre de Dions, au Croliet de Faiel, à la maison de Thomas du Châtel (Château-Thomas, et au moulin du milieu ; de telle sorte toutefois qu'en dedans de ces limites il ne pourra être fait aucune fortification.

Est-il possible aujourd'hui de retrouver les points indiqués comme limites de cette banlieue ? Nous le croyons. Voici les renseignements que nous devons à l'obligeance de M. Sombret, maire actuel de Crécy et enfant du pays. La mare est celle qui existe dans la cour de la ferme de Crécy-Grange. L'arbre de Dion est remplacé par une vieille épine séparant les terroirs de Crécy et d'Estrées, laquelle se trouve sur le talus du chemin de grande communication d'Airaines à Dourier, en descendant de Marcheville à Crécy. Le Croliet du Faiel est le lieu dit aujourd'hui *les fosses pehu*, entre Crécy-Grange et Rossignol. Il reste quelques vestiges du Château-Thomas au sud-ouest de Crécy. Le moulin existe encore : c'est celui à vent situé à l'ouest de Crécy ; il forme, avec le chemin du moulin à l'eau, la délimitation des terroirs de Crécy et de Caumartin. Il est facile de suivre sur la carte de la guerre les indications qui précèdent.

Il est à remarquer que la charte de commune de Crécy n'est, comme la plupart des autres, qu'une approbation d'un état de choses existant. Déjà la commune était érigée, puisque rien de sa constitution n'est stipulé et que même le mayeur alors en exercice, Ernoul (*Ernulfus*) Monaus (Le Moine?), figure au nombre des témoins.

M. de Cayrol s'est trompé en disant (1) que la charte de 1194 imposait aux habitants de Crécy « la charge d'un cens de soixante livres annuellement. » Le texte ne porte rien de pareil, non plus que les États des biens, revenus et charges fournis périodiquement, ou les comptes qui nous sont parvenus et que nous analyserons plus loin.

---

(1) *Notice historique sur Crécy*, loc. cit., p. 168.

II. Echevinage. — Voyons comment était composé l'échevinage.

Un mayeur et quatre échevins étaient choisis par les bourgeois (1). Leurs fonctions étaient annuelles. La nomination du mayeur se faisait le jour de saint Jean-Baptiste (24 juin); celle des échevins la veille. Nous n'avons rien trouvé sur le mode d'élection de ceux ci ; il était procédé à celle du mayeur en assemblée publique, à l'issue des vêpres, pardevant le procureur du roi et le bailli prévôt de Crécy, de la manière suivante. Les échevins dressaient une liste de « quatre personnes de la communauté, » parmi lesquelles le mayeur sortant d'exercice ; ils la communiquaient au procureur du roi, la déposaient sur le bureau, en sa présence et en celle des anciens mayeurs. Après la proclamation de cette liste, les voix se recueillaient immédiatement. L'élection avait lieu à la majorité relative des voix, que l'on nommait *marques*, sans doute parce qu'on se contentait d'apposer sa marque ou sa signature en regard du nom préféré.

Voici du reste l'extrait de l'un des procès-verbaux d'élection qui se lisent au registre aux causes (2). Il montre très-bien ce mécanisme électoral. « Du vendredi 25e juin, jour de saint Jean-Baptiste remis au jour d'hui, à cause de la feste de Dieu 1666, pardevant nous Nicolas Brunel, procureur du roy, bailly prevostal de Cressy (3), a esté proceddé à l'eslection d'un Majeur à l'ordinaire, et mis sur la table Adrien Picart, majeur de l'an passé, Hector Ringot, ancien majeur, Jean Judey, maistre chirurgien et Claude Leblond. Et s'est trouvé

---

(1) Nous verrons qu'en 1765 ce choix fut remis aux six notables élus.
(2) Archives municipales, série BB, liasse 1re, reg. f° 49.
(3) Plus tard les deux fonctions sont séparées et Brunel reste bailli.

le dit Judey avoir 37 marques, le dit Ringot 8, ledit Picart 4, et ledit Leblond une. Et après avoir attendu fort longtemps et ne s'estant présenté personne pour marquer, et ayant ledit Judey excédé en marque, nous ordonnons qu'il demeurera majeur pour la présente année ; lequel sera adjorné pour faire le serment au cas requis et accoustumé, à la requeste du procureur du roy. Ce qu'il a instamment faict. (Signé) Brunel, Dargnies, Judey. »

Ce procès-verbal nous donne 50 votants.

Parfois il survenait des difficultés. C'est à cette circonstance que nous devons la connaissance d'autres détails qui complètent d'une manière fort intéressante ce que nous venons de dire. Citons d'abord une opposition faite pour cause d'indignité. On y verra pourquoi communication de la liste devait être donnée au procureur du Roi. « Du jeudy jour de la Saint Jean-Baptiste, 24e juin 1683. Se sont présentés Charles Vacossain, François de Monstreul le josne, Nicolas Pottier, Jacque Laignel, eschevins nommés le jour d'hier, pour *porter* quatre personnes de la communauté pour estre nommé un majeur aujourd'hui..... Ont faict un *port* de le personne de Me Louis Dargnies, majeur sortant, Me Michel Hourdel, Michel Facques et Adrien Glachant, lequel port ils ont mis sur le bureau en la présence du procureur du Roy et des antiens majeurs, pour sur ledit port estre proceddé à la nomination d'un majeur, publiquement..... Sur quoi ledit Hourdel, procureur desdits antiens majeurs, iceux en personne, a déclaré former opposition audit port, notamment à ce que ledit Glachant ne puisse estre porté, pour estre parent proche de Jean de Monstreul, contre lequel ils sont en procès..... que le port a esté sugéré en absence et sans la participation du procureur du Roy, avecq lequel de tout temps le port a esté faict. Pourquoy et par les autres raisons qu'il réserve, il prétend faire rejeter le dit port et nous requiert au surplus voulloir renvoier les parties à jour certain pardevant M. l'Intendant, pour estre réglé atendu la règle.....

« Et par nous procureur du Roy.... ayant veu un port quy ne nous a esté communiqué ainsy que s'est faict de tout temps, comme nous représentant les intérêts du Roy et du publicq, parceque dans ce lieu cela s'est toujours observé, à cause des grands quy y arrivent journellement, notamment pour exécuter les ordres du Roy ; et pour cest effect il vaque pour chercher avecq eux des personnes capables pour possedder ladicte charge, ce qui n'a pas esté faict par lesdits eschevins, dans lequel port se trouve la personne de Glachant quy est une personne très vile pour possedder une telle charge au nombre de plus de vingt gens d'expérience et de famille. Et ainsy nous concluons que nouveau port doibt estre faict avecq nous. Nous déclarons que nous garderons bien à reprendre ad ce conclusions au moien de la récusation et consentons que la cause soit renvoyée pardevant Mgr l'Intendant ; Et ce pendant, attendu qu'il y va du service du Roy, que le majeur en charge sera tenu faire les fonctions à l'ordinaire. (Signé) Douchie, Hourdel.

« Nous avons des dire et soutenue des parties donné acte, et attendu qu'ils nous donnent causes de récusation et qu'ils empeschent formellement que nous proceddions sur le faict de nostre charge pour le faict qui se présente, nous avons, pour régler les différends et les causes de récusations, renvoyé le tout pardevant M. le Sénéschal de Ponthieu à mercredy prochain ; et ce pendant, ordonnons que Me Louis Dargnies exercera la charge de majeur tant et jusqu'à ce que les parties auront esté réglé. (Signé) Brunel.

« Et le 26e desdits mois et an. Se sont présentés M. Louis

Dargnies et M⁰ Michel Hourdel, procureur des antiens majeurs de ce lieu. Lesquels nous ont déclarez, sçavoir : ledit Dargnies que son année de magistrature estant achevé, il ne prétend pas exercer la charge de majeur suivant nostre ordonnance, et ledit Hourdel audit nom, ne vouloir persister dans la récusation par luy proposé contre nous faicte, ains seullement dans celle proposé contre Adrien Glachant, pourquoi il nous requerroit qu'il fut nommé d'office une autre personne en la place dudit Glachant. Sur quoy faisant droict, et après qu'il nous est aparu que ledit Glachant est parent à Jean de Monstreul, nous avons ordonné que Jean Lesne, maistre chirurgien, demeurant en ce lieu, avecq lesdits Dargnies, Hourdel et Facques seront le port pour estre proceddé demain à la nomination d'un majeur au sortie des vespres, à la manière ordinaire et accoustumé. (Signé) Brunel, Hourdel, Dargnies.

« Et le Dimanche 27ᵉ dudit mois et an. Suivant nostre ordonnance cy dessus, au sortie des vespres, a esté mis sur le bureau Mᵉ Louis Dargnies, Mᵉ Michel Hourdel, Michel Facques et Jean Lesne, chirurgien. Sur lesquels s'est trouvé : audit Dargnies 2 marques, audit Facques une marque, et audit Lesne 22 marques. Et après avoir sommé les habitants de marquer sy bon leur semble, dont ils n'ont marqué et s'estant trouvé ledit Lesne excedder de plus de marques nous avons ordonné, sur les conclusions du procureur du Roy, qu'il demeurera majeur et à ceste fin qu'il sera assigné pour prester le serment. Ce qu'il a instamment faict, au cas requis et accoustumé (1). »

---

(1) Registre cité, fol. 173, 174 et 175.

Nous trouvons ici seulement 25 votants.

A l'assemblée électorale de lundi 24 juin 1686, on refusa de maintenir sur la liste Charles Ringot, par ce qu'il n'avait pas « rendu le compte de feu son père, comme estant héritier et posseddant ses biens, y aiant des intérêts de la communauté qu'aucune personne ne soit admise dans la charge.......... qu'il n'ait rendu et appuré les comptes, affin de faire connoistre à ceste communauté qu'il n'a rien à elle appartenant, attendu que le majeur en charge reçoit durant son année de magistrature le bien d'icelle communauté.... » Il fut remplacé par Claude Leblond, ancien majeur, qui eût 6 marques ; Adrien Hocquet eût une marque, Michel Facques 25 marques, et Jean Petit, majeur en charge 39 marques. En conséquence celui-ci demeura majeur (1).

Le nombre des votants est plus fort cette fois: il s'élève à 71.

En l'année 1690, grand tumulte dans l'assemblée ; l'élection n'aboutit qu'après plusieurs jours. Nous en donnons le curieux procès-verbal :

« Du samedi jour de la saint Jean-Baptiste 24 juin 1690, pardevant nous Nicolas Brunel, bailly prévostal.... s'est présenté le plus antien praticien en ce bailliage, pour le décès du sieur procureur du Roy. Lequel nous a remonstré que d'ordinaire on procedde le jour de la saint Jean de chacune année à la nomination et eslection d'un majeur, pourquoi il nous requerroit vouloir procedder à la dite nomination et que celuy qui sera nommé demeurera durant son année sindicq de la communauté.

« Du lendemain sont comparus François Sueur, Louis

---

(1) Même registre, fol. 191.

Ricquer, Gabriel Petit et Claude Domart, eschevins de ce lieu pour celle présente année. Lesquels nous aians mis un port entre les mains des personnes de M⁶ Michel Hourdel, maieur en charge, François Denquin, Charles Dunet et François Pierrin, et sur le requisitoire dudit plus antien praticien de faire prester le serment auxdits eschevins que le port qu'ils nous avoient mis ès mains estoit celuy qu'ils avoient projetté, qu'ils n'avoient esté suggéré ny suborné de personne, tant par présens que autrement ; et qu'entendant lesdits eschevins, ils nous auroient déclaré qu'ils ne feroient point de serment, faisant faire bruit et tumulte par toute la populace, disant qu'ils vouloient avoir le nommé Lesne, garde de son altesse Mgr d'Elbeuf, quoiqu'on leur ait représenté que ledit Lesne, garde de sadite Altesse ne pouvoit entrer dans les charges publiques ; que d'ailleurs aiant esté desja maieur il avoit le fond et revenu de son année de magistrature dans sa bourse, sans en vouloir rendre compte, s'appuiant sur l'autorité de son Altesse, ne voulant contribuer d'aucune chose des charges de ladite communauté soit à loger les gens de guerre ny autrement, mesme fait mettre des moines prisonniers en vangeance de ce qu'il avoit esté logé ; en après crioient vouloir avoir pour maieur Charles Boucquer, et ensuitte demandoient Nicolas Sabrant, puis après Jean Petit, et au précédent avoient dit publiquement qu'ils avoient porté Michel Leblond et Pierre Vasseur et plusieurs autres chacun ; en sorte qu'il n'y avoit ny fondement ny certitude à tout ce qu'ils demandoient, tous leurs façons d'agir n'estant que pour envenimer la sédition, en sorte que nous aurions esté obligé de leur imposer silence de la part du Roy et de mettre sur le bureau les personnes des dits Hourdel, Denquin, Pierrin et Adrien Hocquet. Lesquels eschevins se sont retiré et n'ont voulu agréer ledit port et s'estant donné seulement quelques marques au nombre de 10 audit Hourdel, 4 audit Denquin, une audit Pierrin et aucune audit Hocquet ; et tous s'estant retiré murmurant et parlant audit Hourdel quy n'a voulu accepter de continuer sa charge de maïeur, ordonnons que lesdits eschevins seront appelé pardevant Mgr l'Intendant pour rendre compte de leur proceddé et de leur manière d'agir et qu'il sera proceddé cejourd'huy deux heures de relevée à nouvelle nomination de maïeur, attendu qu'il y va de l'intérêt du roy et du publicque. (signé) Brunel. »

« Et le Dimanche deuxiesme jour de juillet audit an 1690, pardevant et en présence que dessus.

« Lesdits eschevins se sont approchés de nous, lesquels ont dit avoir conféré ensemble et pour éviter à toutes contestations, ils ont fait un nouveau port des personnes de M⁵ Michel Hourdel, dudit Denquin, dudit Pierrin et de Jean Petit, antien maïeur ; lequel port a esté mis sur le bureau, attendu qu'il y va de l'intérest du roy dans la demande de faire un maïeur et du publicque, le tout sans préjudice des droits de quy il appartiendra. Et s'est trouvé que le dit Petit a eu 19 marques. ledit Denquin 15, ledit Hourdel 8, et ledit Pierrin 2. Par tant ledit Petit s'est trouvé avoir plus de marques que les autres et conséquemment demeurera nommé maïeur, aux charges porté cy-dessus. Et à cet effet sera assigné pour prester le serment de fidélité. » Suivent les signatures (1).

Le nombre des votants est de 45 cette année ; on voit qu'il variait beaucoup d'une année à l'autre.

Le maïeur de Crécy touchait annuellement cent livres de

---

(1) Même registre, fol. 203 et 209.

gages, payables par quartier, c'est-à-dire de trois en trois mois, « dont 50 livres pour voyages et frais de justice, et « 50 livres pour bois, chandelles et autres menues néces- « sités de la chambre, non compris les voyages d'Amiens, « taxés particulièrement. » — Les échevins aussi recevaient des gages, ou chacun six livres (1).

Le jour de son avènement le maïeur recevait, pour reconnaissance, une paire de gants du détenteur d'un pré et d'un jardin donnés à surcens par la ville, et un chapeau « de vermeil bouton » ou de roses rouges, du détenteur d'un ravin entre la maison de ville et celle voisine ; le tout à peine de 75 sols d'amende contre le défaillant. Le détenteur desdits pré et jardin était : en 1594, Jacques de Gouy, écuier, sieur de Château-Thomas ; en 1619, damoiselle Suzanne de Gouy, sa fille ; et en 1748, M. de Bonnainvilliers, seigneur de Crécy, au lieu de M. le comte d'Ailly. — Le détenteur du ravin était en 1594, Jean Greun, et en 1748 le sieur de saint Jullien, notaire, en qualité d'acquéreur de son neveu, héritier de M. Gomel.

Un édit d'août 1692 avait érigé les mairies et autres charges municipales en titre d'office. Pendant tout le cours du siècle suivant, des édits abolirent et rétablirent successivement l'office et l'élection.

Vers 1703 on créa un maire alternatif et mi-triennal, un syndic, etc., le tout en titre d'office. Pierre Quentel fut nommé maire ; puis vinrent les édits d'août 1764 et de mai 1765 qui établirent l'élection. Le 10 mars 1766, en exécution de ces édits, la ville fut distribuée en trois quartiers, dont chacun

---

(1) Archives municipales, CC. 6, 7, 9 et 13.

nomma ses députés. Le premier quartier comprenait la maison du meunier à l'eau jusqu'à la maison de Gabardos, inclusivement ; le second la maison de Pierre Dubois jusqu'à celle appelée le *Montreneau*, où demeurait Pierre Vasseur ; le troisième comprenait le donjon où demeurait Augustin Baillet jusqu'à la maison de Jean Charles Deunet, plus le hameau de Caumartin. Les députés choisirent à l'instant six notables. Le lendemain ceux-ci nommèrent deux échevins, trois conseillers de ville, un syndic-receveur et un secrétaire-greffier ; le tout « en la présence de François Sauvage, maieur en charge, » Pierre Daverton, premier eschevin, et Jean Charles Bou-» cher, second eschevin. »

Enfin la Révolution amena de profonds changements. On procéda aux élections d'après la nouvelle constitution, le 4 janvier 1790, à l'issue de la messe, sous la présidence de M. Sombret, maire en charge. Celui-ci fut élu maire par 98 voix sur 130 votants. On nomma aussi cinq officiers municipaux, un procureur de la commune et douze notables (1).

Voici la liste des mayeurs et des maires dont nous avons pu recueillir les noms disséminés dans les titres :

1194.	MONAUS ou MONACUS (Le Moine ?), Ernoul.
1232.	WICART, Robert (2).
1585-86.	LE CARON, Philippe.
1594-95.	DOBREMER, Antoine.
1598.	WAULTRIQUE, Jean-Baptiste ?
1599.	LALOT ou LALOU ?

---

(1) Voyez Lettres patentes du roi, du 14 décembre 1789.
(2) *Cartulaire de Valloires*, p. 71. Arch. départem.

1601.	WAULTRIQUE, Jean-Baptiste (1)?
1608-09.	BERNARD, Adrien.
1609-10.	DOBREMER, Jean.
1610-11.	DE WAVRANS, Jean, argentier.
1611-12.	LALOU, Guillaume.
1614-15.	DOUCHET, François.
1617.	DUNET, Jean, argentier.
1619-20.	TROSNET, Nicolas.
1622-23.	WAUTRICQUE, Pierre, procureur du roi au bailliage de Cressy.
1624-25.	DARGNIES, Jehan.
1626-27.	DARGNIES, Claude.
1628-29.	SANGNIER, Pierre.
1629-30.	DUNET, Jean.
1630-31.	SANNIER, Pierre. Il semble être le même qu'en 1628-29.
1631-32.	TILLETTE.
1632-33.	COULLON, Gaspard.
1634-35.	LEPRESTRE, Jacques, notaire royal et procureur au bailliage de Cressy.
1635-36.	SANGNIER, Pierre.
1640-41.	TILLETTE, Jean, notaire royal et procureur au bailliage de Cressy.
1643-44.	DELAHAIE, Anthoine.
1644-45.	DOUCHET, Pierre.
1645-46.	TILLETTE, Jean.
1646-47.	Le même.
1647-48.	PETIT, Charles.

---

(1) Ces deux derniers ont signé des baux des biens de l'hôpital, en qualité de mayeurs, croyons-nous. Voyez Archives hospitalières, B. 1.

1649-50. PICARD, Jean.
1652-53. LEBLOND, Michel.
1653-54. RINGOT, Hector.
1654-55. Le même.
1656-57. DARGNIES, François, greffier héréditaire au bailliage de Cressy.
1657-58. DENNEQUIN, Gaspart.
1658-59. DE VERGIES, Noël.
1659-60. PICARD, Adrien, marchand brasseur.
1660-61. PETIT, Toussaint.
1662-63. TILLETTE, Pierre.
1663-64. PETIT, Claude.
1664-65. VASSEUR, Anthoine, marchand brasseur.
1665-66. PICARD, Adrien, huissier royal.
1666-67. JUDCY, Jean, maître chirurgien.
1667-68. LEBLOND, Claude.
1668-69. DARGNIES, François, notaire royal en Ponthieu.
1669-70. PICARD, François.
1670-71. HOCQUET, Adrien.
1671-72. PICARD, Adrien, brasseur.
1672-73. HOURDEL, Michel, procureur et notaire royal.
1673-74. Le même.
1674-75. PETIT, Toussaint.
1675-76. LEGRY, Pierre.
1676-77. LEBLOND, Claude, marchand brasseur.
1677-78. DENQUIN, François.
1678-79. RINGOT, Hector.
1679-80. GENSON, Charles.
1680-81. Le même.
1681-82. HOURDEL, Michel.

1682-83. Dargnies, Louis.
1683-84. Lesne, Jean, maître chirurgien.
1684-85. Petit, Thomas.
1685-86. Petit, Jean.
1686-87. Le même.
1687-88. Ringard, Jean, maître chirurgien.
1688-89. Picard, François.
1689-90. Hourdel, Michel.
1690-91. Petit, Jean.
1691-92. Leblond, Michel.
1692-93. Lesne, Jean.
1694. Vasseur, Pierre.
1696. Le même.
1697-98. Leblond, Michel.
1698. Tillette, Jean.
1699. Boucquer, Jean.
1700. Petit, Charles.
1701. Le même.
1702. Le même.
1708-10. Quentel.
1710. Dargnies.
1712-13. Quentel.
1713-14. Boucquer, Jean, marchand. Il fut nommé le 18 avril 1713.
1714-15. Petit, Charles.
1715-16. Drunet, Pierre.
1716-17. Desanglois.
1717-18. Vasseur, Pierre.
1718-19. Petit, Toussaint.
1719-20. Dargnies.

1721-22. Petit, François, marchand mercier.
1722-23. Le même.
1723-24. Laurent, Thomas.
1724-25. Deunet, Charles-André.
1725-26. Talvat.
1726-27. Levasseur, Pierre.
1728-29. Gomel, André.
1729-30. Le même.
1730-31. Petit, François.
1731-32. Deunet, Charles-Antoine.
1732-36. Lesueur, François.
1738-40. Bouquer, Jean-Baptiste.
1741. Levasseur.
1746-48. Petit.
1748-50. Dargnies.
1750. Carpentier.
1752. Vasseur, Pierre.
1754-57. Garbados, Nicolas-Alexandre.
1757-60. Bouquer, Jean, marchand.
1760-62. Deunet, Charles.
1762-64. Desanglois, Nicolas.
1765-66. Sauvage.
1766-69. Desanglois, Nicolas.
1772. Bouquer, Charles.
1774-80. Carpentier.
1780 (Novembre) à 1781 (5 Janvier). Carpentier le jeune, procureur du Roi, fils du précédent : il fait les fonctions de maire pendant la vacance.
1781 (Mars). Sombret, Pierre, négociant, marchand drapier, fait les fonctions de maire.
1782-89. Le même, nommé maire.

1790-91.   Le même, élu suivant la nouvelle constitution.
1791-95.   Merlen, Philippe.
1795-96.   Garbados, Nicolas, élu le 21 novembre 1795 agent municipal (1).
1796-99.   Picard, Pierre, élu le 30 décembre 1796.
1799-1800. Caron, Louis, élu le 3 juin 1799.
1800-15.   Capet, Pierre, nommé maire le 14 juin 1800 (25 prairial an VIII).
1815-30.   Carpentier, Chrysostôme, nommé le 19 octobre 1815 (2).
1830-37.   Facquer, Thomas-Nicolas-Marie, nommé le 7 septembre 1830.
1837-57.   Capet, Paul-Alexis, nommé le 21 juillet 1837.
1857.   Sombret, Charles, nommé le 24 janvier 1857, encore en exercice.

Les titres nomment parfois d'anciens mayeurs de Crécy qui ne figurent pas dans notre liste, parce qu'il ne nous a pas été possible de fixer la date de leur administration.

Une charte non datée, mais qui paraît être de 1260, donne, avec le nom du bailli de Cresci, Pierre Denbri, ceux des

---

(1) D'après la constitution de l'an III, il n'existait plus de Maires dans les communes rurales, mais des agents qui remplissaient à peu près les mêmes fonctions. Cet état de choses dura jusqu'en 1800. On voit qu'il n'y eut à Crécy que trois de ces Agents, après lesquels recommença la série des Maires.

(2) Pendant les *Cent jours* le choix des Maires avait été attribué aux électeurs, par décret impérial du 30 avril 1815. Au scrutin du 15 mai suivant, M. Bidoux, Pierre-François, receveur de l'enregistrement et des domaines, fut élu Maire par 72 suffrages. Ce fonctionnaire refusa, en invoquant l'incompatibilité des deux fonctions. (Arch. départem., A. 46.)

échevins : Mathieu Candiaus, Mathieu Chaniles, Firmin Tueleu et Willaume de la Warene (1).

III. Biens et revenus de la Ville. — Les revenus annuels n'étaient pas considérables. Ils consistaient principalement en quelques censives sans importance, le produit des amendes de police, les droits de mesurage des grains et le produit des fermes muables, c'est-à-dire des droits d'étalage sur le marché, d'aulnage, tonlieu et autres, dont le détail se trouve dans la pièce que nous allons transcrire.

Si les dépenses ordinaires n'étaient pas importantes, celles occasionnées par les repas du corps de ville et les présents en vin, volaille, gibier, offerts aux grands personnages qui passaient dans la ville ou qui y séjournaient, absorbaient une bonne partie des revenus. La guerre aussi obéra fréquemment le budget communal.

Le mayeur administrait les biens et affaires de la commune et rendait compte des recettes et dépenses à la fin de son exercice. Cela dura jusqu'à ce que, en l'année 1693, on créât un *Syndic* « pour soutenir et subvenir aux affaires de la communauté. » Il était nommé comme le mayeur par élection, sur une liste de quatre candidats. Ses fonctions étaient aussi annuelles, elles expiraient le jour de la Saint-Barthélemy (24 août). Le premier qui fut élu le 15 novembre 1693, se nommait Charles Deunet. Il fut remplacé le 10 octobre 1694 par Louis Hourdel, qui remplit ses fonctions jusqu'au 23 août 1695. Il fut créé en cette même année un receveur des deniers patrimoniaux de l'hôtel commun de Crécy, qui se nommait André-François Septier. C'est lui qui dorénavant

---

(1) *Cartul. de Vallpires*, p. 202, n° 567. Archives départementales.

rendra les comptes. Le mayeur était déchargé de l'administration des deniers depuis l'institution d'un syndic. A celui-ci fut substitué, vers le mois d'avril 1703, un syndic perpétuel : Louis Dargnies (1). Ce dernier, à son tour et bientôt, fut remplacé par un receveur.

En 1756 le receveur touchait, pour ses droits, deux sols pour livre de ses recettes effectives. Cela résulte du compte de l'exercice de 1756-1757.

Nous ne ferons pas le relevé annuel des recettes et dépenses ou mises des comptes ; mais, pour en donner une idée, nous en noterons deux à cinquante années de distance.

1° Le compte rendu par le mayeur Jacques Leprestre, notaire royal et procureur au bailliage de Cressy, pour l'exercice 1634-1635, se balance ainsi :

« Somme totalle de recepte monte à la somme de 688¹ 13ˢ

« Et les mises à 879 14

« Par ainsy est deubt aud. comptable. . 191¹ 1ˢ

Bien d'autres comptes présentent un excédant de dépense.

2° Le compte rendu par le mayeur Thomas Petit, pour l'exercice 1684-1685, se balance ainsi :

« Somme totalle de la recepte 1012¹ 2ˢ 6ᵈ

« Somme totalle des mises et dépenses. . 798   9

« Partant, le comptable redoit 213¹ 13ˢ 6ᵈ

Les comptes restaient parfois longtemps en souffrance. C'est ainsi que celui présenté le 25 juin 1666 pa. Adrien Picard ne fut réglé que le 25 janvier 1679, après son décès.

---

(1) Registre cité, f° 323.

Voici maintenant un état des biens de la commune, fourni au Roi comme seigneur du lieu, le dimanche 21e jour de septembre 1619 :

« Pardevant les notaires royaux héréditaires en Ponthieu... M. Nicolas Trosnel, majeur, Pierre Wautricque, procureur fiscal, et Jean Tillette, greffier.... représentant le corps et communauté..., en suivant les injonctions faites à toutes personnes tenant immeubles du Roy.... Ont déclaré que la dite ville de Cressy... avoue tenir du Roy, à cause de son comté de Ponthieu, chasteau et bailliage de Cressy, les immeubles, censives, cens, rentes, et qu'ils ont plusieurs droicts previléges, franchises, libertés et aultres choses données... par feu Guillaume de Talvas, vivant comte de Ponthieu, par lettres de don et concession... en l'an 1194, confirmées....

Premièrement, appartient aux habitans la Maison, eschevinage et hostel-de-ville qui sert de plaidoirie et duquel lesdits majeur et eschevins baillent et adjugent par chascun an au prouffict de la ville...

Appartient encore à la dite ville plusieurs préries et communes, sçavoir :

Six journeulx qui sont enclavés, tenant des deux bouts aux prez de l'hospital, qui sont en la vallée des Dias, tirant vers Fontaine, et venant vers lesdits prez... jusque au lieu nommé le *Marquises* et à l'abreuvoir aux bestes, lequel abreuvoir et Marquises contenant un journel ou environ appartient aux habitans.

Quelque peu plus bas... allant jusqu'au vivier de la tour de Cressy.,. sont deux préries et places qui peuvent bien contenir sept journeulx ou environ.

Au delà de ladite tour, proche et tenant au jardin d'icelle... est encore une aultre petite place, prérie et commune contenant un journel, où aboute et passe la rue du Viel Moullin, que l'on soulloit cy-devant nommer la rue Estraielle, venant de la rue de la Maladrerye... proche laquelle prérie soulloit cydevant estre batti le viel moullin appartenant à Jacques de Gouy, vivant escuier sieur de Cornehotte, lequel moullin est à présent desmolly.

Depuis l'antien jardin de ladite tour... sont plusieurs portions de prez qui ont esté baillez à cens et rente cy-devant à plusieurs fois par les majeur, eschevins... à feu Jacques de Gouy... moyennant... et une paire de gands à la venue du majeur au jour de la saint Jean-Baptiste, à peine de 60 sols d'amende... attendu que lesdites portions ont esté prises sur les communes... et l'une desquelles estoit antiennement le viel moullin.

Depuis lequel fossé allant jusqu'au moullin à eaue de Cressy, appelé *le moullin Cocquin*, sont le nombre de vingt journeulx de préries communes appartenant aux habitans.

Au bout desquels vingt journeulx, à costé d'iceulx vers le jardin de la maladrerye, est le dit moullin à eaue appartenant à demoiselle Suzanne de Gouy, fille du dit deffunt Jacques de Gouy... quy auroit faict battir ledit moullin, avecq la maison et autres bastiments sur une place que l'on soulloit cydevant nommer le *pré Pinchart*, contenant un journel, que lesdits majeur et eschevins auroient cy-devant baillé à cens audit sieur de Cornehotte...

Depuis lequel moullin... allant au petit Mottoir vers Caumartin, sont dix-sept journeulx de préries et communes appelées *les Turlottes*, appartenant aux habitans, dans lesquels sont enclavés trois journeulx de prez appartenant à MM. Lannel et Manessier, lieutenant et assesseur criminel, demeurant à Abbeville.

Puis suivent six journeulx encore de préries et communes du *petit Mottoir* appartenant aux habitans.

En après suivent encore vingt-deux aultres journeulx de communes du *grand Mottoir*, avec les deffenses contenant trois quartiers en une portion et un quartier d'une aultre fesant le bout, fin et séparation de toutes les préries desdits habitans de Cressy et de celles de Caumartin.

Plus est appartenant à la ville de Cressy six journeulx de bois pour une fois couper, tenant à la forest et au bois de l'hospital.

Les habitants de Cressy ont tous les lundis... francq marché et oultre en tous les premiers lundis de chascun mois une foire franche, encore avec une aultre foire franche par chascun an le jour de Saint-Barthélemy 24° aoust... pour raison desdits, les habitants paient au Roy... 8 livres par an.

Sont en possession les habitans vendant vin *en détail*, pour chascun tonneau ne payer au vicomte que quatre potz de vin; et pour chascun tonneau vendu *en gros* quatre potz pour le vendeur et quatre potz pour l'achetteur.

Plus, les habitans sont exemptz du droict de *réage* deubt au vicomte et peuvent charier et faire charier avec charettes, chariots, bois et aultres choses au travers de la forest, librement, sans aulcune chose paier au vicomte.

Ont concurremment avec le bailly du lieu le droict d'afforer et donnent prix tant au vin, bierre, pain, que aultres vivres.

Sont en possession de jouir et faire le marché aux bestiaux, des places et préries qui sont au-dessoubz et au-dessus de l'ancien chasteau de Cressy.

Item, appartient auxdits le droict de ferme, du mesurage de tous les grains que l'on porte à Cressy et que l'on vend au marché...; en quoi maintenus par sentence contradictoire contre Jacques de la Croix... du xxiiij° mars 1617.

Plus lesdits majeurs et eschevins adjugent au prouffict de la ville, par chacun an, les fermes muables qui ensuivent :

Des poix et ballances ;

De l'esgard des chairs mortes et poissons ;

De l'aulnage ;

Du langaiage et esgard des porcqz qui se vendent tant audit marché, ville, banlieue, paroisse et forest de Cressy ;

Du tonlieu ;

De l'étalage et haionage.

Plus lesdits majeur et eschevins ont droict de justice et police par toute l'étendue de la ville, banlieue et paroisse de Cressy, tout ainsy que les majeur et eschevins de la ville d'Abbeville ont.

Davantaige, les habitants de Cressy et Caumartin, à cause des previlléges donnés en 1194, ont droict et peuvent librement, franchement envoyer leurs bestiaux pasturer en tous les lieux et endroits de la forest de Cressy... sans paier aulcune chose au Roy... sçavoir :

Les chevaux, jumens et poullains, ès bois de l'aage de 2 ans et au-dessus ;

Les bestes à cornes ès bois de quatre ans et au-dessus.

Comme aussy lesdits habitans de Cressy et ceux de la paroisse de Cressy et Caumartin peuvent librement et franchement envoyer pasturer par tous les lieux et endroits de la forest leurs porcqz ès années auxquelles il y aura paisson et glandée, à commencer depuis la N.-D. en septembre jusqu'au premier jour de mars, à la charge de faire remarquer et ensigner lesdits porcqz d'une marque pour les recongnoistre, et oul'"= lesdits majeur et eschevins sont tenus de faire faire registre par leur greffier du nombre et quantité desdits bestiaux, et ce pour en rendre raison et éviter aux abus....

Davantaige est permis auxdits habitans de Cressy et Caumartin et à ceulx de la paroisse d'aller prendre et ramasser à la main, aussy franchement et librement, des glandz, faines et posmes saulvaiges, par tous les lieux... de la forest, et auparavant sont tenus... chascun mesnage d'iceulx prendre bons du greffier quy contiendra au vray le nombre des personnes quy iront faire ledit receoul... Et ne pœuvent lesdits habitans prendre et associer, ne loger en leurs maisons aulcunes personnes pour aller pasturer et jouir des droicts et previlléges susditz. Desquels droicts les habitans de Cressy et ceulx de Caumartin et la paroisse sont en possession de tout temps... sans paier aulcune chose... et y ont été maintenu par sentence de feu M. de Rambures, maître des eaux et forestz de Picardie, comté et sénécaucée de Ponthieu, du deuxiesme jour de septembre 1571, deux aultres.... de la Table de marbre du 13 mars et 4 juin 1613, etc.

Ensuivent les Censives ordinaires deubz à la ville de Cressy par les particuliers et à cause des terres cy-après déclarées, sçavoir : Michel Glachant, pour l'occupation d'un *rumel* portion de terres quy estoit entre sa maison et celle de la ville, doibt au jour de la Saint-Jean *ung chappeau de vermeil boutons*, à la venue du majeur, à peine de 60 solz d'amende.

Censives à cause des murs : Jean d'Obremer, pour l'occupation d'une portion desdits murs... Guillaume de Monstrœul, pour pareille occupation... Jean Venin, pour l'occupation desdits murs estant de l'antienne cavée de la tour, contenant 27 pieds de long...

Est appartenant auxdits habitans et ont toujours jouy des vielles argilles contenant cinq quartiers ou environ, au chemin de Cressy à Wadicourt, proche le moullin à vent, auquel lieu les habitans y vont tirer argilles pour leur battir et comodité.

Item, reçoipvent encore de damoiselle Suzanne de Gouy, fille et héritière dudit feu sieur de Gouy, pour son pré et jardin de son antien moullin à eaue, qu'elle tient de la ville, la somme de 4 livres au jour de saint Remy ; et pour reconnaissance de ce, au jour de saint Jean-Baptiste, *une paire de gands* à la venue du nouveau majeur, à peine de 60 solz d'amende.

Plus pour une portion de pré cy-devant baillée audit feu sieur de Cornehotte, tenant le long de la rivière, depuis les jardins de la tour dudit Cressy jusque au bout de l'antien moullin à eaue, d'un costé au patty de ladite demoiselle et d'un bout au devant des maisons ou soulloit estre ledit moullin. Auquel lieu y doibt avoir une piessente, pour les habitans aller et venir entre lesdits prez et ladite portion de commūnes, reprendre à la rue des maisons quy fut à Gentienne Guilmant, Cæsar Bouninge, de la grande rue de La Houssoie, etc. »

Le 4 janvier 1620 il fut dressé procès-verbal de vérification et contradiction de ce dénombrement par le lieutenant-général et juge présidial au comté de Ponthieu (1).

Par ordonnance du 5 août 1758, Etienne Maynon d'Invau, intendant de Picardie, informé que l'ordonnance de son prédécesseur, M. Chauvelin, du 27 mai 1733, pour le maintien d'une bonne administration des revenus patrimoniaux du bourg de Cressy, n'était pas suivie et que les reliquats des

---

(1) Archives municipales, DD. 1.

comptes restaient longtemps en souffrance au préjudice de la commune, prescrivit aux Maire et échevins : 1° à peine de 500 livres d'amende, de fournir état détaillé des droits dont jouissait la communauté, ensemble des charges, sous deux mois ; 2° de ne choisir pour Receveur des revenus patrimoniaux que de notables habitants solvables ; 3° de remettre au receveur entrant un cœuilleret de tous les droits et revenus à recevoir. Elle enjoignit aussi aux receveurs : 1° de ne payer autres charges que celles portées en l'état en tête de ladite ordonnance de 1733, ou celui qui sera arrêté par l'Intendant, s'il y avait lieu à nouvelle fixation ; 2° de rendre leur compte dans les trois mois de la fin de leur exercice (1).

En l'année 1763 les communes furent mises en demeure par l'intendant de la province, de fournir état de leurs revenus et charges. Celui produit par la ville de Cressy le 28 avril, (2) comprenait en *revenus* : 1° 60 journaux de prés à foin loués 986 livres ; 2° la ferme du mesurage des grains vendus sur le marché du lieu, 679^l 17^s 9^d ; 3° celle de pesage et aulnage, 230^l 8^s 9^d ; 4° celle du langayage des porcs, 62^l 13^s 3^d ; 5° celle du bayonage et étalage, 26^l 14^s ; 6° le loyer de la Maison de Ville, 53^l 12^s ; 7° et quatre mesures de bois auprès de la forêt de Cressy, 10 livres ; au total : 2049 livres 5 sols 9 deniers (1) ; — En *charges* : 1° au vicaire, 175 livres, y compris 25 livres pour tenir lieu de loyer de maison ; 2° à une sœur de la Providence, chargée de l'instruction des filles, 155 livres, y compris 5 livres pour l'entretien de ses meubles ;

---

(1) Archives municipales, CC. 1.
(2) Archives départementales, C. 144.
(1) Nous donnons ces chiffres comme termes de comparaison utile. — On trouvera plus loin le tarif des droits perçus sur le marché en 1790.

3° au sieur de Bonnainvillers, comme engagiste du Roi, 93ˡ 12ˢ, y compris un setier d'avoine ; 4° au mayeur, 50 livres pour voyages et frais de justice ; 5° 50 livres pour bois et chandelles, papier et autres nécessités de la chambre de l'hôtel commun ; 6° aux *deux* échevins chacun 6 livres ; 7° aux sergents de ville, 47 livres ; 8° au *conducteur* de l'horloge, 25 livres ; 9° au prédicateur de l'Avent, 24 livres ; 10° à celui du Carême, 36 livres ; 11° au juge royal, pour l'audition des comptes, 6 livres ; 12° au procureur fiscal 4 livres et au greffier même somme ; 13° façon du compte, contre-compte, papier compris, 6 livres ; « le tout selon l'ordonnance de M. Chauvelin du 15 novembre 1738 ; » 14° droits du bailli et des officiers aux adjudications des revenus, contrôle et droits royaux, 80 livres ; 15° droit de deux sols pour livre attribué au receveur dudit revenu, 200 livres ; 16° entretien des puits et édifices publics, 250 livres ; 17° droits au receveur et gens de main-morte pour les baux, 16 livres ; au total 1233ˡ 12ˢ. — L'excédant en revenus était donc de 815 livres 13 sols 9 deniers. — Une note mise au pied de ce compte fait connaître que les 60 livres portées en compte pour le prédicateur, quoique autorisées par l'intendant, ne se payaient plus, l'usage d'appeler ce prédicateur ayant cessé depuis longtemps.

Les habitants du hameau de Caumartin qui dépendait de la paroisse de Crécy, s'autorisant de ce qu'ils « avoient accoustumé de faire pasturer leurs bestiaux » dans une portion des marais dont il vient d'être parlé, prétendirent que cette portion leur avait été concédée, et par une requête du 9 avril 1758 demandèrent à en être envoyés en possession. Le lendemain le maître des eaux et forêts, sans autrement examiner l'affaire, ordonna l'envoi en possession. Le 8 mai suivant, les habitants de Crécy se pourvurent à la Table de marbre (1) contre ladite ordonnance. Une sentence de cette juridiction remit toutes choses en état. Aucune décision ne paraît être intervenue pour trancher définitivement la question (2).

On trouve dans les archives de la commune de Crécy une série de comptes communaux remontant à l'année 1594, au nombre de quatre-vingt-quatorze seulement, ce qui indique un assez grand nombre de lacunes; mais ils sont pleins d'intérêt (3).

Nous en extrairons plus tard quelques faits locaux, et nous consignerons aussi les circonstances militaires et les faits de guerre qui s'y lisent.

Lors de la reddition des comptes, il se faisait un festin chez l'un des taverniers du lieu. Une délibération du 16 décembre 1708, en allouant 50 livres pour celui de l'année précédente, décida « que cette présente année et les suivantes, tant que la guerre durera, il ne sera fait aucun festin aux despens et des deniers de la communauté, attendu les grandes subsides qu'il convient païer journellement à S. M., sauf néanmoins, après la guerre finie, de pourvoir par la communauté au rétablissement dudit repas (4). »

IV. Construction de l'hôtel de ville. — L'ancien hôtel de l'échevinage était sans doute en ruine lorsque, en 1668, on commença la construction d'une *Maison de Ville*. Il serait

---

(1) C'était la juridiction spéciale des eaux et forêts du Roi.
(2) Archives municipales, DD. 4.
(3) Nous avons remarqué que dans les plus anciens de ces comptes communaux les chiffres sont tous romains, puis ils sont mélangés de romains et d'arabes et enfin à partir de 1694 ils sont tous arabes.
(4) Registre aux causes, f° 378.

assez difficile de trouver quel chiffre elle coûta, parce que les dépenses furent payées au fur et à mesure et sont disséminées dans les comptes tant de ladite année que des années suivantes. — Cette nouvelle maison périt probablement dans l'incendie dont il va être parlé. Quoiqu'il en soit, en 1720, un sieur François Petit la reconstruisit au prix de 1830 livres. Le 4 juin 1744 les échevins décidèrent qu'il serait « fait une
» cloche, pour estre posée à l'hostel de ville commun, ainsi que
» y en avoit une avant l'incendie, pour appeler les habitants
» aux assemblées et autres besoins de la communauté...... »
Une quittance donnée par les fondeurs, « pour la cloche pesant
» 86 livres de bon son, » montre qu'elle coûta 129 livres (1).
Nous n'avons pas trouvé de renseignements sur cet incendie.

V. Police et justice municipale. — Les mesures pour les liquides et pour les grains étaient soumises à une vérification annuelle, que faisaient le jour de la Saint-Barthélemy le majeur et les échevins, chez les taverniers et les cabaretiers. Elles étaient comparées à celles de la ville, pour voir si elles étaient « de gauge. » Au retour de la chevauchée, comme disent les comptes, parce que le majeur était à cheval, on soupait chez un tavernier. La dépense variait de 12 à 17 livres.

On visitait aussi les fours et cheminées.

Le 30 juillet 1782 on dressa un règlement qui ne faisait, au moins en certains points, que renouveler des prescriptions anciennes, comme on le verra. Il défendit : 1° d'écoucher lin et chanvre ailleurs qu'en l'écoucherie publique ; 2° de sortir avec lumière, si elle n'était dans une lanterne ; 3° de laisser

---

(1) Archives municipales CC. 4, 7. — Registre aux délibérations BB. 2.

fumiers ou autres choses dans les rues ; 4° de bâtir sur frocq et flégard (1), sinon de l'autorisation des officiers municipaux ; 5° d'entreprendre sur les rues, enjoignant de se conformer aux anciens règlements qui veulent qu'elles soient conservées dans leur largeur ; 6° aux cabaretiers et aubergistes ou autres, de donner à boire pendant le service divin et passé huit heures du soir, depuis le mois d'octobre jusqu'au mois d'avril, et ensuite passé neuf heures du soir ; 7° de se servir d'armes à feu dans les rues, cours et jardins ; 8° aux jeunes gens de s'attrouper, roder la nuit, crier et tapager, de marauder dans les jardins, etc. Le tout à peine de 75 sols d'amende pour la première fois, et pour la seconde, trois jours de prison, contre chaque contrevenant.

Le 11 août 1732 Nicolas Padin, laboureur, avait été condamné en 75 sols d'amende, pour avoir donné à boire de la bière à quatre particuliers pendant les vêpres paroissiales, au mépris des défenses faites.

La prison fut reconstruite à côté de la maison de ville, et en même temps qu'elle en 1720. Elle coûta 400 livres.

Il y avait à Crécy deux sergents à verge et un crieur-juré.

VI. Marchés. — De temps immémorial un marché était établi à Crécy (2).

---

(1) On nommait *flégards* des places restées incultes pour l'usage public et où se trouvaient ordinairement les mares, nommées *flots* en Picardie. C'est pour cela sans doute que Du Cange a appliqué à tous deux l'expression *fluctus*. Le mot flégard se rencontre fréquemment dans les *Coutumes de Picardie*. Voyez notamment celle d'Amiens, article 181, et celle de Boulenois, article 43.

(2) Sanguier d'Abrancourt, que cite M. Praround, s'est trompé en disant que le marché franc avait été créé par Edouard d'Angleterre et son épouse, par le titre que nous allons transcrire.

En l'année 1279 Edouard, roi d'Angleterre et Aliénor, son épouse, comtesse de Ponthieu, exemptèrent du droit de tonlieu toutes les marchandises exposées en vente sur le marché de Crécy, à la charge d'une redevance annuelle de dix livres tournois. Voici la copie abrégée du titre. Elle est tirée du registre ou cartulaire appelé le *Livre rouge*, concernant le comté de Ponthieu, lequel reposait au bureau des finances de la généralité d'Amiens et elle fut délivrée par le greffier le 10 mars 1778. Malheureusement ce livre rouge n'existe plus (1).

« Edwardus Dei gratia.... sciatis nos ad emendationem ville nostre de Cressy et pro decem libris turonensibus nobis et heredibus nostris annuatim.... reddendis, concessisse et hac carta confirmavisse burgensibus nostris...... quod mercatum suum in eadem villa per diem lune in perpetuum sit liberum de theolonis pro universis et singulis in eodem mercato negociantibus emendo vel vendendo........ Datum est presentibus venerabilibus patribus 22 ballivorum (?), Lwlen episcopo cancellario nostro et Tw. Norvicen⁻ episcopo, Henrico de Lacy comite Lincoln⁻, Othone de Grandisono, Joanne Dereti..... Deripelot, Stephano Penecetre, Hugone filio Othonis, Halfrido Pinchefort et aliis. Datum apud Waerlinum (2) quarto die novembris, anno regni nostri septimo (3). »

---

(1) La copie du titre qui se trouve dans les arch. munic., est cotée HH. 1.

(2) Ce nom paraît être l'abréviation mal reproduite de Westmonasterium.

(3) Traduction. Edouard par la grâce de Dieu.... sachez que Nous, pour l'amélioration de notre ville de Cressy et moyennant dix livres tournois, payables chaque année à nous et à nos héritiers, avons concédé et par cette charte avons confirmé à nos bourgeois..... que leur marché, qui se tient dans ladite ville le lundi, soit à toujours libre du tonlieu pour tous et pour chacun de ceux qui font commerce, soit qu'ils vendent, soit qu'ils achètent..... Donné en présence de..... à Westminster le quatrième jour de novembre, l'an septième de notre règne.

Cette charte est citée trois fois, mais avec des dates différentes (1279, 1282 et 1285) par M. Prarond (1), qui a puisé à diverses sources. C'est bien la date de 1279 qu'il faut retenir, puisqu'elle correspond à la septième année du règne d'Edouard. On voit que M. Prarond a raison de dire ici qu'il est nécessaire de recourir aux sources des grands dépôts publics.

Par lettres du mois de juin 1575 Henry III, roi de France et de Pologne, établit (ou plutôt confirma) à Cressy, le premier lundi de chaque mois, un marché auquel « tous mar-
» chands et aultres puissent aller, séjourner et retourner,
» vendre, troquer, débiter, achepter et eschanger librement
» toutes sortes de denrées, marchandises, chevaux, bestial
» et aultres choses licites et convenables... »

Dix ans après, en 1585, le même roi crut devoir suspendre les marchés qui se tenaient au delà de la rivière de la Somme, pour des causes qui sont suffisamment exprimées dans les lettres suivantes :

« Le Roi voulant pourveoir à ce que son peuple ne tombe en aulcune disette de bled et aultres grains du costé de la Picardye, mais que ce païs en demeure suffisamment pourveu, a faict puis naguaires renouvellé la deffence des traictes hors de son royaulme et mandé qu'elle fut fort estroictement gardée et pour ce que sa Majesté est bien informée que ce quy a jusques icy autant empesché que sa volunté et intention n'ait esté sy exactement exécutée en cest endroict qu'il eust été bien requis, ce sont les marchez quy se tiennent en des villages scitués par delà la rivière de Somme, ausquelz allant les paisans et y portant leurs bledz et grains, il est fort aysé

---

(1) Ouvrage cité, p. 258-259.

de contrevenir ausdites deffences..... pour ceste considération sadite Majesté a voulu et ordonné..... que les susdits marchez quy sont delà ladite rivière de Somme ne se tiennent plus, mais qu'ilz soyent surceiz pour quelque temps..... même celluy de Beauquesne proche de Doullens et ce nonobstant les previlèges et concessions quy leur ont esté cy-devant accordez.

Faict à Paris le quinzième jour décembre mil cinq cens quatre vingtz cincq. Collationné, etc.

De par le Roy et M. le sénéchal de Ponthieu ou son lieutenant.

Suivant les lettres cy-dessus deffences sont faictes de tenir et faire aulcun marché aux bourgs de Cressy, Auxy et Dompmart des bledz et bestiaulx tant que aultrement en sera ordonné. (Signé) J. Le Prévost. »

Le 3 janvier suivant les habitants de Crécy présentèrent requête au sénéchal de Ponthieu, pour être réintégrés dans la tenue de leur marché. Ils l'obtinrent du roi en ces termes :

« Henry... roy de France et de Poloigne.... Les bourgeoys, manans et habitans de la ville de Cressy en Ponthieu nous ont faict remonstrer qu'ilz ont présenté requeste..... Aprez avoir entendu que si la discontinuation ou surcéance dudit marché avoit lieu le pauvre peuple seroit réduit en grande extrémité.... estant éloignez de cinq à six lieues de tous marchez.... Ayant esgard aussy que au marché dudit Cressy il ne se pouvoit commettre aucun abbuz sur le transport desdits grains pour le bon debvoir et règlement que y ont donné nos officiers en icelle ville, ayant estably audit marché un certain personnaige qui faict registre de tous les grains qui se sont levez audit marché et quand quelque personne en a achepté jusques à trois ou quatre petits boisseaulx pour sa nourriture, il en a esté pris brevet, mesme baillé caution de rapporter certifficat comme ledit bled a esté employé pour sa nourriture, et les aultres qui ont levé plus grande quantité par charges de chevaulx pour les mener revendre aux villes de Rue, Monstreul et aultres lieux sur la coste marine, pour la nourriture du peuple.... A ces causes.... avons levé et osté.... les susdites deffences et surcéances pour le regard desdits marchez de Cressy.... et ordonné qu'il y seroit restably... pour estre tenu ainsy que de coustume, et semblablement ung aultre pour le premier lundy de chacun moys de l'an que nous leur avons cy-devant concédé.... A la charge que auxdits deux marchez ils continueront le mesme ordre que dessus et prendront caution de ceulx qui achepteront lesdits grains de les consommer pour leur nourriture. . . . .

Donnés à Paris, le xiiij° jour de janvier mil cinq cent quatre vingt six. »

Ces lettres sont écrites sur un placard en parchemin et scellées.

Il se tenait marché tous les lundis. Mais la Révolution ayant changé les semaines en périodes de dix jours ou *décades*, l'autorité départementale décida le 9 floréal an VI que le marché du lundi se tiendrait le premier jour ou *primidi* de chaque décade. Ce mode nouveau déplut aux marchands et aux acheteurs et il s'en suivit bien des difficultés. Le 7 messidor les agent et adjoint municipaux de Crécy résolurent de tenir la main à l'exécution dudit arrêté. Et le (lundi) 5 thermidor suivant, un certain nombre de cultivateurs qui avaient exposé du blé en vente furent sommés de se retirer, pour revenir le jour de primidi. Ils obéirent, tout en faisant remarquer que le nombre des marchés se trouvait réduit par l'arrêté à six en deux mois, au lieu de neuf. Ils demandèrent donc qu'il en fut créé deux par décade. Un procès-verbal dressé le 12 du même mois constate que « ledit jour (ancien lundi) il ne s'est présenté personne des habitués du marché pour étaler leurs denrées. »

Mais cette soumission apparente ne dura guère. Le 7 fructidor la municipalité voyant les préparatifs qui se faisaient pour la vente des toiles dans les rues et devant les portes des maisons de la place, conformément à l'ancien usage et contrairement aux défenses, gémissait sur « l'opiniâtreté des vendeurs d'étaler et mettre à prix leur toiles et des marchands d'acheter... » Le lendemain (lundi) grand émoi. Sommation fut faite « aux acheteurs et aux vendeurs de se retirer, sinon que la force serait employée... » Tous refusèrent d'obéir, en disant qu'à Abbeville tous les francs-marchés et les marchés ordinaires se faisaient encore comme sous l'ancien régime. Ils demandaient pourquoi on ne faisait pas de même à Crécy, et déclaraient que cette « persistance à vouloir faire suivre le nouveau calendrier.... les feroit cesser de venir, et qu'ils se retireroient à Abbeville, où ils seroient surs des jours de marché.... que les marchés de Cressy tomberoient.... » L'autorité se trouvant sans force, fut obligée de se retirer sans avoir été obéie.

Cependant le 1er brumaire an VII, le franc-marché se tint d'après le nouveau calendrier ; il y eut beaucoup de monde, mais les marchands demandèrent de nouveau que dans chaque décade il y eût deux marchés : le primidi et le quintidi. La municipalité promit d'en référer à l'autorité supérieure.

Le 8 brumaire (lundi de l'ancien style) personne ne se présenta au marché. Et le 11, au contraire, il y vint beaucoup de monde (1).

---

(1) Reg. aux délibér. de la municip. fol. 114 à 122. Arch. municip. BB. 1.

Les choses durèrent probablement ainsi jusqu'au rétablissement de l'ancien calendrier.

Il existait un mesureur des grains. On trouve sous la date du 24 juillet 1631 le procès-verbal de la réception de Jean Glachant, grainetier du grenier à sel de Forestmontier, pourvu par arrêt du Conseil de l'office de mesureur de grains à Cressy, et de la prestation de serment par lui et son commis.

Par délibération du 24 août 1790 la municipalité fixa le tarif des droits divers à percevoir sur les marchandises exposées en vente sur le marché, de la manière suivante :

1° Le droit de mesurage des grains, à deux sols pour chaque setier (1) de toute espèce ; laquelle rétribution serait employée au paiement des frais d'entretien des mesures et d'une somme de 240 livres, importance des gages annuels des quatres mesureurs, à raison de 60 livres chacun.

2° Le droit de pesée des marchandises, à raison de cinq sols par cent, dont le produit serait employé aux frais d'entretien des poids et balances et au paiement des gages du peseur, fixés à 36 livres par an.

3° Celui de l'aulnage des toiles, à raison de cinq sols par cent aulnes, dont le produit serait employé au paiement de l'achat des aulnes et des gages de l'aulneur, fixés à 36 livres.

4° Enfin le droit de languayage des porcs, à un sol, dont le produit serait employé au paiement des salaires de deux experts chargés de faire la visite des porcs après la vente ; lesquels salaires ont été fixés à 32 livres par an pour chacun d'eux.

---

(1) C'était sans doute le setier de Ponthieu, qui se trouve aujourd'hui représenté par 133 litres pour le blé et 159 litres pour les mars. (Voy. Bénéfices de l'église d'Amiens, II, 363.)

Ce tarif fut soumis au directoire du département, qui l'approuva dans sa séance du 31 août 1790 (1), « à la charge que s'il y avait un excédant de recette, la fixation des droits serait réduite en proportion, et sans que les deniers en provenant pussent être employés à aucun autre usage que le paiement desdits salaires et entretien. »

Cette restriction, qui nous paraîtrait aujourd'hui singulière, n'était que juste et des mieux fondées. En effet, la commune qui ouvrait un marché *franc* déclarait, par le fait, exempter tous marchands et toutes marchandises d'un impôt quelconque à son profit.

Par une autre délibération du 7 fructidor an VI (24 août 1798) la municipalité voulant obvier aux abus qui se commettaient souvent dans l'aulnage, nomma quatre aulneurs jurés, à chacun desquels fut remise une aulne, portant 30 pouces 6 lignes, serrée par les bouts et marquée du sceau de la commune. Leur rétribution fut fixée « à huit sols du cent, revenant à un denier de l'aulne. » C'était, on le voit, beaucoup plus qu'il était perçu par la commune d'après le tarif de 1790.

VII. Pâturage et glandée dans la forêt. — Les habitants de Crécy avaient, non pas seulement depuis l'érection de leur commune, mais très probablement dès l'origine même du lieu, le droit de pâturage et glandée dans la forêt. En effet, pour attirer des habitants et les fixer, les possesseurs primitifs de ces bois immenses, durent leur procurer la nourriture des troupeaux qui formaient toute leur richesse. La propriété

---

(1) Premier bureau, 1er vol. p. 118.

des différentes prairies et communes désignées dans l'état des biens copié ci-dessus, remontait aussi haut sans doute. Ces biens et ces droits divers formaient le fonds commun qui, à l'origine, dut être attribué à cette localité, et dont la propriété reposait non pas sur la tête des habitants, mais sur les fonds mêmes des habitations agglomérées. D'où il résultait que l'indivision ne pouvait être rompue et devait se perpétuer, que l'aliénation même était interdite. Nous avons effleuré ailleurs (1) cette question pleine d'intérêt. Ici bornons-nous à renvoyer le lecteur à l'ordonnance de Louis XIV, donnée à Saint-Germain-en-Laye au mois d'avril 1667, laquelle, après avoir rappelé l'origine des biens communaux, leur destination, leur indivision forcée et les envahissements qui avaient eu lieu, annula les aliénations et prescrivit aux détenteurs la restitution.

Par la charte de 1194 (2) le comte de Ponthieu avait reconnu le droit de pâturage et de glandée en ces termes : « *Item, burgenses de Cresciaco pascua ad opus suum ubicumque de jure debent habere, libere et quiete habebunt* (3). » Cependant, mainte fois les habitants eurent à défendre ce privilège ou plutôt cette antique condition de leur existence en communauté, contre les empiétements de l'autorité centrale. Nous avons vu, dans l'état des biens (4) l'énonciation de plusieurs

---

(1) *Picquigny et ses Seigneurs*, p. 131 et 184.
(2) Voyez ci-dessus, p. 192.
(3) Item, les bourgeois de Cressy auront librement et paisiblement le pâturage pour leurs besoins, partout où ils doivent l'avoir de droit. — Ces besoins, un arrêt de 1652 que nous allons citer les exprime par ces mots : « les porcs de leur nourri. »
(4) Page 218 ci-dessus.

décisions qui maintenaient leur droit. En voici d'autres :
1° le 15 mai 1603 une sentence rendue en la maîtrise des eaux et forêts d'Abbeville visant et entérinant les titres et privilèges des habitants de Cressy, les maintint dans leur jouissance, en la forme prescrite par la sentence du deux septembre 1571, et leva en conséquence la défense à eux faite d'envoyer leurs bestiaux pâturer dans la forêt ; 2° le 25 février 1612 une sentence du lieutenant particulier de la maîtrise des eaux et forêts de Picardie, comté et sénéchaussée de Ponthieu, renvoya les habitants et l'adjudicataire de la glandée pardevant les grands maîtres, etc. ; 3° un arrêt de la Table de marbre à Paris du 14 août 1658, suivi d'un arrêt confirmatif du parlement du 13 mai 1662, maintint les habitants en leur droit de mettre les porcs de leur nourri en la forêt (1) ; — M. Prarond (2) a cité d'autres décisions dans le même sens, rendues cent ans après.

VIII. AFFAIRES ET ÉVÉNEMENTS MILITAIRES. — Le commencement du règne de Louis XIII fut troublé par la guerre des mécontents, que suscita la haine des grands contre le maréchal d'Ancre (3) ; par les agitations des calvinistes et par les dissensions de la cour. Il en résulta des mouvements continuels de troupes, dont Crécy eut beaucoup à souffrir. Prenons dans les comptes communaux le récit de quelques circonstances y relatives.

---

(1) Arch. municip. DD. 2.
(2) Loc. cit. p. 318 et 319.
(3) On aurait dû écrire *Encre*, puisque tel était le nom du lieu (maintenant Albert) d'où il avait pris son titre, en achetant le marquisat en 1610 ; mais l'usage contraire a prévalu.

1617-1618, *au folio* 41. « Sur ce que le gouverneur de Rue voulloit faire aller en garde audit Rue les habitans de Cressy, prétendant qu'il étoit de son gouvernement, le majeur alla au Crottoy parler à M. de Vandeul, le priant d'écrire un mot à M. le général de Herte, pour les assister et faire parler à Mgr de Longueville (1).... Il se rendit ensuite à Amiens, auprès du duc de Longueville, avec le sieur de Vandeul et le majeur d'Abbeville, et lui représentèrent ladite entreprise... faite sur le gouverneur d'Abbeville. Le duc écrivit défense au gouverneur de Rue... et ils obtinrent une sauvegarde de mondit sieur, pour des logemens des gens de guerre. »

1619-1620, *au folio* 28. « Sur l'advis et bruict arrivé que Monseigneur et Madame de Longueville estoient venus Abbeville, accompagnés de 300 chevaulx quy logeoient par les villages aux despens du pauvre peuple et pour sçavoir quelz chemins ilz iroient, MM. le bailly, majeur et Tillette, par l'advis des antiens majeurs... se seroient transportés à cheval en la ville d'Abbeville, où estant, par le moien de quelques amis, ilz parlèrent à M. de La Chaussée, lieutenant de mondit seigneur de Longueville ; duquel ilz tirèrent bonne promesse et faveur...... Despensé ...... cinq livres.

« Item, suivant le commandement et parolle donnée par le sieur de La Chaussée, les susnommez... furent contraincz de retourner par Saint-Riquer parler à M. de Gintry, cappitaine d'une des compagnies de chevaulx de mondit seigneur et le supplier de voulloir exempter et ne loger en

---

(1) Henri II d'Orléans, duc de Longueville, était alors gouverneur de la Picardie. En 1619 il eut le gouvernement de la Normandie.

» ceste ville..... et tirèrent comme promesse de luy, où ilz
» firent tirer quelques potz de vin et plats de viandes quy
» furent buz et mangés par aulcuns gendarmes quy estoient
» logés audit Saint-Riquer ; pourquoy ledit majeur a paié
» soixante-huit solz.

« Deulx jours après ledit sieur de Gintry, accompagné de
» dix à douze chevaulx, vint loger en ceste ville.... auquel
» fut porté le vin de la ville, et luy supplié d'avoir pitié des
» habitans d'icelle et surtout les exempter de logement de
» touttes les trouppes quy estoient logées à Genvillers
» et aultres villages circonvoisins..... payé cinq livres
» douze sols.

« Davantaige, quelque peu de jours après, touttes lesdites
» compaignies et trouppes de gens de chevaulx en grand
» nombre vinrent loger aux villages d'Estrées, Ligescourt et
» aultres lieux, et se rassemblèrent tous entre Estrées et ceste
» ville, où ilz firent parade. Et en après furent tous en ceste
» ville recepvoir argent de leur montrée et par le moyen des
» prières quy furent faitz audit sieur Gintry et en luy faisant
» resouvenir de la prière que luy avoit faicte le sieur de
» La Chaussée, ils ne permirent qu'aucuns gendarmes loger
» en ceste ville, où il ne demeura que luy, les lieutenant,
» enseignes et quelques aultres, auxquelz fut encore fait pré-
» sent du vin de la ville et quelques pièces de four;
» pourquoy ledit majeur a paié soixante huit solz. »

1624-1625, au *folio* 37. « A cause du grand nombre de
» gendarmeries quy ont passé et séjourné en ces cartiers et
» villaige circonvoisins pour aller en Hollande avecq le
» comte de Mansferd pour le siége de Breda, M. de Saint-
» Aignan fut supplié par les habitans de ce lieu de quitter sa

» garnison et venir comme il fit avecq M. de Sergny,
» lieutenant audit régiment de M. de Rambures, quy se
» se pourvurent en ce lieu durant six sepmaines à deulx mois
» que dura le passage desdits gendarmies, au-devant
» desquelles trouppes ledit sieur de Saint-Aignan alla jour-
» nellement mesme là vint, tellement que par son bon crédit,
» travail et faveur quy auroit été au bourcq appartenant à
» monseigneur le duc d'Angoulesme, les habitans de ce lieu
» n'ont souffert ny eu aulcun logement et ont esté du tout
» exempt; pendant lesquelz deulx mois employé à l'effect
» cy-dessus, etc. »

Au folio 42. « Item paié à Anthoine Laignel neuf livres
» dix solz pour avoir fait le guet au clocher durant le
» passaige des gens de guerres, sonner la cleche affin d'adver-
» tir les habitans se trouver aux barrières avecq leurs
» armes..... à raison de cinq solz par jour, neuf livres dix
» solz. »

1626-1627. Le compte de cette année constate un certain nombre de dépenses faites pour obtenir faveur des chefs de corps qui passaient et repassaient dans le pays (1); il leur est fait des cadeaux, offert un dîner, etc.

1630-1631, *au f° 4 v° des mises.* « Item, la compaignie de
» chevaulx légers de M. de Guise estant venu en ce lieu pour
» y loger et tenir garnison, affin de les faire sortir et changer
» de garnison, l'on pria M. de Saint-Léger d'aller... assisté
» du sieur procureur du roy de ceste ville, trouver M. le duc

---

(1) En effet les soldats traitaient la Picardie en pays conquis. Plusieurs fois les Intendants de la province durent faire intervenir leur autorité pour arrêter les déprédations et exactions.

» d'Albœuf, et vers luy tant firent qu'il auroit changé
» ladite garnison... »

Au f° 5 r°. « Item, pour avoir faict mesner le bagage et
» armes de ladite compaignie... à Maison-en-Rolland, a esté
» employé six charettes, auxquelles a esté paié neuf livres. »

Le compte de 1634-1635 dit qu'en cette dernière année « la guerre a esté ouverte entre les deux couronnes. » Il s'agit de la guerre avec la maison d'Autriche, qui fut déclarée le 20 mai, enregistrée au parlement de Paris le 18 juin et au bailliage d'Amiens le 5 juillet suivant.

Cette guerre eut les plus funestes conséquences pour le Ponthieu et en particulier pour Crécy, qui fut ruiné à la fin du mois de juillet 1635. Aussi les comptes font-ils défaut pendant les dix années suivantes. Il est nécessaire de consigner ici quelques détails sur ces tristes évènements. Un acte de notoriété dressé pardevant Dacheu et Delahaye, notaires royaux à Abbeville, fournit les renseignements les plus intéressants. Nous ne pouvons mieux faire que d'en donner la copie.

« Se sont présentés M. Jehan Deslavier, prestre, curé du
» bourq de Cressy, Jacques Lefebure, lieutenant de Ligescourt,
» Jacques Loizel de Hestruval et Pierre Hecquet, laboureur,
» demeurant au village de Vuadicourt. Lesquelz ont déclaré
» et certiffié en vérité que la guerre estant ouverte contre
» l'Espagnol les habitans dudit Cressy se sont armés et mis
» en estat de leur deffendre et baricader l'esglise et la tour,
» pour leur refuge contre les incursions et courses journa-
» lières que faisoient les ennemis sur la frontière. Les ayant
» plusieurs fois contenus et repoussez jusque dans leur païs,
» les preuves en sont assez congnue par les effectz ensuivis au
» passage du Boisle et pont de Labroye, où lesdictz habi-

» tans mirent en desroutte la garnison de Hesdin composée
» de quatre cens hommes, ayant de leurs mains retiré le
» seigneur de Monthault et le grand buttin qu'ilz avoient priz
» et enlevez au village d'Estrée et Fontaine, et en faict de-
» meurer la plus grande partie sur la place, avecq quantitez
» quy furent amesnez prisonniers audict Cressy. S'estant
» encore trouvez sur le passage de Dourier lorsque les ennemis
» allèrent pour surprendre la ville de Rue et qu'ilz bruslèrent
» Vironceaux, tellement qu'il ne s'est passé occasion où
» lesdictz habitans ne se fusent librement portez et y exposez
» leur propre vie pour le service du Roy et défence de la
» patrie. Aussy le gouverneur de Hesdin, pour se vanger de
» la desfaicte de sa garnison, auroit faict aller l'armée du
» comte de Frezin à Cressy, où estant arrivé fit sommer
« lesdictz habitans de se rendre à leur discrétion, corps,
» biens, armes et les fortz. Sur laquelle sommation ledict sieur
» curé asisté dudict sieur Pierre Hecquet fut parler aux chefs
» et leur fict prière de donner vingt-quatre heures d'advis, ce
» que n'ayant voulu faire ny accorder, retournèrent dans
» l'esglise et faict entendre le mauvais desin et cruauté que
» l'ennemy avoit volonté de faire et exercer sur eux habitans,
» de les faire tous mourir, piller et brusler le bourcq. A quoy
» lesdictz habitans prirent entre eux résolution de se
» deffendre et battre jusque au dernier homme plustost que
» de se rendre. A l'instant se mirent en estat de combattre
» aux barrières où il y eust huict habitans tuez par la force des
» ennemis estant en grand nombre tant quavaliers que gens
» de piedz, tous armez au cler entrèrent et mirent le feu aux
» quatre coing et milieu dudict bourcq et d'ung mesme temps
» alèrent pour forcer et entrer dans l'esglise par la porte et
» vitres d'où ilz furent courageusement soutenus et repousez

» par iceux habitans tirant furieusement sur l'ennemy et en
» tuez quantitez, entre lesquelz se trouva ung chef tué et son
» cheval aussy, sy bien que se voiant ainsi repoussez furent
» deppuis sept à huict heures du matin jusquez à quatre
» heures d'après midy, faisant brusler et consommer touttes
» les maisons bien bastic de machonnerie, couverte de
» thuilles, plains de tous biens, estante à l'entour du grand
» marché, mesme l'eschevinage et l'hostel de la ville, n'ayant
» délaissé que petittes maisons de peu de valleur estant en bas
» du bourcq, tellement que ledict sieur curé et icelluy estant
» lors au clocher ont veu brusler et ruiner totalement ledict
» bourcq de Cressy et mesme veu emesner grande quantité de
» bestiaux que les ennemis trouvèrent dans les marestz et
» jardainaiges. Par ce meus les habitans ont tous quitté et
» babandonné ledict bourcq, pour n'y avoir plus aulcune
» demeure ny comoditez pour vivre, ny ayant à présent
» que pauvres gens se retirant dans la forest.

» Disant de plus ledict sieur curé ensamble lesdictz
» Lefebure, Loizel et Hecquet que la ruine du bourcq est sy
» grande qu'ilz ne croient pas pouvoir estre rebatty comme
» il estoit en vingt années de paix. Encore pour ce faire et
» donner plus de volonté et courage aux habitans, il convien-
» droit faire très-humble supplication au Roy de les exempter
» de tailles, fermes et touttes autres impositions durant
» lesdictes vingt années et luy faire entendre que le restablis-
» sement de son bourcq est grandement nécessaire de faire
» pour le bien publicq et grand prouffict qu'en tiroit par an
» sa Majesté tant à cause des censives, tailles, gabelles,
» subsides et impositions, notamment du bureau des traittes
» y establyau subjet du grand traficq de touttes sortes de
» marchandises, pourquoy le roy en tire plus de huit mil

» livres, ce qu'ilz savent aseurement par la congnoissance que
» lesdictz Deslavier, Lefebure, Loizel et Hecquet en ont eu
» des principaux du bourcq. Ce que dessus ilz certiflient vé-
» ritable pour servir aux majeur et eschevins de Cressy à
» la descharge de ces tailles et exemptions de toutes autres
» subsides qu'ilz espèrent avoir de sa dicte majesté. »

» Faict, passé et reveu audit Abbeville, le lundy, 3ᵉ jour de febvrier 1636. » *Signé :* Dacheu et Delahaye.

Par suite de ces évènements, les habitants ne pouvaient payer les impositions et des poursuites étaient dirigées contre eux. C'est pourquoi « honorable homme Pierre Sangnier,
» majeur, maistre Oudart Dargnies, procureur du roi,
» Gaspard Coullon, ancien majeur, Jehan Candelier, Jehan
» Dennel et Guillaume Glachant, eschevins du bourq de
» Cressy, tous réfugiez en ceste ville (d'Abbeville) à cause
» de la guerre qui est dans le pais, » empruntèrent le 12 novembre 1635 la somme nécessaire au paiement des frais faits pour raison de la taille.

Le 15 décembre suivant, « sur la requeste des majeur,
» eschevins, corps et communaulté du bourg de Cressy,
» contenant que depuis les incursions violentes et journalières
» des ennemis de S. M. sur les frontières du royaume, il ne
» s'est passé aulcunes occasions où ils ne se soient courageu-
» sement et valeureusement portez pour repousser les efforts
» desdicts ennemis, et notamment en la *deffaicte* qu'ils en
» firent lorsqu'ils retirèrent de leurs mains le sieur de
» Monthault et de la déroute par eux donné auxdictz ennemis
» lorsqu'ils vinrent brusler Vironceaux et les derniers
» assaultz depuis peu par eux soutenu audit bourg de
» Cressy ; dequoi lesditz ennemis indignez auroient mis le

» feu par touttes les maisons du bourq de Cressy et faict
» consommer plus de quatre cens bien basties pleines de
» tous biens tant meubles que grains que bestiaux qui ont
» tous esté bruslez et le reste pris et enlevé... en sorte qu'il
» ne reste plus aux supplians que la vie ; » une sentence du
conseil d'État ordonna de surseoir pendant trois mois à la
perception de la taille dans le bourg.

Cressy n'éprouva pas seul les horribles effets de l'invasion.
Toute la contrée jusqu'aux portes d'Abbeville fut ravagée.
Le lecteur nous permettra une digression qui lui fera appré-
cier l'étendue des maux qui accablèrent les habitants du
Ponthieu : c'est le texte d'un autre arrêt du Conseil du
28 mai 1636 (1). « Sur la requeste présentée au roy en son
» conseil par les paysans, manans (2) et habitans des villages,
» fermes et hameaux de Nampont et Montigny, Vironceaux,
» Macy, Machiel et le Rossignol, Petit-Chemin et Dominoys,
» Ligescourt, Ponches, Dompierre et ce qui en dépend,
» Verjolay et ferme de Branlicourt, Le Boisle, Bouflers,
» Villeroy, Vis, Neuilly et Aquet, Bernatre et Saint-Lau,
» Hiermont, Conteville, Montigny, Maison, Gueschart,
» Noyelle, Brailly et Cornehotte, Fontaine, Froielle et les
» maisons en dépendant, Estrées, Dompvást, Gapenne, Ivren

---

(1) M. Louandre (*Histoire d'Abbeville et du comté de Ponthieu*, II, 103) en
a donné la substance, mais quelques détails intéressants ont été omis. C'est
pourquoi nous produisons le texte *in extenso*. Il se trouve dans les archives
municipales, liasse CC. 1.

(2) Les *manants* dans la commune étaient des étrangers reçus à demeure
jusqu'à ce qu'ils obtinssent les priviléges de la bourgeoisie. Voir sur la
distinction des diverses classes d'habitants, M. Tailliar, *Recueil d'actes des
XIIe et XIIIe siècles. Introduction*, p. ccxvj.

» et Ivrenceul, Ganvilliers, Milliencourt, Neuilly, Canchy
» et La Motte, les fermes de Balance, Mesoutre, Hestroval,
» Wacourt, Bezancourt, Bellinval, Moismont, Cumont,
» Lannoy, Desmon, Quesnoy, Foreslabie, Triquerie, Ouville,
» Saint-Nicolas et Beauvoir, tous pillez, ravagez, brullez et
» habandonnez, estant situez sur la rivière d'Authie frontière
» d'Arthois, prais de Ponthieu ; tendante à ce que, attendu
» les grandes et notables pertes, courses, ravages et incendies
» faicts par les ennemis de l'Estat, lesquels sont entrez dans
» le mois d'aoust dernier à main armé dans le pais de
» Ponthieu et en iceluy pris quantité des supplians prison-
» niers faict paier de grandes rançons, tué et massacré tous
» ceux qui leur ont faict résistance, forcé et viollé femmes
» et filles, pillé et ravagé tous leurs biens, meubles et bes-
» tiaux, brullé lesdicts villages, fermes et hameaux. De plus,
» à cause que les armez commandez par les sieurs duc de
» Chaulnes, Chastillon de Rambures et autres ayant passé et
» repassé par lesdicts lieux, ont faict de sy grands degastz et
» ruynes qu'il n'est resté choses quelconques aux supplians
» que la vie, ayant esté contraincts d'abandonner leurs
» maisons sans avoir peu faire la récolte et dépouille des
» grains l'année dernière ; Et néantmoings ils sont conti-
» nuellement contraincts et emprisonnez pour le paiement
» de la taille, taillon, corvée, droictz alliennez et autres impo-
» sitions... pourquoy ils requièrent... la descharge desdicts...
  » Le Conseil ordonne quil soit surcis pendant deux mois
» à la perception de la taille. »

  A ce douloureux récit de l'invasion, devons-nous ajouter quelque chose de plus douloureux encore, la honte d'une trahison ? Pourquoi la taire, puisque l'histoire doit être le miroir fidèle des évènements?

Le comte de Frezin (1), qui attaqua Rue sans succès et brûla Cressy, était conduit dans ces expéditions par Julien Le Sueur, sieur de la Pasture et par Adrien de Lamiré, sieur de Vercourt, qui tous deux, pour ces faits, furent condamnés à être roués vifs. Voici le dispositif de la sentence qui fut prononcée contre ce dernier : « Nous (.... Laffemas, conseiller
» du roy en son Conseil d'Estat... et maistre des requestes
» ordinaires de son hostel, intendant de la justice et police
» de Picardie), par l'advis des gens tenans le siége présidial
» d'Abbeville et par jugement souverain, Avons déclaré ledict
» Adrien de Lamiré sieur de Vercourt vray contumax et
» deffaillant criminel de leze majesté et proditteur de sa
» patrye pour avoir abusé des deniers et des commissions du
» roy, s'estre retiré avecq les ennemis de l'Estat; avoir par-
» ticipé à leurs conseils et favorisé les entreprises par eux
» faictes, erré et levé des gens pour eux, faict faire des bas-
» teaux, eschelles et pestartz pour surprendre les villes de Rue
» et Abbeville, estre entré à main armée dans le royaulme,
» conduisant le comte de Frezin avecq les trouppes jusques
» aux portes de Rue, s'estre trouvé au siége de Dompierre
» avecq les ennemis, les avoir assistez au pillage et brusle-
» ment du bourcq de Cressy, Vironceaux et autres lieux, avoir
» levé des contributions sur les villages du comte de Ponthieu
» et en avoir baillé les acquitz signez de luy et soustraitz et
» débauché les subjectz du roy de l'obéissance qu'ils luy
» doibvent pour les porter au service du Cardinal infant ;
» Pour réparation de quoy et autres cas mentionnez au
» procès, Nous l'avons condamné à estre traisné sur une

---

(1) M. Prarond (*Rue*, p. 72) veut qu'on lise de Fléchin ; M. Louandre (*Histoire d'Abbeville*, II, 101) écrit de Fressin.

» claie par l'exécuteur de la haulte justice, deppuis le
» chasteau de Ponthieu jusques au grand marché de ceste
» ville et là estre escartelé et tiré vif à quatre chevaux, ses
» membres portez aux advenus des quatre principalles portes
» de ceste ville et sa teste attachée à ung poteau posé sur la
» porte de Marcadé tirant du costé de Nouvion, sy pris et
» apréhendé peut estre, sinon exécuté par figure et répu-
» tation, sa mémoire condamnée, sa principalle maison razée
» et desmolie et au lieu et place d'icelle une piramide
» (eslevée) sur laquelle sera posée une lame de cuivre conte-
» nant en substance la cause de sa condamnation, tous ses
» biens acquis et confisquez au roy, sur iceux préalablement
» pris la somme de 1,000 livres aplicables en œuvres pies.

» Enjointz à tous subjetz du roy quy trouveront ledict
» Vercourt de se saisir de sa personne et l'amener ès prisons
» de S. M. quy sera suppliée de leur donner rescompense
» selon le service qu'ilz auront rendu, et ou aucuns seroient
« trouvez l'avoir logé, caché ou autrement luy avoir donné
» vivres ou retraite seront punis comme criminelz de lèze
» majesté, fauteurs et complices de ses crimes, ordonnons
» qu'il sera informé contre ceux quy ont cy-devant favorisé
» son évasion, que le nommé de Lignières sera pris et
» apréhendé au corps et que André de Lamiré, escuier,
» sieur de Nouvion, père naturel dudict de Vercourt, soubz
» le bon plaisir du roy, sera transféré de la citadelle
» d'Amiens aux prisons du chasteau de Ponthieu, pour luy
» estre son procez faict et parfaict, et le chevalier de Nouvion
» son filz adjourné à comparoir en personne pour respondre
» aux conclusions du procureur du roy. Prononcé le tren-
» tiesme janvier 1636 et exécuté. »

Dans les considérants de cette sentence, se trouve énoncé le jugement souverain rendu par les mêmes juges contre le sieur de la Pasture, complice du sieur de Vercourt. On y voit qu'il fut « condamné à estre rompu tout vif, son corps mis sur une roue plantée sur le grand chemin d'Abbeville à Rue, et sa teste sur la principale porte de ladicte ville de Rue, et avant l'exécution de mort, ordonné qu'il seroit appliqué à la question ordinaire et extraordinaire pour avoir revellation de ses complices. » On y voit aussi que trois individus nommés Lambert, Pierre Bidet, père, et son fils, furent poursuivis criminellement pour « avoir favorisé les deffenses dudict Vercourt, » et condamnés le cinq janvier 1636 « à estre rompus tout vifz. »

Puisons d'autres faits encore dans les comptes de la commune de Crécy.

1646-1647, *au f° 33 r°*. « Sur l'advis que l'armée de M. de
» la Freté sans terre (1) venoit en ces quartiers avecq son
» armée, par l'advis de Mlle de Saint-Agnan, ledit mayeur
» fut avecq deux vallets de M. de Saint-Aignan trouver
» ledit sieur de la Freté quy estoit à Bertaucourt, lequel
» promit d'avoir en recommandation ce bourcq, auquel
» voiage furent contraincts de coucher au Plouy, en ont
» despensé soixante-seize solz.

« Duquel voiage estant retourné à Cressy s'y trouva ung
» convoi menant quelques officiers de l'armée, quy voullut
» contraindre les habitans de luy donner des chevaulx pour
» aller à Dourlens, et sur la prière qu'on luy fit ne prit

---

(1) Henri de la Ferté-Senneterre, que Louis XIV fit maréchal de France en 1651, et chevalier de l'ordre du saint Esprit.

» aulcuns chevaulx. Pour celte faveur luy fut donné à
» desjeuner.... despensé cinquante-sept solz. »

Au folio 37 v°. « La veille de saint Marcq 1647 M. d'Aban-
» court estant retourné d'Alemaingne en ce lieu, luy a esté
» faict présent d'une bouteille de vin.... pourquoy paié
» quarante solz. »

1649-1650, *au folio 26.* « Au premier juillet 1649 aiant
» receu ordre et mandement de M. de Launay, gouverneur
» d'Abbeville, de mesner cinquante hommes habitans de ce
» lieu pour estre emploié au service du roy, M. le bailly et
» le majeur furent trouver le sieur gouverneur, lequel en
» faveur de Mgr le duc d'Angoulesme auroit deschargé le
« bourcq de fournir aulcun homme ; pendant lequel voiage
» furent despensé sept livres seize solz. »

Au folio 27 r°. « Paié aux charpentiers et ouvriers de
» Cressy quy ont faict la barrière de la Basse-Boulongne
» suivant l'ordre de Messieurs de la ville, la somme de
» cent solz.

« A Noël Baron et Guillaume Clainville a esté paié
» soixante-sept solz pour avoir sié et fasonné la barrière
» hors la porte de Rue...

« A Denquin, serrurier, pour avoir fourny les ferrures des
» quatre barrières ledit majeur a paié six livres dix solz.

« Sur le...... du mois d'aoust 1649 l'armée conduitte
» par M. le Vidame d'Amyens estant venu d'Amyens
» au bourcq d'Aussy-le-Chasteau, ledit sieur estant à
» Labroye, MM. les bailly, procureur du roy et Tillette
» le furent saluer de la part de Mgr le duc d'Angoulesme,
» luy suplier d'avoir en recommandation les habitans de ce
» lieu et de les exempter des gens de guerre....

« Tost après voiant le long séjour de ladite armée en ces
» cartiers sçachant que M. de Saint-Agnan estoit lors à
» Saint-Quentin avecq M. le cardinal, luy aurions envoié son
» vallet avecq lettres pour le suplier de nous assister de sa
» faveur. Comme il fut escrit audict seigneur Vidame par
» M. le mareschal de Villeroy, son beau-père, adfin de nous
» exempter. Pour faire lequel voiage le majeur a paié
» onze livres. »

« *Au folio 28 r°*. « Peu de jours après Mgr le duc d'An-
» goulesme estant arrivé à Abbeville, lesdits sieurs de
» Saint-Agnan, bailly, procureur du roy, majeur et Tillette
» le furent saluer et de luy tiré lettres adressantes aux géné-
» raux d'armez de Flandre et prince d'Arthois, adfin de nous
» conserver de gens de guerres; pendant lequel voiage ledit
» majeur a desboursé quarante-trois livres quatorze solz.

» Sur l'advis au mesme temps que Mgr le comte d'Arcourt
» général d'armée estoit à Dourlens, ledit sieur de Saint-
» Agnan et le procureur du roy le furent saluer pour luy
» recommander ce bourcq qu'il a dessus exempté...

» Suivant l'ordre de mondit seigneur duc, sa lettre a esté
» envoié au seigneur comte de Palleau, conduisant l'armée de
» Flandre qui passoit lors à Donqurque (1), pour la conser-
» vation de ce bourcq ; lequel paquet fut porté par ung
» homme envoié exprez... »

Au folio 32 v°. « M. de Launay, gouverneur d'Abbeville,
» aiant envoié ordre du roy par ung gentilhomme et ses
» gardes firent commandement aux habitans de lever
» cinquante hommes de la ville pour aller rompre le pont

---

(1) Domqueur, village à 18 kilomètres d'Abbeville.

» nouvellement faict à Labroye, et pour leurs courses et
» sallaires a esté paié douze livres.

« Quelque temps aprez ledit sieur de Launay auroit
» encore de rechef envoié le sieur Herman son gentilhomme
» et ses gardes, avecq ordre de lever quelques habitans de ce
» lieu pour aller faire ung canal et grand fossé dans les
» marestz deppuis Labroye, pour aller à Ray et Dompierre,
» adfin d'empescher les ennemis de ne plus passer... faire
» dans le païs ravages et emmener les bestiaux..... a esté
» depensé vingt-deux livres. »

Suivent des dépenses pour vin offert à des officiers de corps d'armée divers passant et repassant par le bourg.

1652-1653, *au folio* 17 *v°*. « Le huitiesme aoust M. de
» Rambure passant par ce lieu, luy fut présenté le vin de
» la ville.

» Paié à Groult quy a conduict un courier de M. le mareschal
» à Neupond durant la nuict du vingt-septième aoust, seize
» solz.

» A Elloy Robart quy a faict le guet durant que le régiment
» de cavallerye passoit, quatre solz, etc. etc. »

Au folio 23 *r°*. « A ung homme nommé Anthoine Vasseur
» du Boisle, quy est venu la nuict donner avis que les ennemis
» estoient prest de passer la rivière, vingt solz.

» Le dimanche vingt-huitiesme avril en suivant, le comptable,
» par ordre de Madame et de Messieurs de la ville, s'est porté
» à Abbeville trouver M. de Launay pour faire rompre le
» pont de Labroye et autres sur la rivière d'Authie.......
» Le mesme jour... ayant mesné cinquante habitans de ce lieu
» pour rompre ledit pond de Labroie, ce qu'aiant esté faict
» il présenta vingt-quatre pots de bière, pourquoy il a

» desboursé soixante-douze solz..... A Ringard quy fut
» envoié dans le pais ennemis, pour sçavoir des nouvelles
» desdits ennemis, trente solz. »

Au folio 25 r°. « Le comptable déclare qu'au mois de
» febvrier 1652 le prince de Ligne estant campé à Auxy-le-
» Chasteau, M. le gouverneur de Rue envoia le régiment de
» Rambure et sa compagnie de chevaulx-léger en ce lieu de
» Cressy, en attendant l'assemblée quy se debvoit faire audit
» Cressy pour aller repousser lesdits ennemis, desquelz vint
» loger chez luy par ordre du majeur *lors en charge* et
» Messieurs de la ville trente-cinq hommes de pied et
» quarante cavalliers quy luy ont bruslé et consommé quatre
» cordes de gros bois de la valleur de dix livres et deux cent
» fagots de six livres, trois dizeaux de lentilles et quinze
» bottes de foing de la valleur de douze livres... » (Le tout
fut réduit à vingt livres par la commission.)

Au folio 25 v°. « A un homme envoié exprez à Labroie
» donner avis que les ennemis estoient arrivez dans la forest
» de Labroie, huit solz. »

1653-1654, *au folio* 18 *r°.* « Le onze aoust à Rachaine
» quy a porté une lettre de Mme de Saint-Agnan à M. de
» Camps quy estoit à Boufflers où estoit l'armée de M. Pui-
» marest campée, pour aprendre langue de nouvelle où alloit
» ladite armée, vingt solz.

Au folio 21 *r°.* « Despense faicte par un cavallier envoié
» en ce lieu de la part de M. de Beaufossé donner advis
» que l'armée de M. de Beaujeu passoit à Dompierre, et
» venoit en ces cartiers, affin de faire retirer les bestiaux...;
» y compris son cheval, soixante-quinze solz.

« A Jacques Boullet quy a porté une lettre à M. de

» Cornebolle à Brailly que Madame luy envoioit pour ap-
» rendre nouvelle de l'armée de M. de Turenne, dix solz.

Au folio 23 r°. « A Philippe Groult quy a guidé la com-
» pagnie de chevaulx-léger de la Reine quy passoit par ce
» lieu et alloit à Machy, payé dix solz.

« A un homme qui venoit du Pont-de-Remy aporter un
» advis de ce lieu que l'armée quy estoit à Saint-Riquier
» descampoit pour venir en ceste ville, vingt-quatre solz.

» A Antoine Portault quy a esté à Ray, pour aprendre
» nouvelles des troupes de M. de Turenne quy estoit aux
» environs d'Hesdin...... »

Au folio 24 r°. « Pour confitures et vin d'Espaigne
» présentez audit seigneur de Saint-Agnan, quinze livres
» trois solz. »

Au folio 27 r°. « Suivant l'advis de M. de Saint-Agnan
» qu... estoit nécessaire de fermer le bourcq de barrières
» pour empescher les gens de guerres de n'entrer en la ville,
» pour quoy faire auroit esté abattu plusieurs chesnes dans
» la forest, à... quy ont fasonné lesdites barrières, etc. »

1654-1655, *au folio 16 r°.* « A ung homme envoié de
» Dompierre quy aportoit advis que les ennemis se prépa-
» roient pour passer l'eau, quinze solz.

A NN.... quy ont faict le guet pendant trois jours, deulz
jours, un jour, etc.

Au folio 25 r°. « M. de Saint-Agnan aiant apris que
» M. de Roncherolles commandant aux armez du roy estoit
» Abbeville, se seroit le dixiesme may dernier, avec le comp-
» table et aultres, transportez audit lieu pour luy reccom-
» mander le bourcq.

» Le régiment de Picardie passant par ce lieu et pour

» empescher les désordres qu'ils eussent peu y faire, fut
» pris quelques gardes auxquels l'on auroit baillé cent solz
» pour leur peine. »

1656-1657, *au folio* 16 *r°.* « A Louis N..... pour avoir
» esté la nuict à Labroye s'informer si les ennemis estoient
» passez, comme il en couroit bruict, trente solz.

» A Jean Bigorne envoié exprez à Hesdin pour le faict
» desdits ennemis, porter lettre de Madame.

» Ensuite de ce courant bruict qu'il y avoit des ennemis
» dans la forest de Labroye, le comptable y auroit envoié de
» nuict Guillaume de Vergne et de Mare, suivant la lettre
» que j'en ai receu......

Au folio 21 *v°.* « Les gens d'armes du roy, au nombre de
» dix-huict ou vingt, quy conduisoient le canon venant de
» Montreuil pour conduire à Doulens.... paié leur despense...
» douze livres quinze solz. »

1657-1658, *au folio* 17, *r° et v°.* « A deulx hommes
» de Dompvast envoiez de la part de M. le prince d'Espinoy
» donner advis aux habitans que les ennemis se préparoient
» pour passer la rivière......

» A ung homme envoié la nuict à Fontaine, Marcheville
» donner advis et à Dompvast à M. le prince d'Espinoy qu'il
» y avoit un fort partie ennemis quy se préparoient pour faire
» ravage et passer la rivière......

» A ung autre quy a esté par ordre de M. de Saint-Agnan
» à Fontaine, Brailly et Froielle advertir les habitans desdits
» lieux pour eux trouver aux travailles des prez Malacquis...

« Audit pour voiage à Dompierre et Canchy donner le
» mesme advis que dessus....

» A Jean Judey a esté paié en acquit de Rachaine quy a

» esté quatre nuicts le long de la rivière aux escoutes au mois
» de novembre dernier....

» Le 3ᵉ décembre, paié à N... quy a guidé un régiment
» d'infanterie quy alloit loger à Yvren....

» A Martin Sagot quy a aussi guidé la compaignie des
» gardes du sieur de Castellenau, quy alloient à Nouvion
» et delà à Caux....

Au folio 18 r°. « A deulx hommes quy sont venus nuictamment
» de Dompvast en ce lieu donner advis qu'il y avoit grandes
» troupes ennemis quy estoient dans la forest de Labroye... »

Au folio 20 r°. « A Jolibois quy a aporté avecq son cheval
» d'Abbeville deulz barils de poudre, quinze solz ;....
» A François Le Moisne qui a aussi aporté d'Abbeville avecq
» son cheval cinquante livres de basles, huict solz. »

Ibidem v°. « Au mois d'avril 1658 M. le procureur du roy
» et Ringot s'estant transportez exprez à Abbeville pour
» obtenir quelques poudre et basles de M. de Laulnay, ce que
» l'on n'avoit peu faire attendu qu'il dit n'en point avoir, et
» sur l'advis donné par ledit M. de Laulnay qu'il y avoit un
» commissaire quy en faisoit conduire à Bourbourg... furent
» trouver ledit commissaire et eurent prié de la part de
» M. de Laulnay et de M. de Castellane d'en bailler, ce qu'il
» avoit faict au nombre de deux cent livres de pesant......
» Suivant laquelle obtention auroit esté faict présent audit
» commissaire de douze livres, y compris quelques pots de
« vin beut avec luy. »

Au folio 21 r°. « A Jacques Boullet envoié à Saint-Riquier
» porter lettre adressante au procureur du roy dudit lieu
» pour aprendre la marche du seigneur d'Elbeuf, par ordre
» de M. Saint-Agnan..., »

(Suivent d'autres voyages pour avoir des nouvelles de l'ennemi.)

» Le 21ᵉ mars 1638 à N. quy a esté par quatre fois diverses
» tant à Dompierre, Gueschart que Boisle, pour aprendre
» des nouvelles du bruict de Hesdin, quarante-cinq solz. »
1638-1639, *au folio 16 r°.* « Aultres mises et paiemens
» faicts par le comptable.... tant devant qu'aprez les
» contributions establies.

» Premièrement à Louis Gramere a esté paié huict livres
» pour avoir esté neuf nuicts à la rivière d'Authie pour prendre
» garde au passage des ennemis. — A un homme quy est
» venu advertir la nuict que les ennemis passoient la rivière...
» — A ung garçon qui a esté quérir M. Balesdent à Fontaine,
» pour aller à Rue parler à M. le ducq de Chaulnes..... —
» A Martin Sagot, quy a conduit la nuict quelques cavalliers à
» Willencourt.... — A N.... quy a fait le guet un devant
» midy.... — Audit Grouet quy a esté à Machiel chez
» M. de Camps, pour sçavoir des nouvelles, à cause du canon
» quy avoit esté tiré à Rue.... — A deulx hommes de
» Froielles quy sont venuz advertir la nuict que les ennemis
» passoient la rivière.... — A N.... quy a esté à Hesdin,
» quérir un passeport pour le procureur du roy, pour aller
» librement traitter de la contribution....— Audit Grout quy
» a mesné un officier Anglois venant des prisons de Hesdin...
» — A N.... quy a esté à Saint-Riquier porter des lettres
» pour sçavoir quand l'armée descamperoit..... »

Au folio 20 r°. « Aultre mise et paiements faicts par le
» comptable au subject de ladite contribution de Hesdin, sel,
» taille, etc...., pour voyage faict à Abbeville trouver M. de
» Saint-Agnan pour résoudre avecq luy comme l'on feroit
» l'assiette de ladite contribution soit à la teste, ou bien sur

» le pied de la taille....— Le 9ᵉ décembre 1658, le comptable
» a receu ordre de M. le ducq d'Elbeuf de recevoir et loger
» quatorze cavalliers du régiment de Lenoncourt et de leur
» fournir la subsistance.... »

1659-1660, *au folio* 16 r°. « Ledit comptable a esté
» assisté de six cavalliers et d'Adrien Picart, huissier, son
» oncle, porter à Hesdin l'argent de la contribution, attendu
» le péril qu'il y avoit... à cause de l'armée quy estoit en
» ces cartiers.... (1) »

Au folio 18 r°. « Voyage faict à Dompmartin par le pro-
» cureur du roy, le comptable et aultres trouver M. de
» Lisbonne, pour luy faire voir l'ordre qu'avoit ledit garde
» sy elle estoit bonne.... — A Pierre Le Gry, quy a esté à
» cheval porter des lettres à M. le chevallier de Vismes, par
» ordre de Mᵐᵉ de Saint-Agnan.... — Voyage à Abbeville
» pour quérir un présent pour faire audit seigneur de
» Lisbonne..... — Pour dix-huict bouteilles de vin d'Espaigne,
» une cage et douze oizeaux de rivière, quatorze codineaux (2)
» et douze pouletz, achetté pour faire présent audit seigneur
» de Lisbonne, commandant l'armée, soixante-neuf livres
» treize solz, compris le port d'Abbeville à Cressy.

Au folio 20 r°. « Pour les frais du voyage faict pour porter
» ledit présent au camp audit seigneur de Lisbonne, par
» ledit sieur Dargnies, le garde Ringot et ledit maïeur,
» compris le port à Pierre Le Gry... onze livres cinq solz. —
» Audit Saget quy a esté envoié à Noyelles-en-Chaussée, pour
» avoir des perdriaux, où il ne s'en trouva point....

---

(1) C'est vers ce temps que Balthazar de Fargues faisait des courses aux environs et pilla Crécy.

(2) Petits dindons ; on disait codine pour coqs d'Inde.

Au *folio* 21. « Pour un présent faict à M. et M⁻ de Saint-Agnan et aux dames de Paris, leurs parens, quy les estoient venues voir, desboursé tant en vin d'Espaigne, vin François, confiture et dessert, trente-trois livres huict solz. — Reduit à trente et une livres dix solz... — Audit Sagot quy a guidé des gens de guerres à Vironceaux quy alloient en cartier diver, huict solz.

» Pour le souper présenté à M. et M⁻ de Saint-Agnan chez ledit Dargnies où estoient les antiens maieurs aprez la *publication de la paix*... desboursé tant en vin, pain, bierre, poisson, dessert et aultres choses... vingt-quatre livres huict solz, sans le vin baillé par Antoine Trouet quy sera en compte ci-aprez.... »

Au *folio* 25 r°. « Despens lorsque on a publié la paix... paié à ceulx quy ont sonné et veillé le feu de joie pour despense faicte chez ledit Le Gry... quarante solz. »

La paix des Pyrénées qui avait été signée le 7 novembre 1659, amena quelques années de tranquillité. Mais la guerre éclata de nouveau d'abord avec l'Espagne (1667), puis avec la Hollande (1672). L'Angleterre aussi, en cette même année, déclara la guerre à la Hollande. C'est ce qui explique la présence à Crécy de troupes angloises dont il va être question.

Consultons encore les comptes communaux :

1672-1673, au *folio* 11 r°. « Le onziesme d'aoust en suivant estant arrivé à Cressy une compaignie angloise du régiment roial, l'on auroit envoié Jean Becquer à Abbeville sçavoir l'ordre, attendu qu'elle estoit composée de plus grand nombre que les compaignies françoises, affin de sçavoir l'ordre de S. M.; paié vingt solz.

Au *folio* 12 r°. « La compaignie aiant été insultée par trois

» commis des aydes quy auroient faict plusieurs insolences,
» il en auroit esté dressé procez-verbal...; se seroient trans-
» portez à Abbeville pour en faire plainte au sieur Moure,
» commis général....

1673-1674. *Au folio 12 r°*. « Le 18° d'octobre seroit venu
» de Nolelles que les ennemis estoient sortis de Saint-Omer
» et Adre et que aians faict piller et bruller Guine ils estoient
» en marche. Il (Hourdel, maire) auroit envoié ung homme sur
» la vallée d'Authie passer la nuict.... Le lendemain matin
» ledict Hourdel, sur la grande alarme quy estoit dans le païs,
» auroit monté à cheval et esté à Dourier et Dompierre
» s'informer..... Le mesme jour la garde dans le boureq auroit
esté établie et montée.

Au folio 13 r°. « Depuis a esté travaillé à se fortifier, sçavoir
» pour les portes du cimetière soixante-dix sept pieds de
» double treillis à dix-huict deniers le pied..... clous, verrous
» et ferures etc.— A François Barré quy a maçonné le grand
» portail de l'esglise, ouvert les *cresneaux* et fait un mur entre
» la maison Revillon et Nicole Leseine, etc. »

Au folio 14 r°. Le 22° dudit mois d'octobre, au sujet de la
» garde commandée par M. le duc d'Elbeuf à Dompierre et pour
» achepter des poudre et plomb, mesme sur l'advis que
» M. l'intendant estoit Abbeville ledict Hourdel y seroit allé
» avecq M. le procureur du roy..... despensé de poudre et de
» plomb, quatre livres quatre solz. »

Au folio 15 r°. » Le 20 novembre seroit passé un garde de
» M. le duc d'Elbeuf pour aller à Dourlens....
» Le lendemain seroit venu un ordre de M. le gouverneur
» de Dourlens d'envoier vingt hommes à la garde de Boufflers,
» sur quoy à l'assemblée faicte..... l'on auroit résolu d'envoier

» ledict Hourdel Abbeville, où il fut le lendemain avecq le
» sieur Omon, quy venoit pour retirer l'ordre ou y faire
» satisfaire...... »

1674-1675. Au *folio* 17 r°. « Auroit esté Abbeville à
» cause du régiment Dalfasse qui debvoit passer, sur l'advis
» de M. le bailly pour en sçavoir le nombre et voir s'il ne se
» pouvoit destourner... Item le 7° mai en suivant il seroit
» retourné à Cressy et d'autant que plusieurs personnes
» auraient habandonné, il se seroit veu obligé de paier et
» advencer de ses deniers l'estappe des absens; mais parceque
» il couroit risque d'estre pillé des soldats qui revenoient, il
» auroit esté obligé de prendre deulx sergens qu'il auroit
» noury et paié... quarante solz.

» Pour avoir esté querir l'argent de ladicte estappe
» Abbeville.... »

1675-1676. Au *folio* 8 r°. « Le troisiesme d'avril 1676, pour
» avoir esté exprez en la ville d'Amiens avecq le procureur du
» roy à cheval trouver M. l'intendant pour luy représenter
» que ladite compaignie de cavallerie (du régiment de Lemart)
» logée en garnison en ce dit lieu, s'estoit faict nourir sans
» ordre, comme aussy que ce bourcq estoit for. fatigué à
» cause des estappes journallières et le suplier d'avoir
» esgard à la pauvreté et misère des habitans et de les
» soulager...... »

1676-1677. Au *folio* 10 r°. « Le sixiesme de mars 1677 estant
» arrivé en ce lieu douze compaignies dragons du régiment
» de Mgr le dauphin, aprez avoir esté billeté, plusieurs desdicts
» dragons au nombre de cent n'aiant trouvé hostes ny
» hostesses en leurs maisons qu'ils avoient habandonnez,
» seroient venus trouver ledit comptable pour y adviser,

» et pour éviter les accidens quy en eust peu arriver, de
» l'advis dudict sieur procureur du roy, fut dict avecq le
» major desdicts dragons... de bailler à chacun desdicts dra-
» gons au pardessus leurs estappes, six solz qui leurs a paié,
» partant la somme de trente livres.

« Item le douziesme de juin audict an, pour bois et jarbes
» par Adrien Picard, brasseur, aux prisonniers de guerre
» estant en ce lieu, qui avoient estez prins à la bataille de
» Cassel..... »

1677-1678. « Le dixsiesme d'aoust, aprez que l'on auroit
» esté menassé de garnison et cartier d'yver et cherchant
» l'advantage et soulagement du peuple, ledict comptable
» (Denquin, maïeur) a esté obligé d'aller au devant de la
» routte de Monseigneur l'Intendant quy passoit à Hesdin,
» où ne pouvant aller seul tant à cause du péril et chemin
» que affin de confiance pour la plainte et requeste desdicts
» habitans....., il a esté assisté de.....; lequel (intendant),
» les auroit trez bien receu et promis soullager le bourcq,
» où il n'y a eu aucune garnison ceste année, auquelle
» Hesdin ilz ont estez obligez de séjourner deulx jours..... »

Survinrent les traités de paix de Nimègue (1678 et 1679).
Mais en 1683 le gouverneur des Pays-Bas ayant commis des
actes d'hostilité, la guerre reprit contre l'Espagne ; quelques
années après ce fut contre la Hollande, et le Ponthieu eut
encore à souffrir du passage des troupes. Voici quelques
citations qui s'y rattachent.

1683-1684. Au *folio* 6 v°. « Pour plusieurs voyages au
» nombre de seize que le comptable (Lesne, maïeur), a faict
» à Abbeville, pour querir et recevoir l'argent des estappes de
» quarante logemens de gens de guerres ou environ tant à

» pied qu'à cheval quy ont logez en ce lieu durant l'année
» de la magistrature du comptable, y compris un voyage
» aussy faict exprez le huictiesme juin en la dite ville pour voir
» le sieur Trouard, maître du *Cœur de fer*, pour recevoir
» l'argent d'une routte suivant une lettre qu'il avoit receue
» des estappiers, lequel a dict n'avoir aucun ordre pour cela
» et que MM. les estappiers se jouoient ainssy pour en avoir
» dict de mesme aux majeurs de Rue, d'Ayreine, Auchy-le-
» Chasteau, Bernay et aultres lieux, que c'étoit pour gaigner
» le temps, n'ayant point d'argent pour fournir aux
» estappes...... »

1689-1690. *Au folio 9 r°.* « Les douziesme et treiziesme
» décembre, M. de Vic et M. le comte de Caieu..... sont
» venus, M. de Vic le premier et M. de Caieu le treiziesme. Leur
» a esté donné des guides, à M. le commandant pour aller
» à Auxy, à M. de Caieu pour aller à Rue..... »

1690-1691. *Au folio 10 r°.* « Le comptable (Petit, maïeur)
» a représenté qu'en l'année 1689 le sieur de Saint-André,
» capitaine au régiment de Quaste, seroit arrivé en ce lieu le
» dix-septiesme novembre pour y prendre son cartier d'yver,
» lequel se seroit logé chez le comptable depuis ledict jour
» jusqu'au seizième décembre en suivant, ce quy faict un mois
» entier ; pendant lequel temps non-seulement le comptable
» a esté obligé de fournir deulx chambres des plus comodes
» de son logis et ses escuries pour dix chevaulx, mais aussy
» de fournir linge, vaisselle et de souffrir au surplus de trez
» grandes insultes ou incommoditez, en sorte que le comp-
» table a esté chassé par violence de sa maison par le dict
» sieur de Saint-André et ses gens. Pourquoy il requiert
» qu'il vous plaise luy allouer pour le dict temps d'un mois

» de ses chambres, escuries, linges et vaisselle fournies la
» somme de vingt livres..... »

Terminons en rappelant des circonstances d'un moindre intérêt, que nous révèlent les comptes du siècle suivant.

Dans l'assemblée municipale du 4 décembre 1708 il fut arrêté que, pour satisfaire aux ordres de S. M., communiqués par l'intendant de la province le 29 novembre, il serait envoyé quinze hommes de la paroisse avec piques, louchets et autres outils propres à remuer la terre ; que ces hommes rendus le 7 décembre à Arras, y recevraient les ordres nécessaires et toucheraient chacun vingt sols par jour de travail, l'aller et le retour compterait ensemble pour un jour. Suivent les noms des quinze ouvriers.

Une délibération des habitants de Cressy du 27 mai 1709 décida qu'il serait fourni l'avoine et le foin à l'escadron du régiment de Villeroy, qui arriva le dit jour, et cela par les ordres de Monseigneur le maréchal de Villars. Le prix de l'avoine fut fixé pour le fournisseur à raison de six livres le setier.

On y voit que le même jour passa encore le régiment de Boullenois — infanterie, auquel il fut aussi fait des fournitures pour l'état-major. Il fut fourni 16 setiers d'avoine. La dépense totale s'éleva à 96 livres.

En 1701 un homme faisait le guet dans le clocher, pourquoi il recevait dix sols par jour.

Il résulte d'un mémoire présenté par le mayeur Garbadou que le 12 mai 1734 il fut fait un dénombrement des hommes et des chevaux de la paroisse par M. Haudiquer, et que le 10 juillet suivant L. Boullenois servit de guide à Monseigneur le duc de Chaulnes, de Cressy à Abbeville ; pourquoi il lui fut payé deux livres.

Un état des magasins et attaches de la compagnie de cavalerie du régiment de Beauvilliers, arrivé à Cressy le 25 avril 1758 et parti le 5 avril 1759, constate que la dépense s'éleva à 443 livres 14 sols, dus à divers particuliers. Elle fut ordonnancée par l'intendant de Picardie.

Une somme de 500 livres fut aussi ordonnancée le 26 mars 1760 au profit de la commune de Cressy, pour le remboursement d'avance faite pour fourniture de deux hommes de recrue que l'intendant lui avait demandés.

La commune dépensa aussi en 1760 les sommes suivantes : 1° 409 livres 5 sols pour logement de dragons et attache de leurs chevaux ; 2° 542 livres 12 sols pour le logement de la compagnie de la Colonel-général-cavalerie, qui y tint garnison depuis le 4 juin 1760 jusqu'au 1er avril 1761.

La compagnie de Royal-Champagne y tint aussi garnison depuis le 14 janvier 1762 jusqu'au 16 avril suivant et occasionna une dépense de 188 livres 5 sols.

Elle fut remplacée par une compagnie du régiment de Penthièvre, qui y fut en quartier depuis le 7 mai 1762 jusqu'au 4 avril 1763 et causa une dépense de 537 livres 6 sols 6 deniers.

IX. Dépenses diverses. Présents, etc. — Les comptes municipaux nous fournissent encore des renseignements intéressants sur diverses circonstances marquantes dans la vie de la commune. C'est le passage de quelque grand personnage auquel on présente le vin de la ville, un fonctionnaire dont on sollicite quelque faveur et auquel on a fait présent de gibier, de vin ou de friandises. Cueillons-en quelques récits dans les comptes.

1. Le sixième jour de septembre 1594, à la venue du

seigneur de Rambure, « pour vin de la ville et quelque
» présent honeste à luy porté, 72 livres. »

2. En l'année 1660 « pour vin de la ville présenté à
» M. Pottier, maieur de la ville d'Abbeville, estant venu en
» ce lieu, par faveur et considération...... 10 livres 12 solz. »

3. En l'année 1665, « pour avoir faict faire un paté de
» huit canards par Dufay, envoié exprez à Amiens au sieur
» Piètre, sous-intendant, pour luy recommander la misère
» de ce lieu, a esté paié, compris le voiage du porteur, 14
» livres 10 solz. »

4. En l'année 1667 « paié au sieur Lebel, apotiquaire,
» pour sucre, pour faire présent à Messieurs les eslus d'Ab-
» beville, en considération des services qu'ils font à la dite
» ville et estre par eux gratifié, 16 livres. »

« Paié pour vin d'Espaigne, pour présenter à M. l'abbé de
» Dompmartin, en considération des services qu'il a rendu
» à faire desloger les cavalliers quy estoient logé en ceste
» dite ville, et 20 sols à la personne quy l'a esté quérir et
» porter audit Dompmartin ; ensemble 21 livres 2 sols. »

5. En 1672 ou 1673, M. le marquis d'Ailly épousa
Mlle de Saint-Aignan, fille du seigneur du lieu. A cette occasion, « la communaulté s'estant assemblée, l'on auroit trouvé
» bon de lui faire un présent en tesmoignage de réjouissance
» et de tous les services rendus par le dit seigneur de Saint-
» Agnan à la communaulté, et ensuite les assemblés auroient
» soupez chez Richard Gerèndon ; pour lequel présent
» d'Ipocras, limonades, confitures, boiles, voiage d'aller
» les quérir et despense chez Gerendon, 69 livres 15 solz. »

6. Le 7 octobre 1684 le mayeur Jean Lesne, prévenu de
l'arrivée de Monseigneur l'Intendant « auroit faict assem-

» blée, et par délibération des anciens mayeurs et eschevins
» se seroient transportez exprez à cheval à Abbeville, pour
» attendre mondit seigneur, et sur l'incertitude de sa venue,
» ont estez obligez de séjourner audit Abbeville trois jours,
» crainte de surprise et pendant leur séjour, pour ne pas
» estre inutille ont tout veue les uns aprez les autres et
» chascun en particulier messieurs les esleus et greneliers
» et leurs ont présenté requeste, leurs exposant la misère
» de la communaulté. Et ayant apris de M. de Bomicour
» que mondit seigneur n'arriveroit que le dixiesme, s'en
» seroient revenuz à Cressy coucher, pour esviter la des-
» pense, et le lendemain ont retournez à Abbeville, et sur
» les huict heures du soir que mondit seigneur arrivoit à la
» clartez des flambeaux, luy ont mis ès mains propres
» leur requeste, dans laquelle estoit représenté la pauvreté
» et la misère du pauvre peuple de Cressy extresmement in-
» commodé par les passages continuels des gens de guerres
» quy emportoient de chez leurs hostes plus de nourriture
» pour la halte que leur estappe ne pouvoit valoir, comme
» aussy le nombre des maisons abandonnez, désertes et
» inhabitez de ce lieu..... »

X. Impositions. Don gratuit. — Au nombre des impositions de l'ancien régime, se trouvait celui qu'on désignait
sous le nom de *don gratuit*, sorte de versement annuel réputé
volontaire, fait chaque année au trésor royal par les villes et
les bourgs (1).

---

(1) L'Assemblée générale du clergé, pour subvenir aux besoins du trésor, votait sous ce nom, volontairement jadis, obligatoirement dans la suite, une somme plus ou moins importante. (Voy. *Bénéfices de l'Eglise d'Amiens*, tome I", p. 1.)

Aux termes d'une déclaration du Roi du 26 décembre 1758, les habitants du bourg de Cressy avaient été taxés, de ce chef, à la somme de quatre cents livres annuellement, dont la plus grande partie devait porter sur la viande et les boissons qui se fabriquaient et se débitaient dans le bourg. L'échevinage considérant la difficulté de percevoir sur chacun des habitants des sommes minimes, examina s'il ne serait pas convenable que les débitants de boissons et de viande payassent annuellement, à la décharge de tous les habitants ; et le 20 septembre 1759 il fut décidé que lesdites 400 livres seraient payées, savoir : 300 livres par les sieurs Nicolas Alexandre Garbados, Jean-Baptiste Bouquer, Mathieu Pierrain, Pierre Boucher et Jean Charles Deunet, « fabricateurs et débiteurs de boissons, » qui les répartiraient entre eux proportionnellement à leur débit, suivant la levée qui en serait faite annuellement au registre du bureau des Aides de Cressy ; et cent livres par les sieurs Charles Delannoy, Pierre Delannoy, père et fils, et Jean Charles Boucher, tous bouchers, qui feraient aussi entr'eux la proportion. Cette décision fut lue aux habitants réunis, à haute et intelligible voix, acceptée et arrêtée en forme de délibération.

XI. Jeux et divertissements. — Nous trouvons aussi dans les comptes la mention du jeu de la chole et du tir du *gay*, qui étaient en usage à Crécy.

La *chole* était une espèce de ballon qu'on lançait du pied et dont la possession finale était disputée vivement entre les jeunes gens du bourg et ceux des villages voisins. Ce jeu avait lieu le mercredi des Cendres. Nous lisons dans le compte de 1665 qu'il fut payé à Sabra, pour la cholle, trente sols ; dans celui de 1666, au folio 20 : « le 10 du mois de mars audit an, lors de la cholle de ce lieu, a esté fait présent d'un baril de bierre à la jeunesse de ce lieu, qui avoit gaigné ladite cholle; pour quoy paié à Hocquet, brasseur, cent dix sols; » dans celui de 1667, au folio 18 v° : « item baillé le jour du *Caresme prenant* un baril de bierre aux cholleurs, comme on a coustume, de cent sols; » et dans le compte de 1683 : « item à Adrien Picard, brasseur, pour un baril de bierre fourny pour le prix de la cholle, comme d'ordinaire, sept livres. »

On tirait le *gay* ou l'oiseau, avec l'arc et la flèche, soit à la ducasse, soit à la mi-carême (1). Le prix était un chapeau. Au compte de 1683, nous lisons : « item à Antoine de Wavrans, chapellier, pour ung chapeau, lorsque l'on a tiré le gée, trente sols. »

Ces deux divertissements n'ont plus lieu à Crécy.

XII. Faits et renseignements divers. — Nous avons cité plusieurs fois le bailli prévôtal. Voici ce que nous trouvons sur la fonction judiciaire qu'il présidait. Il y avait à Crécy, à la fin du XVII° siècle, un bailliage prévôtal composé d'un prévôt qui avait acquis les offices de vérificateur des défauts, d'enquêteur, commissaire examinateur et de conseiller garde scel, un procureur du Roi et un greffier (2). Ce bailliage fut supprimé en 1770.

Le maïeur et les échevins de Crécy étaient officiers de la juridiction volontaire ; c'est-à-dire qu'ils donnaient le carac-

---

(1) D. Grenier, *Introduct. à l'histoire de Picardie*, p. 114. — Voy. sur cet usage en Picardie les *Coutumes locales* publiées par M. Bouthors, tome II, 620, 628 et *passim*.

(2) *Mémoire sur la Picardie*, 1697. Ms. n° 506 de la Bibliothèque comm. d'Amiens, f° 26 v°.

tère d'authenticité aux contrats et transactions, ventes, échanges, gages consentis entre les habitants. La charte en contient une disposition spéciale.

Le bizarre monument surmonté d'une croix que l'on remarque sur la place de Crécy a été décrit en partie par M. Prarond. Nous y avons remarqué, ce que cet historien n'a pas dit, que les chapiteaux des colonnes courtes qui le décorent étaient à feuilles d'eau, les arcs à plein cintre entourés d'un tore, caractères du XII° siècle. Ce monument repose sur un large socle en grès. Fut-ce un tombeau, un monument commémoratif quelconque? Des réparations furent faites en 1672 à la maçonnerie et à la croix, ainsi que le constate le compte communal de ladite année.

Voici quelques noms des anciennes rues de Crécy : Rues des Blancs-Collets, du Chemin des Loups, des Croix, du Houssoy, Lecat, de la Maladrerie, du Marquiset : située auprès de la chapelle de l'hôpital ; de la Treille, Verte, etc.

Les titres communaux mentionnent deux incendies arrivés accidentellement à Crécy, outre celui causé par l'invasion espagnole. Le 21 juillet 1706, un certain nombre de maisons furent brûlées. La commune fit remise à ceux qui les habitaient du prix des foins qu'elle leur avait vendus et qui avaient péri.

Le 1ᵉʳ avril 1738, un autre incendie éclata à Crécy. Nous ne connaissons pas l'importance de ses dégâts.

XIII. Église. Paroisse. Confréries. — L'église de Crécy est sous l'invocation de Saint-Séverin. Elle faisait jadis partie du doyenné de Rue. Les revenus de la cure étaient, en 1730, de 591 livres, déduction faite des charges (1).

---

(1) Voyez les détails dans les *Bénéf. de l'Église d'Amiens*, II, 298.

La construction de l'église de Crécy est du style ogival du XV° siècle. La principale porte d'entrée au bas de la nef est condamnée depuis longtemps. Elle est surmontée d'un porche. On entre actuellement dans l'église par une porte latérale, au-dessus de laquelle se trouve également un porche. Les arceaux retombent sur des grès, qui sont sculptés en têtes d'anges bouffis.

Des réparations furent faites à la galerie et au beffroi du clocher en 1700 ou 1701, et l'on trouve les chiffres de paiements faits à ce sujet au maçon et au charpentier dans le compte-rendu, en 1701, par le maire André François Septier (1).

Deux ans après, le 16 décembre 1703, le curé du lieu, M. Jacques Macqueron, remontra à l'assemblée municipale, composée du bailli « prévostant de Cressy, » du syndic perpétuel, des anciens syndics, le procureur du roi présent, que des réparations urgentes et nécessaires étaient à faire à l'église, que les fonds de la fabrique se trouvaient entièrement épuisés tant par les droits d'amortissement, que par les réparations déjà faites au clocher de l'église, et aux murs de clôture du cimetière. L'assemblée alloua cent cinquante livres pour ces réparations (2).

La nef de l'église était anciennement couverte en tuiles. Une délibération de l'assemblée municipale du 26 mars 1724 décida qu'elle serait couverte en ardoises. Les travaux coûtèrent 3115¹ 9°. En cette même année la flèche du clocher fut fracturée par la foudre et menaçait de crouler. Une déli-

---

(1) Arch. municip., CC. 6.
(2) Arch. municip. Registre aux causes, etc. BB, 1, f° 235.

bération du 13 septembre ordonna qu'il y serait fait les réparations nécessaires (1).

En 1750 on construisit en charpente : trois voûtes, une en anse de panier dans la nef, les deux autres plates dans les bas-côtés ; un porche ou tambour à la porte principale, de 8 pieds et demi de large sur 3 pieds et demi de profondeur et 11 pieds et demi de hauteur ; un autre à la porte latérale du côté de l'épître, ayant 4 pieds de large, 3 pieds et demi de profondeur et 7 pieds et demi de hauteur.

En cette même année le pavé de la nef fut renouvelé. Il coûta 477 livres.

Ajoutons la délibération suivante relative à d'autres réparations devenues nécessaires pendant la révolution, et à des embellissements utiles.

« Aujourd'hui 21 frimaire an VIII (2), Nous agent, sur la convocation faite de l'assemblée des citoyens composant la commune..... il a été mis aux voix les propositions suivantes..... Le temple décadaire (3) étant dans un état déshonorant, tendant même en partie à sa chûte par plusieurs fractions faites aux murailles et autres endroits, pour sa conservation et embellissement et pour y recevoir les cérémonies des festes décadaires, ledit agent et plusieurs personnes ont acquis une partie des débris de la ci-devant abbaye de

---

(1) Arch. municip. Pièces justificatives, CC, 10. — Reg. aux délibérations, BB, 2.

(2) 13 décembre 1799.

(3) C'est le nom que le langage du temps avait donné aux églises, où les cérémonies du culte devaient se faire, non plus tous les sept jours, c'est-à-dire chaque semaine, mais tous les dix jours, période que l'on appelait *décade*.

Dompmartin, pour la décoration du temple décadaire, au prix le plus médiocre possible. Le total monte à 915 francs, en trois marchés différents. Il s'agit aujourd'hui de payer... » On rappelle ensuite que les citoyens de la commune ont manifesté de la joie en voyant ainsi le temple se réparer et s'embellir, et on demande leur approbation qui est à l'instant donnée. En tête de cette délibération copiée sur le registre, il est dit que l'original a été fait « sur papier marqué. » Elle rappelle 54 signatures y apposées et la mention du consentement donné par plusieurs des habitants qui ne savaient pas signer (1).

Ces « débris » de Dommartin ne sont rien moins que le maître-autel, sur lequel est sculptée en bas-relief la scène de la sainte face; de belles stalles en bois de chêne, à l'entrée desquelles sont couchés des lions parfaitement sculptés; enfin quatre tableaux décrits par M. Prarond (2), dont deux servent de rétable.

Sur la façade de l'église on aperçoit des traces du siège qu'y ont soutenu les habitants contre les Espagnols en 1635.

Il résulte d'un traité passé devant le notaire Carpentier le 4 mars 1757 que les cloches furent refondues cette année, avec l'autorisation du grand pénitencier (3). Mais elles n'eurent pas une bien longue existence. Voici la copie d'un certificat, qu'on peut appeler l'acte de décès de ces cloches. « Je soussigné, commis au district, reconnais que le citoyen J. L. aubergiste, a ce jourd'hui déposé deux cloches, dont

---

(1) Arch. municip. BB, 3. Reg. aux délibérat. de la municipalité, f° 128.
(2) Loc. cit. p. 327.
(3) Arch. municip. Compte de 1757, CC. 6. — Pièces justif. CC. 1.

l'une pèse 1246 livres, et l'autre 914 livres ; lesquelles proviennent de l'église de Cressy, avec les ferrures et les marteaux. Fait à Abbeville le 22 septembre 1793, l'an deuxième de la république une, indivisible. (Signé) Duval, commis au district, pour le citoyen Pilles, administrateur en cette partie. »

L'église de Cressy fut aussi dépouillée en cette même année d'une partie de ses vases sacrés et autres objets. Une lampe, six grands chandeliers, six plateaux à quêter, trois croix, un encensoir, le tout en cuivre, furent déposés au district d'Abbeville le 1er novembre 1793 ; et le 29 nivose an II, (18 janvier 1794) le maire y déposa encore un encensoir, une croix, deux calices et leurs patènes, un ciboire, un soleil, une navette et sa cuiller, le tout en argent, avec différents autres objets (1). Ce dernier enlèvement eut lieu en exécution de la réquisition faite par André Dumont, représentant du peuple, en mission dans le département de la Somme, aux administrateurs composant le comité révolutionnaire du département, dans sa séance du 23 brumaire (13 novembre 1793) précédent (2), « de faire enlever, sur leur responsabilité capitale, tous les saints, encensoirs, coupes, chandeliers et autres objets d'or et d'argent de toutes les églises du département, en en exceptant néanmoins, pour cette fois, un seul calice par paroisse, et de faire disposer et pezer le tout de manière qu'à la première réquisition on puisse en faire l'envoi à la Convention. » L'agent national du district d'Abbeville s'était rendu le 20 nivose, à sept heures après

---

(1) Arch. municip. BB, 2. Reg. aux délibérat. f° 84 v°.
(2) Arch. départem. Reg. aux délibérat. 2e bureau, 7e vol. f° 71.

midi, en la salle des séances de la maison commune de Cressy, où il avait trouvé assemblés le conseil général de la commune, le comité de surveillance et la société populaire, au désir de ses invitations et réquisitions, et il avait enjoint à la municipalité de faire exécuter l'arrêté du citoyen Dumont, tant dans l'église de Cressy que dans deux chapelles qui existaient dans sa banlieue. « Et ledit agent national ayant appris que des fanatiques s'étoient introduit dans l'église et en avoient enlevé des saints et autres objets, il donna réquisitoire à la municipalité de faire faire des visites domiciliaires à l'effet de découvrir les objets enlevés.... »

La liste des curés a été donnée par M. Prarond; mais il faut y reconnaître Jacques Macqueron sous le nom défiguré de J. Mabyniron, par faute de copiste ou d'impression. Ce curé est nommé dans la délibération municipale de 1703 qui vient d'être rappelée et aussi dans un état de biens défrichés dressé en 1691 (1).

Ajoutons quelques mots sur le curé Charles Jérôme Briet. Il présida l'assemblée électorale tenue pour l'élection d'un maire le 4 janvier 1790. Le 7 février 1791, lui et son vicaire Prévot prêtèrent le serment exigé par le décret de l'Assemblée nationale du 27 novembre précédent (2). Tous deux expliquèrent leur serment devant leurs paroissiens. Le registre aux délibérations contient le texte des discours qu'ils prononcèrent à ce sujet.

---

(1) GG. 1. Arch. municipales.
(2) Le serment des prêtres dits constitutionnels fut condamné par l'église et spécialement par décision du Saint-Siège en date du 13 avril 1791. Depuis lors beaucoup de curés se rétractèrent : le nombre de ceux qui le maintinrent fut relativement restreint.

Le 25 septembre 1792, « l'an quatrième de la Liberté, » le curé Briet prêta le nouveau serment civique.

Le 15 prairial an III de la République (3 juin 1795) « le citoyen Briet, requis par la commune de Cressy de faire les offices dans le temple dont il était en possession au premier jour de l'an II de la République, s'est présenté pardevant les maire et officiers municipaux de la commune de Cressy, assemblés à la maison commune, pour se faire donner acte de sa soumission aux lois de la République, ainsi que l'exige l'article 5 du décret du 11 prairial. Lesdits maire et officiers municipaux ont reçu sa soumission qu'il a signée avec eux. »

Enfin, dans le même registre aux délibérations, sous la date du 19 vendémiaire an IV (11 octobre 1795), on lit la déclaration suivante : « Je reconnais que l'universalité des citoyens Français est le souverain et je promets soumission et obéissance aux lois de la République. » Acte lui en est donné par l'assemblée municipale.

Le même jour 19 vendémiaire, tous les habitants convoqués au son de la caisse à l'effet de choisir un local pour l'exercice de leur culte, décidèrent de prendre la ci-devant église (1).

Tous les ans les stations de l'Avent et du Carême étaient faites par des prédicateurs étrangers, aux frais de la ville. Les noms de plusieurs d'entre eux sont ainsi consignés dans les comptes. En 1655 la ville offrit à souper au

---

(1) On sait que le mouvement qui eut lieu à cette époque pour le rétablissement du culte dura peu, et que bientôt il fut suivi de la fermeture de toutes les églises et de la persécution des prêtres qui, pour échapper à la mort, furent obligés d'émigrer.

P. Siffait le jour de son arrivée pour la station du carême (1).

Il est remarquable que les préoccupations de la guerre n'empêchaient point ces exercices de piété, si même elles n'y donnaient pas plus d'entrain.

Dans une délibération de l'échevinage du 22 octobre 1752, on lit qu'il fut résolu de remplacer le calvaire qui existait « de toute ancienneté sur le château de Cressy..., dont le christ aurait cinq pieds au moins de haut..... »

Plusieurs confréries étaient établies dans l'église paroissiale de Crécy. L'une d'elles était sous le titre de confrérie de la charité et sous l'invocation de la sainte Trinité et de Notre-Dame de bon secours. Elle était présidée par un prévôt annuel qui entrait en fonction le dimanche dans l'octave du saint Sacrement. Le compte de sa gestion de 1762-1763 constate 99^l 3^s de recettes, produit de rentes sur diverses personnes, quêtes, etc., et 73^l de dépenses pour obits et fondations payés au curé et au vicaire, pour honoraires du chantre, cire, etc. ; ce qui donnait un excédant de 26^l 3^s. Elle existait encore en 1792.

Une seconde confrérie était sous le titre du Rosaire. Elle était instituée dans la chapelle de Notre-Dame de pitié. On trouve ses comptes pour les années 1761 à 1776. Elle subsista jusqu'en l'année 1793.

XIV. Hospice et Maladrerie. — A cette époque guerrière et religieuse où les croisades se succédaient plus ou moins heureuses, l'Orient nous renvoyait des éclopés et des lépreux

---

(1) Compte de 1654-55, f° 26 v°.

qui, répandus de toutes parts dans les campagnes pour mendier et chercher un asile, formaient une véritable plaie sociale, qu'il fallait essayer de guérir, ou dont on devait du moins se garer. C'est pourquoi « on vit surgir jusques dans les plus minces villages des refuges qui prirent le nom de maladreries ou de léproseries. » Cressy fut doté de l'un de ces établissements. Mais à quelle date et par qui ? C'est ce que nous ne pourrions préciser, parce que les titres en ont péri avec tant d'autres, sans doute lors de l'invasion Espagnole.

Ce qui apparaît un peu plus clairement c'est qu'au commencement du xiii° siècle, sinon plus tôt, les bourgeois de Cressy fondèrent un hospice dans ce bourg pour l'usage des pauvres et des pèlerins. Son titre constitutif ne nous est pas connu non plus, mais cette fondation est constatée par la déclaration et notoriété dont il sera parlé plus loin.

Aux dons des bourgeois se joignirent bientôt les dons plus importants de Guillaume de Ponthieu qui, du consentement de sa femme, au mois de janvier 1209 (1210, nouveau style), donna le moulin et *l'étang de Triquelet*, dix arpents dans le bois de Canchy, dix livres à prendre sur sa vicomté de Cressy, vingt journaux dans son bois de Forestmontier (*in sylva nostra de Forest*), et 40 livres sur un moulin. Il se réserva six deniers de cens annuel sur une pièce de terre qu'avait donnée un particulier. Enfin, il exempta l'hôpital et les pauvres de tout droit, de toute exaction féodale et s'engagea à les protéger contre toute attaque, comme il convient à un seigneur (1).

---

(1) Mss. français. Arsenal, 332. Titres de Picardie, 127. — Arch. hospitalières, A. 1. — M. Prarond (loc. cit. p. 205) considère ce titre comme étant

Deux messes étaient chantées par semaine dans la chapelle de l'hôpital.

Les mayeur et eschevins administrèrent les biens de l'hôpital jusqu'au XVII° siècle, sans qu'on trouve d'opposition ni d'entrave. Il existe encore des baux faits par eux en 1598, 1599 et 1601.

Mais vint l'édit de décembre 1672, qui mit les hôpitaux et les maladreries entre les mains de l'ordre de Saint-Lazare et du Mont-Carmel. La prise de possession de l'hôpital de Cressy eut lieu le 16 juin 1673. Le procès-verbal qui en fut dressé (1) constate qu'il « n'existait plus aucun vestige ni muraille de la maison où se retiraient les pauvres lépreux. » Les mayeur et échevins s'opposèrent à l'union en ce qui concerne l'hôpital, à cause de son origine municipale (ou bourgeoise). Sommés de justifier de leurs titres, ils déclarèrent par devant Nicolas Brunel, sieur de la Hauterue, conseiller du roi et bailli royal de Cressy, le 17 juillet 1673 que les titres avaient été brûlés avec l'Hôtel-de-Ville et tout le bourg en 1635. Il leur en fut donné acte. Toutefois l'union paraît avoir subsisté, car nous trouvons, à la date du 30 novembre 1677, un procès-verbal de visite faite par Sulpice Duboille, demeurant à Saint-Riquier en Picardie, commis par M. de Turminiers, directeur et chevalier de l'ordre de Saint-Lazare de Jérusalem,

---

celui de la fondation. Nous puisons dans son contexte même la justification de l'assertion de l'acte de notoriété sur l'origine bourgeoise de cet établissement.

(1) Par suite sans doute d'une erreur, lors de l'envoi de ce procès-verbal, on y a joint celui de la prise de possession de la maladrerie de Crépy-en-Laonnois, de la même époque. Là aussi il ne restait plus aucun vestige de bâtiment et le tout était en labour.

de 27 journaux de bois appartenant à l'hôpital, tenant au petit bois de la ville.

Cependant l'édit de 1693 avait révoqué ladite union et deux ans après, en vertu d'un arrêt du conseil du roi du 13 juillet 1695, l'hôpital et la maladrerie de Cressy furent unis à l'hôpital de Rue, qui en prit possession le 22 novembre 1696.

La déclaration et notoriété citée dit que tout le revenu de l'hôpital s'est toujours distribué aux pauvres par le fermier, sur les ordonnances des curés, mayeur et échevins, conformément à la fondation, à la charge par lui de rendre compte à la fin de son bail. Mais il est à croire que cette distribution n'a eu lieu qu'après que l'hôpital eut cessé de recevoir des pauvres malades, peut-être vers 1630. En effet, nous trouvons un bail daté du 22 août de ladite année, qui impose au fermier l'obligation de verser son fermage aux mains d'un notable bourgeois, choisi pour en faire la distribution aux pauvres du lieu et l'employer aux autres nécessités dudit hôpital, suivant l'ordonnance de l'échevinage, du consentement du procureur du Roi et de l'avis du curé. En l'assemblée des bailli, majeur et échevins tenu le 20 juillet 1631, le choix fut porté sur Claude Darguies, ancien majeur et greffier royal héréditaire du bailliage du lieu. Le dit bail avait été fait par la chambre de réformation générale des hôpitaux et maladreries. Elle en fit un autre le 3 avril 1643.

Il existe dans les archives hospitalières de Crécy, un compte de recette des revenus de l'hôpital, daté du 4 juin 1647, approuvé par le majeur Jean Tillette, le grand vicaire du grand aumônier de France et autres; et aussi des dénombrements des biens de l'hospice et de ceux de la maladrerie dressés en 1771, 1774, etc. Dans les archives de l'hôpital de Rue on trouve un état des mêmes biens et un procès-verbal d'arpentage des bois, fait en 1699. Leurs revenus étaient portés à 350 livres dans un autre état dressé en 1731, lors de l'union à l'hôpital de Rue (1).

Les habitants de Crécy conservèrent toujours la pensée de revenir sur l'union des biens de leur hôpital à celui de Rue. Le 17 février 1790 la municipalité décida que la déclaration des biens possédés par l'Hôtel-Dieu de Rue sur le territoire de Crécy, envoyée pour être affichée au portail de l'église, conformément au décret de l'Assemblée nationale du 13 novembre 1789, ne serait reçue qu'à la condition qu'il serait ajouté aux charges celles suivantes : 1° de recevoir dans la salle de l'Hôtel-Dieu de Rue tous les malades de Cressy qui y seraient envoyés par la municipalité ; 2° de conserver celle-ci dans le droit de demander par la suite le rétablissement de l'Hôtel-Dieu dans le bourg, sous l'administration et gouvernement de la municipalité, avec la jouissance des biens sis à Cressy et à Estrées, le tout comme avant l'union, sur laquelle ladite municipalité entendait revenir, à cause des inconvénients qu'il y a d'envoyer les malades à Rue distant de quatre lieues ; 3° et de réserver à ladite municipalité la faculté de réclamer lesdits biens, dans le cas où le couvent de l'Hôtel-Dieu de Rue serait supprimé comme tant d'autres.

L'union continua de subsister jusqu'en 1850. Un décret impérial daté du 18 juin de ladite année brisa enfin cette union forcée, et la commune reprit ses biens. Ils furent dès lors administrés par le bureau de bienfaisance, jusqu'au rétablissement de l'hospice, lequel fut décrété le 20 décembre 1853. Ainsi les pauvres malades reçoivent à présent sur place

---

(1) Cote B. 7, n°° 4 et 9 ; B. 25. Arch. hospitalières de Rue.

des secours qu'il fallait aller chercher au loin. Cet établissement est confié aux soins de religieuses de la Sainte-Famille.

XV. Ecole des Garçons. — Par délibération du 30 juin 1707, l'assemblée municipale accepta M° Paul Magniez, prêtre, pour vicaire de la paroisse et le chargea de tenir l'école des petits enfants (1).

Au milieu du XVIII° siècle le maître d'école de Crécy recevait pour chaque enfant cinq sols par mois. Cette rétribution paraissait lourde à certains parents, d'autres étaient trop pauvres pour la payer, en sorte que les enfants n'assistaient pas assidûment à l'école. Pour remédier à ce fâcheux état des choses, l'assemblée municipale décida le deux décembre 1764 qu'il serait payé au maître d'école, par le receveur en charge, sur les deniers communs, une somme annuelle de 85 livres, pour lui tenir compte des rétributions scolaires. Cette délibération fut approuvée par l'Intendant de Picardie le 22 février 1765 (2).

Par la même délibération l'assemblée, considérant que le hameau de Caumartin, annexe de Crécy, en était éloigné d'une demi-lieue au moins, ce qui empêchait les enfants de profiter des leçons du maître d'école établi à Crécy, consentit qu'il fût pris 35 livres annuellement sur les deniers communs, pour aider à la subsistance d'un maître d'école audit lieu de Caumartin.

Dans un Mémoire présenté au directoire du département de la Somme, dans sa séance du 26 octobre 1790, par Louis Codvel, clerc laïc, chargé de l'instruction des enfants du ha-

---

(1) Reg. aux causes etc. BB. 1, f° 357. Arch. municip.
(2) Reg. aux délibérat. de l'échevinage, BB, 2.

meau de Caumartin, nous lisons que le nombre des enfants à instruire y était alors de 66, que l'instituteur recevait annuellement la somme de 152^l, dont 36^l par la communauté de Caumartin, 36^l par les habitants du lieu, à raison de 25 sols par ménage, 50 livres par le seigneur du lieu, et enfin 30 livres par l'Evêque d'Amiens (1).

Lorsque la Révolution eut fermé les églises et chassé les prêtres et les moines, plusieurs d'entre eux, après s'être soumis au serment imposé par la loi, se firent maîtres d'école, pour vivre et pour être encore utiles à leurs anciens paroissiens. C'est ce que fit à Crécy l'ancien curé Charles-Jérôme Briet, après treize années d'exercice du culte. A la fin de l'an II (août 1794) il se présenta comme instituteur, « promettant d'enseigner les principes de la langue française et de la langue latine, la géographie, les éléments de l'histoire ancienne et de France et surtout de la Révolution... » Nous ne savons pas s'il fut agréé. Au surplus, il ne dut pas exercer longtemps ladite fonction, puisque nous avons vu que quelques mois après il avait été requis par la commune pour faire les offices religieux.

Le 24 brumaire an IV (14 novembre 1795) le sieur Séverin Boucher fut élu instituteur.

Mais le 11 fructidor an IV (28 août 1796) les habitants assemblés nommèrent d'une voix unanime, pour remplir la charge d'instituteur dans la commune, ledit Briet, « ministre de leur culte et ancien professeur du cy-devant collège de la commune d'Abbeville, » lequel promit de s'en acquitter et demanda copie de la délibération « pour se présenter au jury d'instruction, conformément à la loy. »

---

(1) Reg. aux délib. 1er Bureau, 1er Reg. p. 333. Arch. départementales.

Le 16 du même mois les habitants de la commune, assemblés de nouveau à l'effet de choisir « le sujet à présenter à l'administration du département pour remplir la place d'instituteur primaire, » déclarèrent encore d'une voix unanime qu'ils désiraient avoir pour remplir cette place le citoyen Charles-Jérôme Briet, parce qu'ils reconnaissaient en lui les qualités nécessaires. Suit une page de signatures (1).

Le même registre aux délibérations fait connaître que le 10 vendémiaire an VI (1ᵉʳ octobre 1797) l'instituteur était le citoyen Cormont.

Une délibération du 16 germinal an VIII (6 avril 1800) fixa le traitement de l'instituteur de Crécy à 400 francs, « à la charge de n'avoir dans son école que des garçons, » et celui de l'instituteur de Caumartin à 120 francs.

XVI. ÉCOLE DES FILLES. — Au mois de juillet 1730 la maîtresse d'école des filles de la paroisse de Crécy, nommée sœur Isabelle Dufour, laquelle exerçait depuis vingt-huit ans, s'étant retirée volontairement, l'assemblée municipale, par délibération du 24 septembre 1730, décida à l'unanimité de la remplacer par une fille de la communauté (de la Providence) établie à Rouen par le très-révérend père Barré, minime; fixa son traitement annuel à 150 livres pendant trois ans, « sans tirer à conséquence pour l'advenir. » Elle décida aussi qu'il serait fait « une cœuillette et contribution volontaire en la paroisse, pour parvenir à l'achat des meubles et ustensiles nécessaires pour le ménage..... A la charge par ladite maîtresse d'école de bien et deument enseigner aux filles

---

(1) Reg. aux délibérations. BB, 3, fᵒ 104. Arch. municip.

à lire et escrire et l'arithmétique. » Une semblable décision se reproduisit trois ans après, à la date du 23 juillet 1733. Dans des pièces de dépenses justificatives du compte municipal de 1750, la sœur institutrice est désignée sous le titre de *la seurette* (1).

Cette situation dura jusqu'à l'époque où la haine contre la religion faisait trouver mauvais tout ce qui venait d'elle. Mais alors, c'est-à-dire le 24 juillet 1791, l'assemblée municipale, prétextant que la sœur de la Providence n'instruisait pas bien les filles, arrêta qu'il serait fait choix, pour la remplacer, d'un « homme de bonnes vie et mœurs. » Assurément on n'en pouvait pas dire moins. Le choix fut fait et l'assemblée tenue le 16 octobre suivant nomma, à la pluralité des voix, un maître d'école des filles. Quelques années après, en l'an IV, on voit reparaître une institutrice des filles, Dorothée Tuncq.

Par la délibération de l'an VIII, citée plus haut, le traitement de l'institutrice fut fixé à 300 francs.

Il existe maintenant à Crécy un pensionnat pour les demoiselles, tenu par les dames Augustines et fondé par Mgr Boudinet, évêque regretté d'Amiens.

XVII. Faits révolutionnaires. — Nous allons raconter quelques évènements advenus dans le bourg de Crécy pendant les années agitées de la fin du siècle dernier. Nous suivrons l'ordre chronologique.

Le 16 octobre 1790, vers une heure après-midi, cent cinquante individus environ étaient attroupés sur le marché, autour de la femme d'un cultivateur de Vadicourt, qu'ils

---

(1) Arch. municip. CC, 13, 14.

insultaient parcequ'elle voulait vendre un sac de blé au prix de 40 sols le boisseau. Le maire et les officiers municipaux se portèrent au milieu de la foule, et ils tentaient de la calmer par leurs discours, lorsqu'un inconnu cria : *au pillage !* Il fut immédiatement arrêté par la garde qui avait été placée sur le marché pour y maintenir l'ordre. Mais la populace armée de bâtons se rua sur la garde, assez faible d'ailleurs, et la força d'abandonner le prisonnier. Elle exigea ensuite, sous les plus violentes menaces, que la municipalité taxât le blé au prix de la vente du jeudi précédent, sur le marché d'Abbeville. Le maire s'étant retiré en la maison commune, avec les principaux cultivateurs qui avaient exposé du blé en vente, en fixa le prix à trente sols le boisseau. Le calme se rétablit alors.

En 1793 l'arbre de la liberté ayant été coupé nuitamment, la municipalité déclara qu'il en serait planté un autre le dimanche 5 mai. Il fut pris dans les propriétés de M. de Fléchin, émigré. La veille, le commandant en chef de la garde nationale de Crécy, le citoyen Charles Carpentier fut requis de fournir pour la cérémonie une garde « en règle. » Ce ne fut qu'à six heures du soir que celle-ci se présenta, mais sans officier. Appelé devant le maire et les officiers municipaux, en la maison commune, pour s'expliquer, le commandant, jouant le jeu d'un habitant de Falaise, objecta que le réquisitoire parlait de garde et non d'officier. De la plaisanterie on passa à l'insubordination : le citoyen Séverin Garbados, commandant en second, s'étant présenté, déclara à la municipalité qu'elle n'aurait ni officier ni drapeau. Discussion alors sur le point de savoir si le drapeau était à la commune ou à la garde nationale. Pour trancher la question, le maire ordonna que l'arbre de liberté fut planté en la présence du peu d'hommes armés qu'on voulait bien lui accorder, sans officier et sans drapeau.

Cependant la société populaire « exprès formée pour narguer et entraver notre opération patriotique, » dit le procès-verbal de la cérémonie, avait fait elle-même, dès avant l'heure susdite et contre les défenses de l'autorité municipale, planter un autre arbre de la liberté sur la place, toute la garde nationale présente.

Enfin, la municipalité procéda à la plantation de son arbre, qu'elle plaça à côté de l'autre. La cérémonie se fit « le mieux possible, » dans des circonstances déplorables, comme on le voit. Un feu de joie fut allumé à l'entour de l'arbre, et deux coups de canon furent tirés. On allait mettre les canons à leur place, quand deux fusiliers et plusieurs membres de la société populaire coururent « audevant desdits canons, comme des gens furieux » et s'y opposèrent. Le commandant demanda qu'on lui permit de tirer du canon, ce qui lui fut accordé. Après avoir tiré trois coups, il s'empara des deux canons, les fit conduire chez lui et les retint, en prétendant qu'ils « lui appartenaient plutôt qu'à la municipalité ! » Celle-ci dressa procès-verbal, et tout fut dit.

Le 24 juin 1793 le maire Merlen et les officiers municipaux procédaient à l'adjudication aux enchères des prés appartenant à la commune. Un certain nombre d'individus mal intentionnés firent du bruit et prétendirent que les prix étaient trop élevés et que les pauvres n'en pourraient avoir. Du bruit on passa aux injures contre la municipalité, à laquelle on reprochait de ne pas procéder au partage des biens communs, conformément à la loi. On s'échauffa enfin jusqu'à menacer les membres de la municipalité de les jeter par la fenêtre. Le maire par prudence, suspendit l'opération et leva la séance.

Quelques jours après, la municipalité fit au directoire du district d'Abbeville l'exposé des faits et demanda qu'il fût envoyé une force armée suffisante pour maintenir les factieux, et que des poursuites fussent exercées contre les moteurs et instigateurs.

Une loi du 17 juillet 1793 avait ordonné la destruction par le feu de tous les titres constitutifs ou récognitifs de droits féodaux. Le 14 novembre suivant il fut déposé aux mains de la municipalité : 1° par le citoyen Thomas, receveur de l'enregistrement et des domaines nationaux, vingt-neuf registres et d'autres pièces concernant les droits des francs-fiefs ; — 2° par Pierre Sombret, un registre des censives, plusieurs aveux des fiefs du citoyen du Maisniel, plusieurs dossiers de procédure ; — 3° par Caron, notaire à Cressy, une liasse de huit pièces concernant aveu et bail à cens ; — 4° par Pierre François Carpentier, notaire à Cressy, toutes pièces concernant la féodalité, par lui trouvées tant en ses minutes qu'en celles de Dargnies, dont il est dépositaire (1) et aussi concernant les seigneuries et fiefs ; — 5° et par Jean-Baptiste Dupré, notaire public à Cressy, « tous les titres et actes constitutifs et récognitifs de droits féodaux qu'il a pu retrouver dans ses minutes, ainsi que ceux de la ci-devant seigneurie de Caumartin, Genviller, Wadicourt et fiefs en dépendant, des fiefs de Cressy, du château Thomas, de la Tour, de la Cardonnette, et tous autres titres qu'il avait en sa possession. »

---

(1) On trouve sept membres de la famille Dargnies ayant exercé le notariat de 1590 à 1747.

Le 20 novembre ou « 30 brumaire an II de la république une, indivisible et impérissable, » l'assemblée municipale délibéra qu'il serait brûlé ledit jour, sur la place publique, toutes les pièces déposées et enregistrées dans la séance susdite, en présence du comité de surveillance et de la société populaire du bourg de Cressy, ainsi qu'un drapeau donné à la garde nationale par le citoyen du Maisniel, ci-devant seigneur de Brailly et commandant de la garde nationale de Cressy.

Nous ne reproduirons pas ici les expressions de regret bien légitime qu'ont souvent suscitées chez les écrivains ces auto-da-fés inintelligents et inutiles. Tous ceux qui, comme nous, aiment à fouiller dans les ruines du passé et des institutions de nos pères, ne peuvent reporter leur pensée sur cette lugubre époque, sans ressentir une profonde douleur pour leur cœur d'historien ou d'antiquaire, en voyant les vides qu'elle a faits. Des hommes expérimentés pensent toutefois que le désastre fut moins grand qu'on le prétend. Beaucoup plus de titres précieux ont péri peut-être par négligence et par détournement.

A une époque où la presse était encore, pour ainsi dire, dans les langes, où les journaux, les feuilles publiques étaient rares, et où l'on était bien loin de soupçonner l'immense développement qu'elle a pris de nos jours, l'arrivée de la gazette était un événement dans les communes rurales.

Ce n'est pas, croyons-nous, sans intérêt qu'on lira le règlement qui fut fait le 5 frimaire an VIII (26 novembre 1799) par l'agent municipal et l'adjoint de Cressy, « pour la police et bien tenue de la lecture de la *Gazette* adressante ce jourd'hui pour ladite commune. » Le voici (1) :

---

(1) Pendant ces nouveaux jours d'anarchie à jamais déplorable, que l'on

« Art. 1er. Le messager sera tenu, aussitôt son arrivée audit Cressy, de porter sur-le-champ le paquet de ladite Gazette à la maison commune, en mains de Nicolas Gaffet, concierge ; lequel sonnera pour l'ouverture dudit paquet à huit heures moins un quart précises la cloche, pour avertir tout individu de son arrivée.

» Art. 2. Dans le même instant est enjoint le sergent à verge en exercice ce jour, de se présenter en ladite maison commune, pour retirer des mains dudit Gaffet le paquet, et il sonnera à huit heures précises en forme de tintons, pour prévenir de l'ouverture dudit paquet.

» Art. 3. Il le remettra non ouvert sur la table, et il ne pourra être ouvert que : 1° par l'agent ; 2° par l'adjoint ; 3° par le citoyen Masse ; 4° par le citoyen Francheville ; 5° par le citoyen Adrien Sombret ; 6° par le citoyen Plé fils. A défaut par tous les susnommés d'être présens......, lecture s'en fera par tous autres lecteurs capables, soit par invitation de l'agent ou de l'adjoint, audit citoyen Bouquer, écrivain de la commune, ou enfin sur celle du sergent en exercice.

---

désignait sous le nom de gouvernement de la défense nationale, le ministre Gambetta adressa aux municipalités, sous la date du 10 novembre 1870, une circulaire relative aussi à la lecture publique du *Bulletin de la République Française*, créé à l'effet « d'aider à l'instruction politique du peuple. » On y retrouve la même idée et les mêmes procédés que nous signalons à Crécy. « Tous les dimanches obligatoirement, y lit-on, et même plusieurs fois dans la semaine, s'il se peut, l'instituteur de chaque commune devra lire aux habitants réunis soit à la Mairie, soit dans l'école, les principaux articles insérés dans le *Bulletin de la République*. Les populations devront être prévenues du lieu, du jour et de l'heure choisis pour ces lectures.... » Cette circulaire fut notifiée aux instituteurs du département de la Somme par le Préfet le 14 du même mois.

» Art. 4. Autour de la table, audevant du banc tenant à la muraille, il sera placé sept chaises ; au milieu sera placé le lecteur, à sa droite l'agent, à sa gauche l'adjoint, les quatre autres places seront occupées : 1° par l'écrivain ; 2° par le receveur en charge ; 3° par celuy de l'année précédente ; à défaut d'aucun des susnommés, se placeront les autres lecteurs cydessus dénommés.

» Art. 5. Tout individu sera tenu de garder un profond silence, comme il est enjoint, soit en entrant au moment de la lecture et dans l'enceinte, dont le sergeant à verge aura l'observation pour le maintien du bon ordre, sauf à en faire le rapport, pour être le contrevenant jugé par qui il appartiendra, d'après les lois et ce comme troublant le bon ordre.

» Art. 6. Après la lecture, le sergeant à verge portera ledit paquet de *Gazette* chez l'agent, qui le fera repasser incessamment à l'adjoint, qui le remettra également à l'écrivain de ladite commune, afin qu'il le dépose en la maison commune et ce par numéro d'ordre, pour y avoir recours en cas de besoin par qui il appartiendra.

» Fait en la maison commune. »

XVIII. Personnages remarquables. — Les faits et gestes des hommes célèbres qui naquirent à Crécy ont été signalés à la postérité par MM. Louandre (1) et Prarond (2) Rappelons-les ici, en y ajoutant quelques détails.

Le cardinal Jean Le Moine, docteur en droit civil et en droit canon, cardinal au mois de septembre 1294, légat du pape

---

(1) *Biographie d'Abbeville.*
(2) *Histoire de cinq Villes*, etc. tome II, p. 321.

et fondateur du collège qui portait son nom, rue Saint-Victor à Paris. Ce collège s'appelait aussi collège des Picards. Il fut établi en l'année 1301, dans un lieu inculte, ordinairement couvert de chardons et pour cela nommé *de cardineto*, ou mieux *cardunelo*, du cardonnet ou du chardonnet. La fondation était faite en faveur des pauvres écoliers étudiant les arts libéraux.

André Le Moine, frère du précédent, évêque de Noyon. Il avait été abbé de Dommartin, au diocèse d'Amiens (1).

Par son testament du 28 avril 1315, il fonda dans ledit collège huit bourses, dont moitié pour les écoliers du diocèse de Noyon, et moitié pour ceux du diocèse d'Amiens. Parmi ceux-ci, lors de la première promotion, nous voyons figurer Bernard de Gamaches et Bernard de Demuyn (2).

Les deux frères Le Moine étaient nés au milieu du XIIIe siècle (3), dans la maison qui faisait le coin des rues de l'École et de la Maladrerie ou grande rue. Cette maison a été démolie en 1865 ; on y a découvert alors une ancienne cave, dont la clé de voûte portait la date de 1319. Le cardinal mourut le 22 août 1313, et son frère André le 29 avril 1315.

Il est bon de rappeler que le cardinal Le Moine fut chanoine de Notre-Dame d'Amiens. Cela est consigné dans les nécrologes de cette église (4). Le chapitre célébrait chaque année une messe d'anniversaire ou *obit* pour le repos

---

(1) *Ordinis Præmonstrat. Annales*, tome I. col. 626.

(2) *Histoire de l'Université de Paris*, par Ch. Jourdain, II, 73, 85, 91.

(3) Nous avons vu ci-dessus qu'il existait encore une famille Le Moine à Crécy en 1658.

(4) Voyez celui écrit de la main du chanoine Villemant en 1733, Fonds du chapitre, armoire 1re, liasse 46, n° 2 ; et les autres.

de l'âme de cet illustre enfant de la Picardie. On en lit l'institution en ces termes, dans un ancien nécrologe (1) du chapitre, aux obits du mois d'août : « xij. Kal.— Duplum.— Obitus bone memorie domini Johannis Monachi, quondam nostri concanonici, ac tituli sanctorum Marcellini et Petri, presbiteri, cardinalis, viri litterati in utroque jure peritissimi, cujus vita et facta laudabiliter elucescunt in domo sua parisius de Cardineto, quam fundavit, in vita sua, de suo proprio, pro scolaribus logice et theologie facultatum, et in domo scolarium Cholestorum.

Ob cujus anime remedium Johannes Blassel, nepos ejus, noster concanonicus assignavit nobis viij libras par. pro ejus anniversario in hac ecclesia Amb. annuatim faciendo, quas idem Johannes (Blassel) reddit et reddet quamdiu nostre can(onie) erit, et cum esse desierit noster canonicus, dictus anniversarius fiet de sexta parte fructuum et reddituum qui proveniente ex locatione voltarum quas contruxit ante vadum de Hoqueto in domo nostra de subter sanctum Firminum confess(orem) in parte inferiori (2). Et de hoc habet litteras nostro magno sigillo sigillatas, ubi ista plenius continentur. » (3).

Cette mention d'obit paraît avoir été écrite vers le temps de la mort du cardinal.

---

(1) Nécrologe n° 34, d'août à décembre, f° clvj.

(2) Serait-ce les voûtes en ogive dont a parlé M. Goze (*Histoire des rues d'Amiens*, I. 91), dont l'une en pierre et l'autre en grès, qu'on voyait dans l'impasse Saint-Firmin-le-Confesseur ; ou l'une des caves voûtées d'arête en ogive surbaissée, qui sont dans le voisinage ?

(3) TRADUCTION. « Le douze des calendes (de septembre : c'est-à-dire le 21 août). Office double. — Obit en bon souvenir de maître Jean Le Moine, jadis notre collègue, chanoine, prêtre et cardinal du titre des saints Marcellin

Jean Blassel, dont il est ici parlé, fut professeur de lois, sous-diacre, chanoine d'Amiens et chancelier de l'église de Noyon. Il était fils du sieur Jean Blassel (1), chevalier, seigneur de Houdencourt, et d'Aline, sa femme. Dans l'église d'Amiens se faisait aussi leur obit le 7 des ides d'octobre (9 octobre), fête de Saint-Denis et ses compagnons, et celui du chanoine leur fils, la veille, c'est-à-dire le 8 des ides, qui était le jour anniversaire de sa mort (2).

On voit, par cette parenté, que la famille du cardinal Le Moine n'était pas aussi obscure qu'on l'a dit. Quoique cette circonstance ne fasse rien au mérite des deux frères, sinon peut-être de le relever d'autant plus qu'ils seront partis de plus bas, il n'est pas indifférent pour l'histoire de l'examiner

---

et Pierre, homme lettré, très-docte en l'un et l'autre droit (civil et canonique), duquel la vie et les actes sont comblés de louange tant dans sa maison du Cardonnet à Paris qu'il fonda, de son vivant, avec son propre bien, pour des écoliers des facultés de logique et de théologie, que dans la maison des écoliers des Cholets. Son neveu Jean Blassel, chanoine de notre chapitre, nous a assigné huit livres parisis de rente, afin de célébrer dans notre église son anniversaire tous les ans, pour le soulagement de son âme. Ledit Jean Blassel nous rend et nous rendra cette somme tant qu'il sera chanoine de notre chapitre, et lorsqu'il cessera de l'être, cet anniversaire sera fondé sur la sixième partie des fruits et revenus qui proviendront de la location des caves voûtées qu'il a construites en face du gué du Hocquet, dans la partie basse de notre maison sise au-dessous de Saint-Firmin-le-Confesseur. Il a de cette convention des lettres scellées de notre grand sceau, où le tout est expliqué plus au long. » — Nous n'avons pas pu retrouver ce titre dans le fonds du chapitre.

(1) Le bois Blassel ou Blasset, d'une contenance de 141 journaux 46 verges, à la mesure du Ponthieu, qui tenait d'un bout à la forêt de Crécy, aurait-il pris son nom de quelque membre de cette famille?

(2) Voyez le même nécrologe, aux obits du mois de septembre, fol. clxxv et cliij^{xx}ij.

avec attention. Voyons ce qu'en pensent leurs biographes. Louandre dit simplement que le cardinal était d'une famille obscure. Il ne cite aucune autorité. Ledée, abbé de Saint-André-au-Bois, le dit fils d'un maréchal-ferrant. Le P. Ignace se tait absolument sur sa famille. Selon Rumet, le cardinal était d'extraction noble et eut pour parent et héritier Jean de Grambus, chevalier, qui probablement fut l'auteur de Nicole de Grambus, docteur en théologie, natif d'Abbeville, boursier du collège Lemoine, par qui fut écrit un abrégé de la vie du cardinal. Le P. du Breuil confirme, en quelque sorte, cette opinion, en disant qu'on l'a cru fils d'un maréchal, parce qu'il a blasonné ses armes de *trois clous*, mais qu'il est présumable que ce fut en mémoire de la passion de Notre-Seigneur (1).

Ce qu'il importe de remarquer c'est l'instruction soignée et hors ligne qui fut donnée aux deux frères Le Moine ; ce sont surtout les hautes dignités dont tous deux furent revêtus. Il y a là comme l'indice d'une noble origine servant d'appui et de véhicule aux talents pour se produire.

Louis Michel DARGNIES, grand-vicaire de l'évêché d'Amiens, né en 1683, mort en 1756.

---

(1) Louandre, *Histoire d'Abbeville*, 1. 210, et *Biographie d'Abbeville*, p. 265. — Ledée, *Notes manusc.*, f° 63, citées par M. de Calonne, dans l'*Histoire de l'abbaye de Dommartin*, p. 42. — P. Ignace, *Les mayeurs d'Abbeville*, p. 254, 272. — Rumet, *Chron. manusc.* f° 229 v°. — Aubery, *Histoire générale des cardinaux*, 1. 352. — Le cardinal Le Moine portait *d'argent, à trois clous* (de la Passion) *de sable; au chef d'azur, à trois bandes d'or*. Ces mêmes armoiries avaient été données au collège, en changeant la couleur du chef : *de gueules à trois bandes d'or*. (Voy. d'Hozier, *Armorial manuscrit des Généralités*, vol. XXIII°, 1re partie, p. 509. Biblioth. Nation. — *Bulletin du Bouquiniste*, numéros du 15 novembre et du 1er décembre 1876.)

Christophe FAQUET, brigadier au 24° régiment de chasseurs, qui arrêta seul les ennemis au passage, au pont jeté sur la Piave (Italie), au mois de mars 1797.

L'un des membres de la famille BOUQUER, qui donna plusieurs mayeurs à Crécy de 1699 à 1772, s'était établi serrurier à Abbeville. M. Prarond (1) a désigné plusieurs travaux remarquables dus à son marteau et à celui de ses descendants. Il a omis de rappeler les ornements (vases, fleurs, etc.) ajoutés en 1821 ou 1822 aux grilles de l'église Saint-Georges, qui avaient été transportées dans l'église de Saint-Vulfran pour fermer le chœur.

Le dernier représentant de cette branche de la famille à Abbeville fut Auguste Bouquet, artiste peintre, élève de Ary Scheffer, et graveur. Il est mort à Florence en 1840. On a de lui une gravure remarquable, *l'Ange Gardien*, copie d'un tableau de H. Decaisne, qui a figuré à l'exposition de 1835. La tête de l'ange qui veille sur un berceau, est le portrait du graveur lui-même.

Nous ajouterons à cette nomenclature l'abbé DORÉMUS, quoique sa famille ne paraisse pas être de Crécy, mais bien de Fontaine-sur-Maye, paroisse voisine, parceque nous croyons qu'il fut boursier du collège Lemoine et que d'ailleurs l'une des circonstances les plus importantes de sa vie, que nous allons rapporter, se rattache à Crécy.

Pierre Ignace Dorémus était né le 2 février 1760 ; il mourut le 21 juin 1838 à Houdencourt-Fransu, et fut inhumé auprès de l'église de Fontaine-sur-Maye, où une plaque de marbre

---

(1) La *Topographie historique et archéologique d'Abbeville*, p. 310 et 453.

blanc rappelle sa mémoire. Ce digne prêtre fut aumônier ordinaire de la duchesse de Berry de 1820 à 1828, chanoine honoraire d'Amiens, de Saint-Denis et de Paris. Il refusa de Mgr de Quelen, archevêque de Paris, un canonicat en titre, comme il avait refusé, sous l'empire, l'évêché de Montpellier. Le roi Charles X le nomma chevalier de la Légion d'honneur le 3 novembre 1826.

L'abbé Dorémus n'émigra point pendant la révolution. Traduit en 1793 devant le tribunal criminel de Paris, peut-être dut-il la vie à la déclaration qu'on va lire. Elle est tirée du registre aux délibérations de la municipalité de Crécy.

« L'an II⁰ de la République Française une et indivisible, du dernier jour des sansculotides,

» Déclaration de Pierre-François Carpentier, notaire public, cy-devant procureur de la commune et Jean-Charles Bouquer, secrétaire-greffier, attestant, pour répondre à la lettre du citoyen Lebois, accusateur public du tribunal criminel du département de Paris, du 28 fructidor dernier, sur le nommé Dorémus, ex-prêtre habitué de la cy-devant paroisse de Saint-Rocq de Paris, actuellement traduit devant ledit tribunal, que le 28 avril 1793 ils ont délivré audit Dorémus un certificat constatant qu'il avait prêté le serment de maintenir de tout son pouvoir la liberté et l'égalité, dès le mois de décembre précédent, mais que le greffier a oublié de le transcrire sur le registre..... (1). »

On peut croire que cette déclaration fut au profit de l'abbé Dorémus une feinte de la part de ses amis de Crécy. Quoiqu'il en soit, il paraît constant qu'il fut épargné de Robespierre

---

(1) Arch. municip. BB. 3, f° 74 r°.

lui-même, qui habitait la même maison que lui au numéro 396 de la rue Saint-Roch. Ce fameux ennemi des prêtres aurait pris soin de placer toujours au dernier rang la liste sur laquelle figurait le nom du prêtre son voisin, qui atteignit ainsi la fin du régime de sang et recouvra sa liberté au 9 thermidor.

Le portrait de l'abbé Dorémus a été gravé par P. Audoin en 1834.

XIX. POPULATION. — En 1469 il y avait tant à Crécy qu'à Caumartin « six vingt (120) feux, » d'après la déclaration des villes et villages de la comté de Ponthieu, envoyée par Jehan Lengignon, receveur du duc de Bourgogne, à la cour des comptes de Lille.

Un *Mémoire sur la Picardie* de 1697 (1) n'estime la population qu'à 388 habitants. Ce chiffre nous paraîtrait de beaucoup erroné si nous n'avions pas lu dans les comptes communaux que nombre de maisons étaient abandonnées et inhabitées par suite des invasions et de la misère.

En 1763 Expilly comptait 280 feux : ce qui donne environ 1400 habitants, y compris Caumartin, Estrées et Château-Thomas.

M. Prarond cite une note manuscrite de D. Grenier, qui donne à Crécy 200 feux au XVIIIe siècle ; et rappelle qu'à la même époque Devérité en portait le nombre à 280, y compris les annexes (2). C'est le chiffre d'Expilly.

Un état de population fourni au Directoire du département en 1792 accuse 1100 habitants.

---

(1) Manuscrit 506 de la Biblioth. comm. d'Amiens.
(2) Loc. cit., p. 287 et 288.

Il résulte d'une délibération de l'assemblée municipale du 16 fructidor an IV (3 septembre 1796) que la population s'élevait alors à plus de 1200 âmes.

Si nous consultons les états officiels du xix° siècle, nous trouvons les chiffres suivants, que nous donnons en détail pour faire voir la marche progressive de la population jusqu'en 1866 :

   An VIII (1800). . 1378 habitants.

Il est à croire que ceux des annexes ne sont pas compris dans ce chiffre.

   An X (1802). . 1501 habitants.
   An XI (1803). . 1553 —
   An XII (1804). . 1452 habitants à Crécy,
      7 à Crécy-Grange et 152 à Caumartin;
      au total 1611.
   1806 . . . . . . 1437 habitants à Crécy,
      10 à Crécy-Grange, et 152 à Caumartin; au total 1599.
   1820 . . . . . . 1476 âmes et 350 feux.
   1826 . . . . . . 1488 —

Il est à présumer encore que ces derniers chiffres ne comprennent pas les annexes. Il en est autrement des suivants.

   1831 . . . . . . 1569 âmes et 385 feux.
   1836 . . . . . . 1631 — 386 —
   1841 . . . . . . 1640 — 423 —
   1846 . . . . . . 1672 — 444 —
   1851 . . . . . . 1685 — 427 —

1856 . . . . . 1624 —   (1).
1861 . . . . . 1732 —
1866 . . . . . 1748 —
1872 . . . . . 1682 —

Si le lecteur trouve un peu longues ces notes sur Crécy, espérons du moins qu'il ne s'en fatiguera pas. Elles lui font voir avec quelle intelligence des besoins de la famille communale les anciens échevinages avaient été organisés, comment fonctionnait leur mécanisme : électeurs, éligibles et élection; obligation d'exercer les fonctions communales, sous peine d'amende ; courte durée de ces fonctions, afin que chacun eût sa part des charges et des honneurs; responsabilité commune ; le Maire représentant de tous, actionné personnellement, emprisonné même, pour l'exécution des engagements et des obligations de la commune, etc.

Ces sortes d'études sont utiles pour nous déshabituer de couvrir de nos dédains un passé historique que nous connaissons trop peu. L'école organisée dès longtemps, la gratuité assurée aux pauvres par des fondations dues à la libéralité du seigneur, du curé ou de quelque riche particulier. L'hôpital, dû aussi à la munificence du seigneur souvent, mais parfois aux cotisations des habitants, ouvrant ses portes sans difficulté et sans mille formalités administratives aux malades besoigneux de la localité ; la participation de tous aux charges communes, moins lourdes mille fois que les nôtres.

---

(1) L'écart considérable qui se trouve entre ce chiffre et celui qui précède et celui qui suit, sans qu'il en apparaisse une cause, nous fait supposer une erreur dans le travail de recensement de cette année.

Le régime municipal, conquête de l'activité et de l'intelligence de nos pères, était assis sur de larges bases d'indépendance, que ne nous offrent plus les lois nouvelles, parcequ'elles sont empreintes de cet esprit de centralisation qui tend à laisser la direction de tous les intérêts communaux à l'État, comme à Paris la direction de l'opinion politique. C'est ce qu'on décore pourtant du nom de libertés modernes !

ERRATA ET ADDITIONS.

Page 20, note 2, *lisez* : Manuscrits, tome II.

id.   note 3, *effacez* le mot manuscrits.

Page 29, ligne 10, *ajoutez* : M. l'abbé Corblet, dans son *Hagiographie du diocèse d'Amiens* (tome III, p. 41), n'a pas relevé cette explication du patronage des boulangers et s'en est tenu à la légende du fourgon devenu un *mûrier*. Nous croyons celle-ci assez peu ancienne, puisque le premier mûrier planté en France, le fut seulement sous Henri IV, par Olivier de Serres, en son château du Pradel. (Voyez *Olivier de Serres et son œuvre*, par E. Villard.)

Page 43, *ajoutez* : Sur la procession de l'Indict, voyez Boutbors, *Coutumes locales du bailliage d'Amiens*, tome 1er, pages 27 et 28.

Page 266, ligne 13, *ajoutez* : Le dessin de ce monument a été publié par Taylor, *Voyage pittoresque de l'ancienne France*, tome 1er.

TABLE DES MATIÈRES.

	Pages.
Avant-propos.	5
Documents généraux. Bibliographie.	9
Amiens. Bibliographie. — Incendies de la Ville. — Incendies de la Cathédrale. — Châsse d'or de saint Firmin. — Tombes des évêques Thibault et Richard. — Le reclusage de l'église Saint-Jacques. — Saint Honoré, patron des boulangers. — Processions publiques ; leurs causes, etc. — Processions blanches. — Processions et vœux à l'occasion de la peste. — Processions diverses. — Confréries portant des torches aux processions. — Mais et papoires portés aux processions. — Jeux dans l'église. — Baladins dans le cloître. — Le Roi à Amiens : hommages du chapitre. — Baisement des doigts du prêtre officiant. — Inscription dans le labyrinthe de la Cathédrale. — Les pères des pauvres. — Temporel de l'évêché dans la ville d'Amiens. — Temporel du chapitre d'Amiens. — Règlement de police. — Filles pénitentes ou repenties. — Deux épisodes du siège d'Amiens. — Population. — Industrie : briques cuites à la tourbe. — Vin récolté à Amiens. — La Somme gelée. . .	13 à 404
Doullens. Bibliographie. — Commanderie : Maladreries de Doullens, de Pas, de Lucheux, d'Avesnes-le-Comte, de Baillerval, de Cocquampot, d'Auxi-le-Château et Hôpital du même lieu. — Églises en 1782. — Abbaye de Saint-Michel. — Un maire de Doullens. — Inondation. — Emeute et pillage. — Religieuses de l'hôpital. — Cimetière nouveau. — Population. — Cloches de la paroisse Saint-Martin.	405 à 432

	Pages.
Cramont. Seigneurie. — Bénédiction de l'église. — Curés. — Hameau du Ménage. — Population.	133 à 139
Bazinval, Soreng, l'Epinoy. Bibliographie. — Juridiction ecclésiastique et civile. — Réunion au département de la Seine-Inférieure. — Dîmes novales. — Population.	140 à 147
Gamaches. Bibliographie. — Confrérie de la Charité. — Société des Amis des pauvres. — Maladrerie ou léproserie. — Hôpital Saint-Jean. — Eglise Saint-Pierre. — Château. — Sceau de la commune. — Halles. — Moulin à papier. — Pillage de grains. — Le Marronnier historique. — Population.	148 à 189
Crécy-en-Ponthieu. Bibliographie. — Charte de commune. — Echevinage. — Biens et revenus de la ville. — Construction de l'Hôtel-de-Ville. — Police et justice municipale. — Marchés. — Pâturage et glandée dans la forêt. — Affaires et évènements militaires. — Dépenses diverses : présents, etc. — Impositions : don gratuit. — Jeux et divertissements. — Faits et renseignements divers. — Eglise. Paroisse. Confréries. — Hospice et Maladrerie. — Ecole des garçons. — Ecole des filles. — Faits révolutionnaires. — Personnages remarquables. — Population.	190 à 297

(*Extrait de la* Picardie, *de* 1872 à 1875.)

Amiens. — Imp. de Delattre-Lenoel, rue des Rabuissons, 30.

www.ingramcontent.com/pod-product-compliance
Lightning Source LLC
Chambersburg PA
CBHW071142160426
43196CB00011B/1977